EINFACH DEUTSCH

Unterrichtsmodell

Gabriel García Márquez

Chronik eines angekündigten Todes

Erarbeitet von
Claudia Pütz und Thomas Molitor

Herausgegeben von
Johannes Diekhans

Schöningh

Baustein 2: „… den zerbrochenen Spiegel der Erinnerung wieder zusammensetzen“ – der Erzähler und sein Erzählkonzept (S. 27–42 im Modell)

2.1	Die ersten Seiten erschließen	S. 7–8	Textarbeit Tafelskizze
2.2	Den Erzähler charakterisieren	S. 8, 10, 28, 45, 46, 66, 67–68, 70, 87–89, 99	Tafelskizze Textarbeit Schreibauftrag
2.3	Das Erzählverhalten analysieren	S. 7–11, 34–35, 45/46, 67/68, 89	Arbeitsblatt 3 Textarbeit Tafelskizze Zusatzmaterial 1
2.4	Symbole		Textarbeit Tafelskizze Arbeitsblatt 4

Baustein 3: „… auch Liebe erlernt sich“ – L(i)eben zwischen Gefühl und Konvention (S. 43–69 im Modell)

3.1	Eine erste Annäherung an die Figuren	ges. Roman	Offenes Unterrichts-angebot Steckbriefe I (Santiago Nasar, Bayardo San Roman) Steckbriefe II (Angela Vicario, Pura Vicario) Arbeitsblatt 5
3.2	Santiago und Bayardo – Aspekte des Machismo	S. 7–8, 10–14, 16–18, 20–23, 44–46, 111 (Santiago Nasar) S. 28–33, 35–36, 37, 38–40, 41, 43 (Bayardo San Ro-man)	Tafelskizze Zusatzmaterial 2
3.3	Angela Vicario und Pura Vicario – Aspekte des Matriarchats?	S. 32–35, 40–41, 43–44 (Angela Vicario) S. 33, 35, 37 (Pura Vicario)	Textarbeit Tafelskizze Zusatzmaterial 3
3.4	Die Frage der Schuld I: Der tragi-sche Handlungsverlauf aus der Sicht der Hauptfiguren	S. 29, 31, 32, 37, 41, 49, 50, 91 S. 50, 55, 57, 90 S. 53–54, 59, 61 – 65	szenisches Spiel Arbeitsblatt 6 Textarbeit Zusatzmaterial 4
3.5	Die Frage der Schuld II: Santiago Nasar – Täter oder Opfer?	S. 50, 68, 90, 91, 100, 101, 114, 115 S. 75–77, 117–120	Schreibauftrag/ szenisches Spiel Textarbeit Arbeitsblatt 7 Tafelskizze
3.6	Angelas Leben nach dem Ehren-mord	S. 84–86, 88 S. 51–52, 79–84, 118, S. 88–96	Textarbeit Schreibauftrag Tafelskizze

Baustein 1: Möglichkeiten der Annäherung an Inhalt und Struktur (S. 17–26 im Modell)

1.1	Die Literaturrezension	ges. Roman	Tafelskizze Schreibauftrag
1.2	Den Inhalt erfassen und aufbereiten	ges. Roman	Figurenkonstellation/ Stammbaum Arbeitsblatt 1
1.3	Den Inhalt über Bilder erschließen	ges. Roman	Arbeitsblatt 2/Folie

Baustein 5: García Márquez als südamerikanischer Autor (S. 95–120 im Modell)

5.1	Biografische Bezüge zur „Chronik"	ges. Roman	Arbeitsblatt 11
5.2	Im Labyrinth der Einsamkeit	ges. Roman	Arbeitsblatt 12 Tafelskizze
5.3	„die Wirklichkeit aus einem schiefen Winkel sehen" (Márquez) – Kennzeichen des „Magischen Realismus"	ges. Roman	Arbeitsblatt 13 Mind Maps
5.4	„Die beste literarische Form ist immer die Wahrheit" (Márquez)	ges. Roman	Arbeitsblatt 14 Arbeitsblatt 15

Baustein 4: „Die Menschen nehmen auf dem Platz Aufstellung" – das Verhalten der Dorfbewohner (S. 70–94 im Modell)

4.1	Das Dorf als öffentlicher Ort	49–64, 108–117	Textarbeit Tafelskizze Arbeitsblatt 8
4.2	Das Verhalten der Dorfbewohner	57–60, 71–73, 102–103, 109–110, 114–115	Textarbeit Tafelskizze
4.3	Das Verhalten der Dorfbewohner nach dem „Ehrenmord"	S. 79–83, 73–77, 81–84	Textarbeit
4.4	Die Aktualität von „Ehrenmorden"	ges. Roman	Arbeitsblatt 9 Arbeitsblatt 10 Zusatzmaterial 5

Bildnachweis

S. 9: Cinetext Bildarchiv – **S. 26** o.: © VG Bild-Kunst, Bonn 2007, u.: © Banco de México, Diego Rivera & Frida Kahlo, Museums Trust/VG Bild-Kunst, Bonn 2007; Foto: akg-images – **S. 93:** Postkartenaktion gegen „Ehrenmorde" von Terre des Femmes – Menschenrechte für die Frau e. V. Weblink: www.frauenrechte.de – **S. 113:** © dpa-Bildarchiv – **S. 125:** Rainer Funk, Erich-Fromm-Archiv, Tübingen

www.schoeningh-schulbuch.de
Schöningh Verlag, Jühenplatz 1–3, 33098 Paderborn

Druck 5 4 3 2 1 / Jahr 2011 10 09 08 07
Die letzte Zahl bezeichnet das Jahr dieses Druckes.

Umschlaggestaltung: Peter Wypior
Umschlagmotiv: Die italienische Schauspielerin Ornella Muti in einer Szene des Films „Chronik eines angekündigten Todes" (1987) von Francesco Rosi
Druck und Bindung: AZ Druck und Datentechnik GmbH/Kempten (Allgäu)

ISBN 978-3-14-022355-3

Vorwort

Der vorliegende Band ist Teil einer Reihe, die Lehrerinnen und Lehrern erprobte und an den Bedürfnissen der Schulpraxis orientierte Unterrichtsmodelle zu ausgewählten Ganzschriften und weiteren relevanten Themen des Faches Deutsch bietet.
Im Mittelpunkt der Modelle stehen Bausteine, die jeweils thematische Schwerpunkte mit entsprechenden Untergliederungen beinhalten.
In übersichtlich gestalteter Form erhält der Benutzer/die Benutzerin zunächst einen Überblick zu den im Modell ausführlich behandelten Bausteinen.

Es folgen:

- Hinweise zu den Handlungsträgern
- Zusammenfassung des Inhalts und der Handlungsstruktur
- Vorüberlegungen zum Einsatz des Buches im Unterricht
- Hinweise zur Konzeption des Modells
- Ausführliche Darstellung der einzelnen Bausteine
- Zusatzmaterialien

Ein besonderes Merkmal der Unterrichtsmodelle ist die Praxisorientierung. Enthalten sind kopierfähige Arbeitsblätter, Vorschläge für Klassen- und Kursarbeiten, Tafelbilder, konkrete Arbeitsaufträge, Projektvorschläge. Handlungsorientierte Methoden sind in gleicher Weise berücksichtigt wie eher traditionelle Verfahren der Texterschließung und -bearbeitung.
Das Bausteinprinzip ermöglicht es dabei den Benutzern, Unterrichtsreihen in unterschiedlicher Weise und mit unterschiedlichen thematischen Akzentuierungen zu konzipieren. Auf diese Weise erleichtern die Modelle die Unterrichtsvorbereitung und tragen zu einer Entlastung der Benutzer bei.

Das vorliegende Modell bezieht sich auf folgende Textausgabe: Gabriel García Márquez: Chronik eines angekündigten Todes. Frankfurt/M.: Fischer Taschenbuch, 3. Auflage 2004, Best.-Nr. 16253.

Arbeitsfrage

Einzelarbeit

Partnerarbeit

Gruppenarbeit

Unterrichts-
gespräch

Schreibauftrag

szenisches
Spiel,
Rollenspiel

Mal- und
Zeichenauftrag

Bastelauftrag

Projekt, offene
Aufgabe

Inhaltsverzeichnis

Chronik eines angekündigten Todes

„[...] dies ist kein Drama des Schicksals,
sondern der Verantwortung."

Gabriel García Márquez über die
„Chronik eines angekündigten Todes"

Inhalt des Romans

Nach dem Militärputsch in Chile 1973 hatte der Autor angekündigt, bis zum Sturz General Pinochets aus Protest keine literarischen Arbeiten mehr zu publizieren. Mit diesem gleich in einer Startauflage von einer Million Exemplaren veröffentlichten Werk beendete García Márquez auf spektakuläre Weise diesen Boykott. – *„An dem Tag, an dem sie Santiago Nasar töten wollten, stand er um fünf Uhr dreißig morgens auf, um den Dampfer zu erwarten, mit dem der Bischof kam."* Mit diesen Worten beginnt dieser kurze, spannende Roman des kolumbianischen Nobelpreisträgers. Schauplatz des *„angekündigten Todes"* ist jene Ortschaft im karibischen Raum, an einem Fluss gelegen, den man schon aus früheren Romanen von García Márquez kennt. Die erzählte Zeit umfasst etwa eineinhalb Stunden vom Aufwachen Santiago Nasars um fünf Uhr dreißig, als bereits die ganze Ortschaft von dessen geplanter Ermordung weiß, bis zum Vollzug des Mordes gegen sieben Uhr. Das Motiv und die Vorgeschichte der Tat werden in Rückblenden in die Narration eingeflochten. Am Tage vor *„jenem unglückseligen Montag"* findet die vom ganzen Ort gefeierte Hochzeit von Bayardo San Román und Angela Vicario statt. Als der Bräutigam in der Hochzeitsnacht feststellt, dass Angela nicht mehr *„unberührt"* ist, bringt er die Braut ins Haus ihrer Eltern zurück. Dort muss sie den Namen ihres Liebhabers gestehen. Sie beschuldigt Santiago Nasar. Die Zwillingsbrüder Pedro und Pablo Vicario machen sich noch in derselben Nacht mit ihren Schlachtermessern auf, Santiago zu töten, um die befleckte Ehre ihrer Schwester wiederherzustellen. Obwohl seit vier Uhr morgens fast alle Bewohner der Ortschaft, die sich auf den Besuch des Bischofs vorbereitet haben, über die Absichten der Brüder Vicario unterrichtet sind, vollzieht sich das schauerliche Verbrechen vor der Tür zum Haus von Santiagos Mutter. Nur wenige scheinen es überhaupt verhindern zu wollen, und ihre Versuche, das Opfer zu warnen, scheitern aus vielerlei Gründen.

Der Ich-Erzähler ist selbst ein Bewohner der Ortschaft. Nach dem tragischen Geschehen, das er schlicht verschlafen hat, übernimmt er die Rolle eines Chronisten, der Zeugenaussagen zu diesem Fall zusammenträgt, die nach der Tat über zwanzig Jahre hinweg gemacht wurden. Trotz einiger Affinitäten ist *Crónica de una muerte anunciada* kein Kriminalroman im traditionellen Sinne. Der Chronist ist zwar wie ein Detektiv einem Verbrechen auf der Spur, die Rätselhaftigkeit des Geschehens liegt jedoch nicht in der Suche nach den Mördern oder ihren Motiven, sondern in der fast schicksalhaften Notwendigkeit, mit der sich das Verbrechen unter Mittäterschaft einer ganzen Ortschaft vollzieht. Die Häufung von Zufällen, Irrtümern und Versäumnissen, die den „angekündigten Tod" durchführbar machen, evoziert die Vorstellung einer verhängnisvollen Vorsehung oder Fatalität. Nicht um ein modernes Schicksalsdrama handelt es sich aber bei der *Chronik eines angekündigten Todes,* sondern um ein geradezu klassisches Ehrendrama. Vor Gericht wird der Mord an Santiago Nasar als *„Totschlag in legitimer Verteidigung der Ehre"* verhandelt. Die Mörder erfüllen eine Pflicht, und zu ihrem eigenen Bedauern hindert sie niemand daran. Trotz der eher unwahrscheinlichen Schuld Santiago Nasars erscheint der betrogene Ehemann Bayardo San Román in der Meinung der Beteiligten als einziges Opfer der Tragödie: *„Man meinte, die anderen Protagonisten der Tragödie hätten die ihnen vom Leben zugewiesenen Hauptrollen mit Würde und sogar mit gewisser Größe gespielt. Santiago Nasar hatte sein Unrecht gesühnt, die Gebrüder Vicario hatten sich als Männer erwiesen, und die verhöhnte Schwester war wieder im Besitz ihrer Ehre. Der Einzige, der alles verloren hatte, war Bayardo San Román."*

Personen

Erzähler:

Der – namenlose – Erzähler versucht über 20 Jahre nach dem Mord, Erklärungen dafür zu finden, wie es trotz der vielen Ankündigungen zu der Tat kommen konnte. Dazu fährt er zurück in sein Heimatdorf und rekonstruiert, in der Vorgehensweise ähnlich wie ein Detektiv oder ein Journalist, mithilfe von Interviews und Aktenstudium den Verlauf des Morgens sowie die Vorgeschichte. Zur Zeit der Ankunft von Bayardo San Román im Dorf besucht er ein entfernt gelegenes Internat, sodass er die Vorgeschichte der Hochzeit nicht selber miterlebt hat. Er ist mit den anderen jungen Männern im Dorf gut bekannt und befreundet und verbringt die Hochzeitsfeier sowie die darauffolgende Nacht zusammen mit Santiago Nasar und auch den Zwillingen Pablo und Pedro Garcia. Auch die Entwicklungen zum Mord und den Mord selbst erfährt er später nur aus Gesprächen, denn er verschläft den Mord im Bordell von Maria Alejandrina Cervantes.

Santiago Nasar:

Sohn des Einwanderers Ibrahim Nasar und der Einheimischen Placida Linero, die in einer „Vernunftehe" miteinander lebten. Da sein Vater vor ein paar Jahren gestorben ist, hat er die Oberschule abbrechen müssen, um die Leitung der Familien-Hazienda zu übernehmen. Er ist verlobt mit Flora Miguel; die von den Eltern der beiden Verlobten arrangierte Hochzeit soll am kommenden Weihnachtsfest stattfinden.

Ob Santiago tatsächlich für die Entjungferung Angelas verantwortlich ist, bleibt unklar. Wie die anderen (jungen) Männer im Dorf geht er ins Bordell und scheint auch sonst keine Gelegenheit für ein erotisches Abenteuer auszulassen. Sein Verhalten während der Hochzeit, in der Nacht danach und auch am kommenden Morgen während des Bischofsbesuchs wird jedoch als so normal, unauffällig und ohne Schuldbewusstsein beschrieben, dass es schwer fällt, ihn als Täter zu sehen.

Angela Vicario:

Braut von Bayardo San Román, Tochter von Pura Vicario (vor ihrer Hochzeit Purisma del Carmen) und Poncio Vicario. Angela lehnt eine Hochzeit mit Bayardo ab, muss sich aber der Entscheidung der Eltern beugen, die, aus ärmlichen Verhältnissen stammend, eine Vermählung mit der reichen und hochangesehenen Familie San Roman nicht ablehnen können.

Um in der Hochzeitsnacht ihr Geheimnis, dass sie nämlich keine Jungfrau mehr ist, zu verschleiern, geben ihr ihre Freundinnen verschiedene Verhaltenstipps. Diese nutzt Angela dann aber kurz entschlossen nicht, sondern ist bereit, sich von ihrem Ehemann töten zu lassen. Der bringt sie jedoch noch in der Hochzeitsnacht nach Hause zurück. Beeindruckt vom Druck, den die Familie auf sie ausübt, sowie von den Schlägen ihrer Mutter, nennt sie dann den Namen Santiagos als vermeintlichen Täter. Sie klärt auch in den über zwanzig Jahren nach dem Mord an Santiago nicht, wer der wirklich Verantwortliche war.

Pura Vicario:	Mutter von Angela Vicario und den Zwillingen Pablo und Pedro. Wahrscheinlich wegen der Blindheit ihres Mannes trifft sie die wichtigen Entscheidungen in der Familie. So dringt sie auf die Hochzeit Angelas mit Bayardo, verprügelt sie und lässt die beiden Brüder nach Hause holen. Nach dem Mord an Santiago sorgt Pura Vicario dafür, dass Angela das Dorf verlässt und in Zukunft in einem entfernt liegenden „ungesunden Indiodorf", einsam lebt.
Pablo und Pedro Vicario:	Brüder von Angela Vicario, die in der Hochzeitsnacht von ihrer Mutter herbeigerufen werden, um die Tat an Angela zu rächen. Obwohl sie mit Santiago befreundet sind und noch den Abend mit ihm gemeinsam verbracht haben, nehmen sie diesen Auftrag zur Herstellung der Familienehre durch Mord an. Sie verhalten sich in der Öffentlichkeit jedoch auffällig und erzählen jedem, was sie vorhaben, sodass der Eindruck entsteht, dass sie von Außenstehenden aufgehalten und von ihrem Ziel abgehalten werden möchten. Der Bürgermeister entwaffnet sie auch, doch entscheidet Pablo nun, noch einmal Messer zu holen, sodass die Tat ausgeführt werden kann. Obwohl die Zwillinge nach der Tat für Monate ruhelos und schlaflos sind, machen sie in der Gerichtsverhandlung deutlich, dass sie sich für unschuldig halten und genauso wieder handeln würden. Diese Auffassung wird deutlich unterstützt durch Pablos Verlobte sowie das Plädoyer des Anwalts.
Bayordo San Roman:	Sohn des hochangesehenen General Petronia San Roman und der Alberta Simonds. Bayardo kommt in das Dorf, angeblich auf der Suche nach einer Braut. Indem er sich angepasst verhält, erreicht er die Akzeptanz der Dorfbewohner, obwohl keiner etwas Genaues über ihn weiß. Als Bayardo beschließt, Angela zu heiraten, versucht er nicht, Angela für sich zu gewinnen, sondern arbeitet mehr daran, ihre Familie zu beeindrucken, indem er sich finanziell als sehr großzügig erweist. Dass er aus einer reichen und angesehenen Familie stammt, macht ihn aus der Perspektive der Eltern Angelas sehr attraktiv. Die finanzielle Situation wird auch nach außen hin deutlich dargestellt, z. B. durch den Vater, der mit einem Auto vorfährt und zur Hochzeit ein Auto verschenkt, durch die pompöse Hochzeit und durch das Haus, das Bayardo dem Witwer de Xius für einen unverhältnismäßig hohen Preis abkauft. So erscheint Bayardo den Dorfbewohnern auch als das einzige wirkliche Opfer des Unglücks.
Die Dorfbewohner:	Sie wissen fast alle Bescheid über den angekündigten Mord, entweder, weil sie den Plan von den Zwillingen selbst gehört haben oder weil sich diese Geschichte im Dorf wie ein Lauffeuer herumspricht, zumal alle Dorfbewohner unterwegs zum Hafen sind, um dem Besuch des Bischofs beizuwohnen. Zwar nimmt der Bürgermeister den Brüdern einmal die Messer ab, alle anderen Versuche, die Tat zu verhindern, sind jedoch sehr halbherzig. Am Ende verhindert keiner der Anwesenden, dass Pedro und Pablo auf Santiago einstechen.

Vorüberlegungen zum Einsatz des Romans im Unterricht

Warum, die Frage könnte gestellt werden, sollte der südamerikanische Roman, dessen Handlung in den 50er-Jahren des 20. Jahrhunderts in einem vom Rest der Welt völlig abgelegenen Dorf spielt, ausgerechnet Thema des Deutschunterrichtes sein? Und weiter: Was könnte Schülerinnen und Schüler an so einer fremden und alten Geschichte interessieren, mit welchen Themen könnten sie sich bei der Lektüre auseinandersetzen, welche Erkenntnisprozesse könnten initiiert werden?
Erste Legitimationsansätze können zunächst aus formaler Sicht gewonnen werden: So sehen viele Lehrpläne ausdrücklich die Lektüre eines fremdsprachigen Romans in Übersetzung vor und der spätestens durch den Ritterschlag des Literaturnobelpreises geadelte Gabriel García Márquez verweist dabei auf eine international anerkannte literarische Qualität.
Viel wichtigere Begründungen für die unterrichtliche Erarbeitung liefern jedoch die inhaltlichen und literarischen Gesichtspunkte.
In diesem Zusammenhang ist zu nennen, dass Schülerinnen und Schüler gerade deshalb besonders interessiert an der Geschichte sind, weil die Besprechung eines südamerikanischen Romans im Deutschunterricht doch ungewöhnlich ist und der Roman eher mit dem Spanischunterricht in Verbindung gebracht wird. Neben dieser exotischen Anmutung haben die Schülerinnen und Schüler aber auch besonderen Gefallen an der Geschichte, schließlich scheint es sich um eine außergewöhnliche Kriminalgeschichte zu handeln, mit den Motiven Liebe und Verrat.
Ist die Neugier erst geweckt, gehen die Schülerinnen und Schüler schnell mit auf die Reise in das abgelegene kolumbianische Dorf, in dem die unglaubliche Tat eines öffentlich angekündigten und auch in aller Öffentlichkeit durchgeführten Mordes passiert. In dieser durchaus spannend erzählten Geschichte gibt es auf den ersten Blick schnell zu identifizierende Täter und Opfer. Erst der zweite und der dritte Blick ermöglichen eine differenzierte Auseinandersetzung mit den Figuren und vor allem auch mit den sozialen Mechanismen des Dorfes. Gerade dieses sehr präzise Vorgehen bei der Analyse macht den Roman interessant für den Deutschunterricht. Alle Figuren stehen unter dem enormen sozialen Druck, die von der Dorfgemeinschaft über viele Jahrzehnte, vielleicht Jahrhunderte, festgeschriebenen Rollenerwartungen zu erfüllen, und sie stehen dabei in der räumlichen Enge des Dorfes auch unter ständiger Beobachtung. Die in diesem Mikrokosmos entstandenen Verhaltensvorschriften bergen verschiedene gesellschaftspolitische Problembereiche: Für den Einzelnen ergibt sich der ständige Konflikt, individuelles Wünschen und Streben in Einklang bringen zu müssen mit der Erfüllung der ganz engen Rollenerwartungen, auf die die Gemeinschaft beharrt und deren Einhaltung sie penibel überwacht. Die Dorfgemeinschaft als Ganzes unterwirft sich diesen selbstgemachten Normen und Vorschriften wie einem ehernen Gesetz, ohne sie im Ansatz zu hinterfragen. Deshalb muss die Dorfgemeinschaft nicht die Verantwortung übernehmen, den öffentlich angekündigten Mord nicht verhindert zu haben, sondern kann sich auf Begriffe wie „Schicksal", „Fügung" und „Ehre" beziehen.
So stiftet diese „alte" Geschichte vom „Ende der Welt" dazu an, über gesellschaftspolitische Phänomene nachzudenken, die auch uns moderne Menschen zu Beginn des 21. Jahrhunderts, und gerade auch in der derzeitigen Arbeitswelt, umtreiben: Wie viel Individualität ist möglich, wie viel Erfüllung von Rollenerwartung ist nötig, was bedeutet gesellschaftlich verantwortliches Handeln?
Diese „alte" Geschichte vom „Ende der Welt" zeigt aber auch, dass es Grundzüge menschlichen Handelns über die Zeiten und über die Kulturen hinweg gibt. Von ähnlich strengen Verhaltensvorschriften berichten viele Schülerinnen und Schüler, deren Wurzeln nach Ost-

und Südeuropa reichen. Sie nehmen eine Auseinadersetzung mit diesem Phänomen, unter dem sie häufig selbst leiden, dem sie, da der Druck aber aus der eigenen Familie kommt, nicht viel entgegensetzen können, dankbar auf und setzen sich intensiv damit auseinander. Schwieriger wird diese Auseinandersetzung zum Teil, dies sei nicht verschwiegen, mit Schülerinnen und Schülern aus dem islamisch geprägten Kulturkreis. Sie nehmen, insbesondere zu Beginn der Unterrichtsarbeit, vor allem auf, dass das Phänomen des „Ehrenmords" offensichtlich gar kein speziell islamisches ist, sondern in christlichen Ländern durchaus auch vorkommt. So fällt ihnen auch die kritische und distanzierte Auseinandersetzung mit den gesellschaftspsychologischen Strukturen häufig nicht leicht.

Diese „alte" Geschichte vom „Ende der Welt" bietet darüber hinaus die Möglichkeit, sich selbst mit fremden Kulturen zu beschäftigen, die „andere" kolumbianisch-südamerikanische Kultur als solche wahrzunehmen und sie differenziert auch in ihrer Tradition zu sehen. Dies kann besonders durch den erweiterten Blick auf den Autor García Márquez, auf die literarische Tradition des magischen Realismus und den Blick auf weitere südamerikanische Autoren geschehen.

Nicht zuletzt bietet die „alte" Geschichte vom „Ende der Welt" auch eine lohnende literaturwissenschaftliche Auseinandersetzung: die lebendige, kraftvolle Sprache, die besondere Konstruktion und das besondere Erzählkonzept der Geschichte, die in der Realität stattgefunden und aus der Literatur entstanden ist, und der südamerikanische Autor, der besonders von der nordamerikanischen und europäischen (Kafka-)Erzähltradition geprägt ist: das alles sind originäre Themen für einen interessanten und lohnenden Deutschunterricht.

Konzeption des Unterrichtsmodells

In **Baustein 1** werden zunächst verschiedene Möglichkeiten des Einstiegs in die Romanerarbeitung dargestellt. Je nach Klasse und Zielsetzung kann hier ausgewählt werden zwischen der Möglichkeit eines ganz offenen Einstiegs, der Erschließung der Themen des Romans über Bilder oder der stark strukturierten Annäherung über die Figurenkonstellation und/oder der Rekonstruktion des Handlungsverlaufs.

Baustein 2 nimmt vor allem den Erzähler in den Blick. Über diesen namenlosen Ich-Erzähler ist beim ersten Lesen scheinbar gar nichts zu erfahren. Erst durch genaue Analyse der ausgewählten Textstellen sind weitergehende Informationen über den Erzähler zu gewinnen und zudem auch ein methodischer Zugang zur weiteren Beschäftigung mit dem Roman möglich. Inhaltlich steht deshalb neben der Figur des Erzählers auch sein besonderes Erzählkonzept im Vordergrund der Betrachtung.

Im Mittelpunkt des **Bausteins 3** steht die Frage, wie es zu dem Mord an Santiago kommen konnte. Dazu werden die Hauptfiguren genau analysiert. Durch eine ausführliche Charakterisierung der Figuren vor der Hochzeit, die Untersuchung ihres Verhalten, das unmittelbar zum Mord an Santiago führt, sowie die Auseinandersetzung mit ihren Erklärungen und Entscheidungen nach dem Mord wird die Frage aus individueller Sicht betrachtet.

In **Baustein 4** wird vor allem der Frage nachgegangen, welchen Beitrag die Dorfbewohner zum Zustandekommen des Mordes geleistet haben. So wird hier quasi aus der gesellschaftlichen Perspektive der Frage nach der Schuld nachgegangen. Dabei kommt dem Begriff der „Ehre", der eingebettet ist in eine patriarchalisch-hierarchische Gesellschaftsstruktur, eine besondere Rolle zu. Vor diesem Hintergrund ist es auch möglich, die aktuellen Fälle der Ehrenmorde in Deutschland zu beleuchten.

Baustein 5 bezieht abschließend den Autor García Márquez und seine südamerikanische Verwurzelung mit in die Analyse ein. Der Vergleich der „Chronik" mit der sich tatsächlich zugetragenen Ermordung eines Freundes des Autors sowie auch der Rückgriff auf besondere kulturelle und literarische Aspekte ermöglichen einen anderen, erweiterten Blick auf die Lektüre und beleuchten auch den Weg, wie aus Realität Literatur werden kann.

Klausurvorschläge und Themen für Facharbeiten/Präsentationen

Klausuren

Thema 1 (Bezug zu Baustein 3/4)
Analysieren und interpretieren Sie die Szene in Flora Miguels Haus (S. 110 unten „So war es. ..." bis S. 115 „dass die Haustür nicht abgeschlossen war."), indem Sie die Figuren charakterisieren und der Fragestellung nachgehen, wie es zu dem unglaublichen Mord an Santiago kommen konnte.

Thema 2 (Bezug zu Baustein 3/4)
Bearbeiten Sie den Textauszug (S. 60 zweiter Absatz „Clothilde Armenta hatte ihre Milch noch nicht ganz verkauft, ..." bis S. 65 unten „..., dass die beiden auf Santiago Nasar warteten, um ihn zu töten") aus dem Roman *Chronik eines angekündigten Todes* von Gabriel García Márquez, indem Sie

- den Textauszug in die Chronologie der Handlung einordnen,
- die Brüder Pablo und Pedro Vicario charakterisieren und
- das Verhalten von Clothilde Armenta in Abgrenzung zu den anderen Dorfbewohnern beschreiben und bewerten.

Thema 3 (Bezug zu Baustein 4)
Bearbeiten Sie den nachfolgenden Textauszug (S. 98 unten „Zwölf Tage nach dem Verbrechen ..." bis S. 101 oben „... in den letzten Stunden ein schlüssiger Beweis seiner Unschuld") aus dem Roman *Chronik eines angekündigten Todes* von Gabriel García Márquez, indem Sie

- den Textauszug in den Romanzusammenhang einordnen,
- den Untersuchungsrichter charakterisieren und
- herausarbeiten, inwiefern der Untersuchungsrichter als Gegenpol zum Großteil der Dorfbevölkerung gesehen werden kann und welche Funktion er als Figur im Roman einnimmt.

Thema 4 (Bezug zu Baustein 3)
Charakterisieren Sie Bayardo während des Hauskaufs vom Witwer de Xius (S. 37–S. 40). Erarbeiten Sie im Anschluss daran einen inneren Monolog Bayardos, in dem Sie seine Motive und Absichten, Gedanken, Gefühle usw. darstellen.

Thema 5 (Bezug zu den Bausteinen 3, 4; siehe auch Z5)
Setzen Sie sich kritisch mit den Positionen Lale Akgüns auseinander, indem Sie ihre Argumentation herausarbeiten und Stellung dazu nehmen, auch unter Berücksichtigung der Diskussion in der „Chronik eines angekündigten Todes" von G. G. Márquez.

Themen für Facharbeiten/Präsentationen

- Die Biografie Gabriel García Márquez
- Gabriel García Márquez als politischer Schriftsteller bzw. als Journalist
- Das Land Kolumbien, auch mit Bezug auf seine Geschichte im 19./20. Jahrhundert
- Octavio Paz: Das Labyrinth der Einsamkeit
- G. G. Márquez: Hundert Jahre Einsamkeit
- Darstellung der Besonderheiten des „Magischen Realismus" am Beispiel ausgewählter südamerikanischer Autoren
- Ein Vergleich der Dorfstrukturen in Dürrenmatts „Besuch der alten Dame" mit Gabriel García Márquez' „Chronik eines angekündigten Todes"
- Ein Vergleich mit der Geschichte „Wie Huseyn gefasst wurde" von Irene Dische (Irene Dische: Lieben. Erzählungen. Hamburg 2007, S. 23–27)

Die thematischen Bausteine des Unterrichtsmodells

Baustein 1

Möglichkeiten der Annäherung an Inhalt und Struktur

In diesem Baustein werden verschiedene Möglichkeiten des Einstiegs in die unterrichtliche Romananalyse vorgestellt. Dies sind:

- Literaturrezension (1.1),
- Erschließung des Inhaltes und der Figurenkonstellation (1.2),
- Erschließung thematischer Schwerpunkte mithilfe von Bildern (1.3).

Mit der Literaturrezension als offener Einstieg in die Romananalyse bietet sich die Möglichkeit, die Schülerinnen und Schüler in den Mittelpunkt unterrichtlichen Handelns zu stellen, indem sie erste Eindrücke, Meinungen und Deutungsansätze sammeln und formulieren. So können die Rezensionen Grundlage der weiteren Planung inhaltlicher Schwerpunkte werden, sie können aber auch zum Ende der Unterrichtsreihe wieder aufgegriffen werden, um Veränderungen durch den Prozess der Auseinandersetzung zu veranschaulichen (s. 1.1).
Eine andere Form des Einstiegs in die Romananalyse bieten systematisierende oder auch strukturierende Fragestellungen, mit deren Hilfe Schülerinnen und Schüler sich einen Überblick über die Figurenkonstellation und/oder den Handlungsverlauf erarbeiten können. Diese Fragestellungen können auch als begleitende Leseaufträge formuliert werden und dienen somit als methodische Hilfe bei der Lektüre (s. 1.2).
Flankierend dazu haben sich gerade in diesem Zusammenhang immer wieder Einstiege über Bilder als fruchtbar erwiesen, wecken sie doch die Aufmerksamkeit und Neugier der Schülerinnen und Schüler und veranlassen sie, sich auf eine andere – eher spielerische – Art und Weise mit Motiven und Themen des Romans auseinanderzusetzen und die Verbindung zur Lektüre herzustellen (s. 1.3).

1.1 Die Literaturrezension

Zunächst werden die Schülerinnen und Schüler auf den Auftrag eingestimmt, eine Literaturrezension zu verfassen.

■ *Eine Rezension ist eine kritische Besprechung und Wertung eines Romans, eines Theaterstücks oder auch eines Films, einer CD. Welche inhaltlichen Aspekte sollten in einer Rezension enthalten sein?*

Ergebnisse dieser gemeinsamen Überlegung können an der Tafel festgehalten werden:

Eine Rezension enthält Informationen über:

- den Autor
- den Titel
- den Verlag (evtl. auch den Preis)
- eine Inhaltsübersicht über die Handlung (ohne zu viel vorwegzunehmen)
- evtl. die Zielsetzung des Romans sowie
- eine Würdigung der Qualität des Romans

Auf dieser Grundlage können die Schülerinnen und Schüler nun eine eigene Rezension zur „Chronik" verfassen:

- *Werden Sie nun selber als Rezensentin bzw. Rezensent tätig und schreiben Sie eine Rezension über Márquez' „Chronik eines angekündigten Todes".*

Wenn dieser Auftrag zum Ende der Unterrichtssequenz wiederholt wird, können durch einen Vergleich der beiden Textversionen die Veränderung in Rezeption und Verständnis für die Lernenden sichtbar gemacht werden.

Aus der Auswertung der „Einstiegs"-Rezensionen, die während des Unterrichts oder im Rahmen einer Hausaufgabe verfasst werden, lassen sich Interessensgebiete und thematische Schwerpunkte für die weitere Unterrichtsarbeit ableiten. Die Rezensionen zum Abschluss der Reihe bieten die Möglichkeit, neue Zugänge und Erkenntnisse zu reflektieren und zu sichern. Voraussetzung dieses Verfahrens ist natürlich, dass die Schülerinnen und Schüler den ganzen Roman gelesen haben.

1.2 Den Inhalt erfassen und aufbereiten

Figurenkonstellation

Zwar ist García Márquez' Roman nicht sehr umfangreich, doch ist der Handlungsverlauf so verschachtelt und es treten so viele Personen mit ungewöhnlichen Namen auf, dass es sich für einen guten Überblick und vor allem auch als Grundlage der weiteren Arbeit durchaus empfiehlt, die Personenkonstellation und den Handlungsverlauf zu visualisieren. Auf dieser Grundlage können auf der einen Seite Textkenntnisse gefestigt und auf der anderen Seite durch die nähere Betrachtung der entstandenen Veranschaulichungen schon erste Analyseergebnisse erarbeitet werden. So bietet es sich an, diese Aspekte, auch im Sinne der Stärkung der Lesekompetenz gerade in schwächeren Lerngruppen, als Leseaufträge für die Lektüre des Romans zu formulieren, sodass die Schülerinnen und Schüler bei Beginn der unterrichtlichen Erarbeitung auf diese Notizen zurückgreifen können.

- *Tragen Sie die Namen der Haupt- und Nebenfiguren des Romans zusammen und entwerfen Sie eine geeignete Darstellungsform, um auch die Verbindungen der Figuren untereinander deutlich zu machen.*

Schon das erste Kapitel des Romans erwähnt so viele Personen, die miteinander verwandt sind, aber unterschiedliche Namen haben, die befreundet oder bekannt sind oder als Dorfbewohner bestimmte Funktionen haben (Ladenbesitzer, Bürgermeister usw.), dass der Leser schnell den Überblick verlieren kann. Die aus einem anderen Sprachraum stammenden Namen machen es zudem schwierig, einmal eingeführte Figuren im nächsten Kapitel sofort wieder als Mutter, Köchin, Bürgermeister oder Ladenbesitzerin zu identifizieren und zuzuordnen. So bietet sich das Festhalten der Namen der Personen, ihrer Rollen/Funktionen sowie ihrer Familienzugehörigkeiten (am besten auch gleich mit Seitenzahlen) an (mögliche Lösung s. Abb. „Figurenkonstellation", S. 23).
Die Schülerinnen und Schüler können in Partner- oder Gruppenarbeit eine geeignete Darstellung/Visualisierung erarbeiten, die dann als Grundlage der weiteren Interpretation der Zusammengehörigkeit der Figuren dient und am besten auch für die nachfolgende Unterrichtsarbeit im Klassenraum sichtbar bleibt, sodass die Schülerinnen und Schüler sich immer wieder orientieren können.
Anschließend können nun auf dieser Basis weitere Beziehungen visualisiert werden, z. B. die familiären Verbindungen Luisa Santiagos zu anderen Familien. Sie ist nämlich zum einen die Taufpatin Santiago Nasars, der ja auch ihren Namen trägt, aber auch ganz eng verwandt mit den Vicarios. Gerade die Vetternschaft zwischen dem Erzähler und seinen Brüdern mit den Kindern der Vicarios kann bei der Beurteilung des Mordes – und warum er nicht verhindert wurde – eine Rolle spielen. Die Verbindungen zwischen diesen beiden Familien mögen auch exemplarisch sein für weitergehende familiäre Beziehungsstrukturen innerhalb der engen Dorfstruktur.
Darüber hinaus ist über diesen Weg – am besten jedoch in einer späteren Unterrichtsstunde – ein Hinweis auf die Identität des Erzählers (und des Autors?) zu finden, denn seine Mutter weigert sich, den Vater des Bräutigams, General Petronio San Roman, per Handschlag zu begrüßen, sei er doch für die Erschießung Gerineldo Márquez' verantwortlich (S. 36). Und eine Tante des Erzählers heißt Wenefrida Márquez (S. 120).
Der Blick auf die Namen der Figuren kann auch Anlass sein, diese genauer zu betrachten und ihre – zum Teil religiöse – Bedeutung zu recherchieren. Dies kann gut im Zusammenhang mit der Untersuchung der übrigen *Symbolik* vorgenommen werden.

Handlungs- und Zeitverlauf

Um den Handlungsverlauf sowie auch die verschiedenen Zeitebenen in den einzelnen Kapiteln zu erschließen, bietet es sich an, hierzu eine Übersichtstabelle zu entwickeln (s. **Arbeitsblatt 1**, S. 24). Die Übersichtstabelle kann den Schülerinnen und Schülern entweder im Rahmen eines Leseauftrags zur Unterstützung der Lektüre oder für die Erarbeitung im Unterricht zur Verfügung gestellt werden.
Methodisch versierte Klassen können so eine Tabelle auch gemeinsam erarbeiten.

- *Geben Sie den Kapiteln Überschriften und fassen Sie die Handlungsverläufe in den Kapiteln zusammen. Notieren Sie dabei auch Hinweise auf die Zeit.*

Werden nun die jeweiligen Inhalte, z. B. entweder gemeinsam im Plenum oder in der Verantwortung von fünf Gruppen, die jeweils ein Kapitel bearbeiten, zusammengetragen, entsteht eine Visualisierung der spezifischen Romanstruktur, die den Schülerinnen und Schülern im weiteren Unterrichtsverlauf zum einen immer wieder Orientierungsmöglichkeiten bietet. Zum anderen lädt diese Visualisierung aber auch zu einem sozusagen zweiten, genaueren Blick auf die Strukturmerkmale des Romans ein, sodass an dieser Stelle schon erste Analysen durchgeführt werden können.
Die Reflexion des Arbeitsprozesses in den Gruppen kann beispielsweise ergeben, dass die Formulierung von, auch unterschiedlichen, Überschriften für das 1. und das 5. Kapitel schwer

fällt, rekonstruieren doch beide Kapitel – neben anderen Dingen – den Ablauf des Morgens bis zur Tötung Santiagos. Beim genaueren Vergleich der beiden Kapitel wird aber deutlich, dass die Schilderung des Tathergangs und der Minuten nachher im 5. Kapitel sehr genau und detailliert erfolgt, während im 1. Kapitel (genau wie im 3.) nur berichtet wird, dass Santiago tot sei. Ein Rückgriff auf die Leseerfahrungen der Schülerinnen und Schüler wird auch deutlich machen, dass sie das 5. Kapitel, eben wegen der genauen Schilderung, als spannend empfunden haben, obwohl doch schon mit dem ersten Satz des Romans deutlich wird, dass Santiago Nasar sterben wird.
Die genauere Betrachtung des Handlungsverlaufs in den einzelnen Kapiteln mithilfe der Zwischenüberschriften und der im Text erwähnten Zeiten macht darüber hinaus sehr deutlich, wie komplex und vielschichtig das Romangeschehen konzipiert ist. So ist erkennbar, dass

- die Geschichte aus verschiedenen Perspektiven erzählt wird (der Erzähler hat ja die wichtige Zeit verschlafen und muss sich auf die Beobachtungen der anderen Dorfbewohner verlassen),
- die Zeitebenen auch in den Kapiteln zwar ständig wechseln, sich bei genauerer Betrachtung jedoch insofern sogar eine lineare Chronologie zeigt, dass die Kapitel 1 und 2 die Vorgeschichte des Ereignisses klären und Kapitel 4 und 5 die Auswirkungen und Folgen bis zum Zeitpunkt des Erzählens. Darin verwoben sind in Kapitel 1, 3 und 5 die Rekonstruktionen der Tatvorbereitung und des Tathergangs aus verschiedenen Perspektiven.

So ergeben sich an dieser Stelle schon besondere erzähltechnische Aspekte, die im nächsten Baustein dann genauer betrachtet werden.

1.3 Den Inhalt über Bilder erschließen

Ein Einstieg kann auch mithilfe von Bildern erfolgen, die genau die Inhalte und Motive des Romans thematisieren.

Paul Weber: Das Gerücht

Eine Möglichkeit dazu bietet Paul Webers „Gerücht" (s. **Arbeitsblatt 2**/Folie, S. 26), eine Lithografie, die den abstrakten Begriff in ein beeindruckendes Bild umsetzt.

- *Beschreiben Sie die einzelnen Elemente der Lithografie und machen Sie deutlich, wie Weber den abstrakten Begriff des „Gerüchtes" sinn-bildlich umgesetzt hat.*
- *Suchen Sie Redewendungen, die Weber in diese Verbildlichung des Begriffes hat einfließen lassen.*
- *Zeigen Sie Verbindungen zum Inhalt der „Chronik eines angekündigten Todes" auf.*

Weber zeigt das Gerücht als unmenschliches Monster, das sich in einer ganz monotonen Umgebung immer mehr vergrößert, weil ihm ständig neue Gestalten zuströmen. Das Gerücht hat einen Körper wie eine Schlange, dicke und große Brillengläser, die es glauben machen, alles genau zu sehen, eine große Spürnase, große, spitze Ohren, die alles hören, einen sehr großen Mund zum Erzählen – aber keine Hände, weil es gar nicht anpacken bzw. handeln möchte. Aspekte dieser Darstellung des Gerüchts lassen sich auch in Redewendungen finden:

- falsch wie eine Schlange,
- die Nase in alles hineinstecken,
- etwas spitzkriegen,
- mit spitzer Zunge reden usw.

So zeigt Webers Lithografie ganz sinn-bildlich das Verhalten der Dorfbewohner, die alle wissen, dass Santiago getötet werden soll, die auch alle wissen, dass dies die Strafe für sein Vergehen an Angela Vicario sein soll, die aber alle nicht eingreifen, um diesen Tod zu verhindern, und die nicht einmal die Frage stellen, ob sich seine „Schuld" überhaupt nachweisen lässt. Alle tragen also dazu bei, das Gerücht zu vergrößern, keiner handelt aber verantwortlich und verhindert den Mord: „Die vom Hafen zurückkehrenden, von den Schreien gewarnten Menschen nahmen auf dem Platz Aufstellung, um dem Verbrechen beizuwohnen." (S. 109)

Frida Kahlo: Ein paar kleine Dolchstiche

Auf ein anderes Thema, nämlich auf das Thema der Gewalt, lenkt Frida Kahlo den Blick mit dem Bild „Ein paar kleine Dolchstiche/Unos cuantos piquetitos" (1935) (s. **Arbeitsblatt 2**/ Folie, S. 26).

- *Beschreiben und deuten Sie wichtige Elemente von Frida Kahlos Bild.*
- *Lassen sich Beziehungen herstellen zwischen der Geschichte, die auf dem Bild erzählt wird, und der Geschichte aus der „Chronik eines angekündigten Todes"?*

Im Zentrum des Zimmers, nicht an einer Wand, steht ein Bett, auf dem eine Frau liegt, blutüberströmt und nackt. Nur ein Fuß ist bekleidet mit Strumpf, Strumpfband und Schuh. Ihr Körper ist merkwürdig und unnatürlich verdreht. Der Täter steht hinter ihr, völlig bekleidet – sogar mit Hut –, aber blutverschmiert, die eine Hand in der Hosentasche, das blutige Messer in der anderen. Zwei Vögel halten ein Stoffband, auf dem der Titel des Bildes vermerkt ist: Nur ein paar kleine Dolchstiche.
Die grausame Besonderheit der auf dem Bild dargestellten Gewalt besteht zum einen in der offensichtlichen Beiläufigkeit, in der der Mord passiert ist. So steht der Täter entspannt hinter seinem Opfer, den Hut auf dem Kopf, als ob es keine Gegenwehr gegeben hat, die Hand locker in der Hosentasche. Dazu passt auch der Titel des Bildes, der über seinem Kopf prangt. Zum anderen wird die Frau gleich zweifach als Opfer dargestellt: zum einen durch die Gewalt, die ihr widerfahren ist, zum anderen aber auch, ganz sinnbildlich und durch den Kontrast zum Täter auch ganz deutlich herausgestellt, durch ihre Nacktheit, die in besonderer Weise Schutzlosigkeit und Verletzlichkeit zeigt. Auf der anderen Seite könnte die Nacktheit auch die Ursache der Grausamkeit andeuten, nämlich einen Ehebruch. Tatsächlich scheint Frida Kahlos Bild auf einen Gerichtsprozess zurückzugehen, in der der Täter seine „kleinen Dolchstiche" mit dem Seitensprung seiner Frau begründet. Dieses Verhalten ist Männern zwar erlaubt, „die untreue Frau wurde als Hure verurteilt"[1]. Die Verbindung der beiden Figuren auf dem Bild zueinander wird auch durch die Vögel symbolisiert, die gemeinsam das Stoffband halten: die weiße Taube steht für das Opfer, der schwarze, größere Vogel für den Täter.

[1] Prignitz-Poda (2003): Frida, München, S. 92

Bild und Roman haben zunächst einmal nichts miteinander zu tun, denn Angela wird zwar mit Verbannung bestraft, nicht aber mit dem Tod. Zu Tode kommt dafür der vermeintliche Täter, den Angela, ob zu Recht oder zu Unrecht bleibt offen, benannt hat.

Trotzdem lassen sich thematische Verbindungen herstellen:

- Angela rechnet fest mit dem Schicksal der Frau auf Frida Kahlos Bild, sie entscheidet sich sogar bewusst dazu, diese Strafe auf sich zu nehmen (50, 91/92).
- In einem übertragenen Sinne zeigen beide Werke, wie Männer die Macht haben, über Körper und Schicksal der Frauen zu bestimmen, sei es durch Mord, sei es durch die Rückgabe der „versehrten Ware" im Elternhaus. Die Ungleichwertigkeit zwischen Mann und Frau wird auch darin deutlich, dass Männern erlaubt ist, was Frauen das Leben kosten kann: nämlich eine selbstbestimmte Sexualität.

Notizen

Mögliche Lösung zur Figurenkonstellation

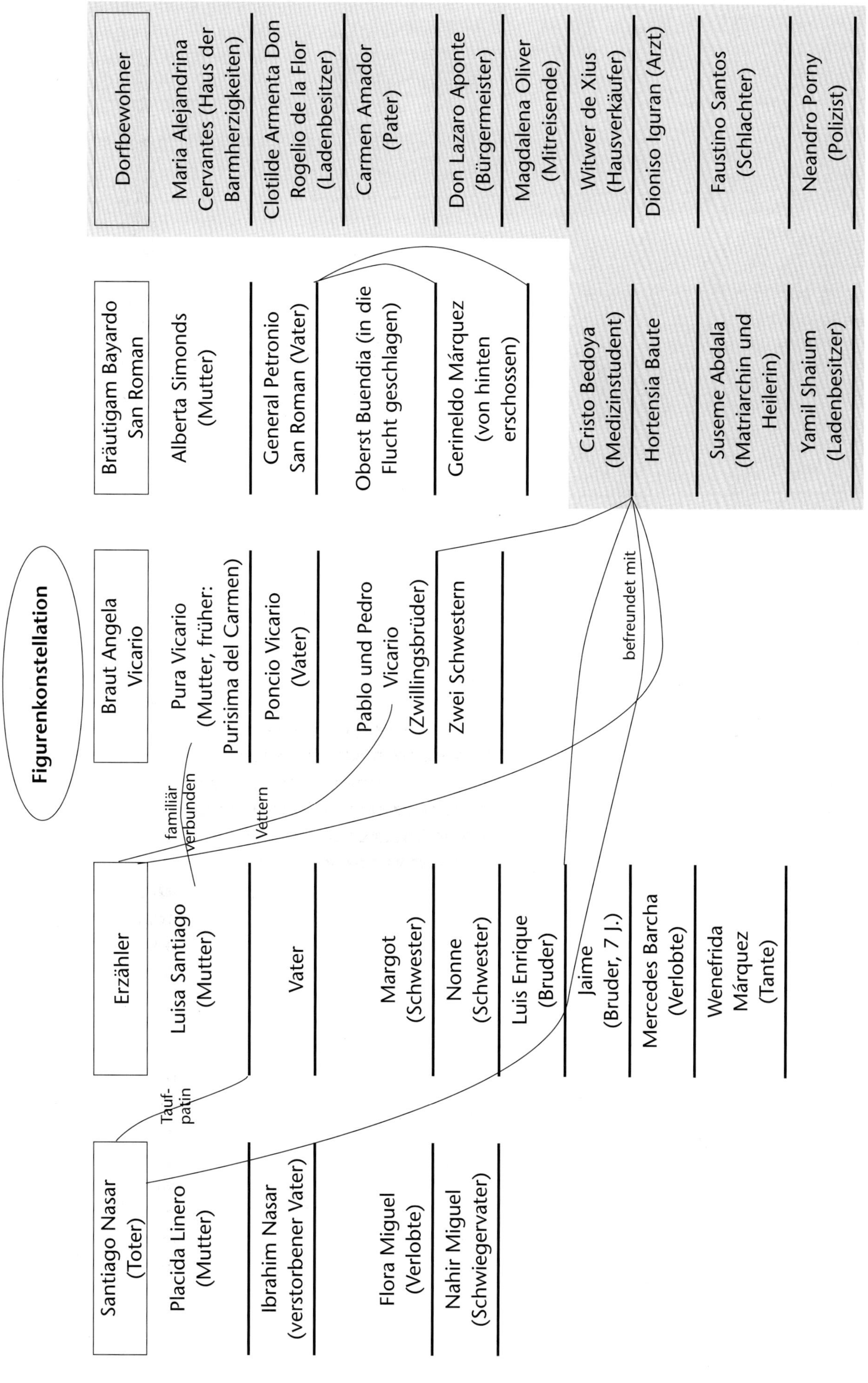

Übersicht über den Handlungs- und Zeitverlauf

Erstellen Sie mithilfe dieser Tabelle eine Übersicht über den Handlungs- und Zeitverlauf in den fünf Kapiteln.

Kapitel	**Inhalt**	**Zeitebenen aus der Sicht des Mordtages**		
		Vorgeschichte	Tag der Ermordung	Zukunft

Übersicht über den Handlungs- und Zeitverlauf
(Lösung)

Kapitel	Inhalt	Zeitebenen aus der Sicht des Mordtages		
		Vorgeschichte	Tag der Ermordung	Zukunft
1. Rekonstuktion des Tagesablaufs bis zum Mord aus der Sicht Santiagos *„Sie haben ihn schon getötet." (27)*	• Aufstehen Santiagos, seine Vorbereitungen für den Bischofsbesuch • Vorstellung der Familie Nasar • Vorstellung der Köchin Guzmán • Besonderheiten des Hauses (Vordertür, Hintertür) • Milchladen Clotilde Armentas • Santiagos Bischofsbesuch und seine Gespräche, z. B. Verabredung mit Margot zum Frühstück • Wissen der Dorfbewohner über den angekündigten Mord • Margots Weg nach Hause	Vorgeschichte der Familie Nasar	5:30 Uhr bis 7 Uhr	
2. Zustandekommen der Hochzeit zwischen Angela und Bayardo *„Santiago Nasar", sagte sie [Angela] (50)*	• Ankunft und Aufnahme Bayardos im Dorf • Versionen über das Kennenlernen und Werben • Vorstellung der Familien Vicario und San Roman • Hochzeitsfest • Bayardo bringt Angela in ihr Elternhaus zurück	August des Vorjahres bis zur Hochzeit		
3. Vorbereitung des Mordes aus der Sicht von Pablo und Pedro *„Sie haben Santiago Nasar getötet." (72)*	• Gerichtsverhandlung • Vorbereitungen der Zwillinge • Reaktionen der Dorfbewohner, der Freunde, der Polizei und des Bürgermeisters auf die öffentliche Ankündigung des Mordes		Ca. 3 Uhr bis kurz nach 7 Uhr	
4. Untersuchungen nach dem Mord und die Auswirkungen des Mordes bis heute	• Autopsie durch Pater Carmen Amador • Verhaftung der Zwillinge • „Auflösung" des Hauses • Bericht über das Leben Bayardos und Angelas nach dem Mord			die folgenden Tage Wirkungen des Mordes in die Zukunft – 27 Jahre
5. Rekonstruktion des Tagesablaufs bis zum Mord *„Sie haben mich getötet […]", sagte er. [Santiago] (120)*	• (langfristige) Wirkungen des Mordes auf die Dorfbewohner • gerichtliche Untersuchung • Verhalten und Handlungen verschiedener Dorfbewohner • Genaue Schilderung des Mord-Vorgangs bis zum Tod Santiagos		5 bis 7 Uhr	bis heute zwölf Tage nach dem Mord

Bildanalyse

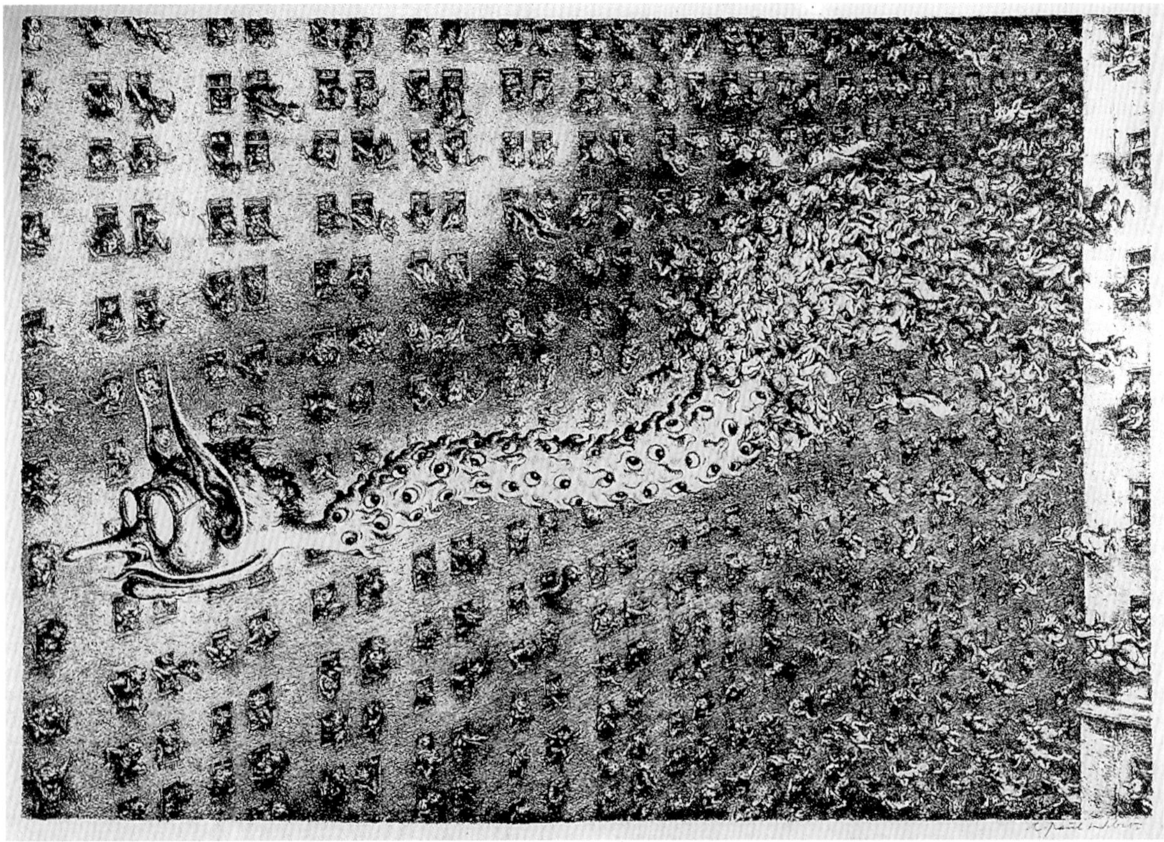

Paul Weber (1943): Das Gerücht

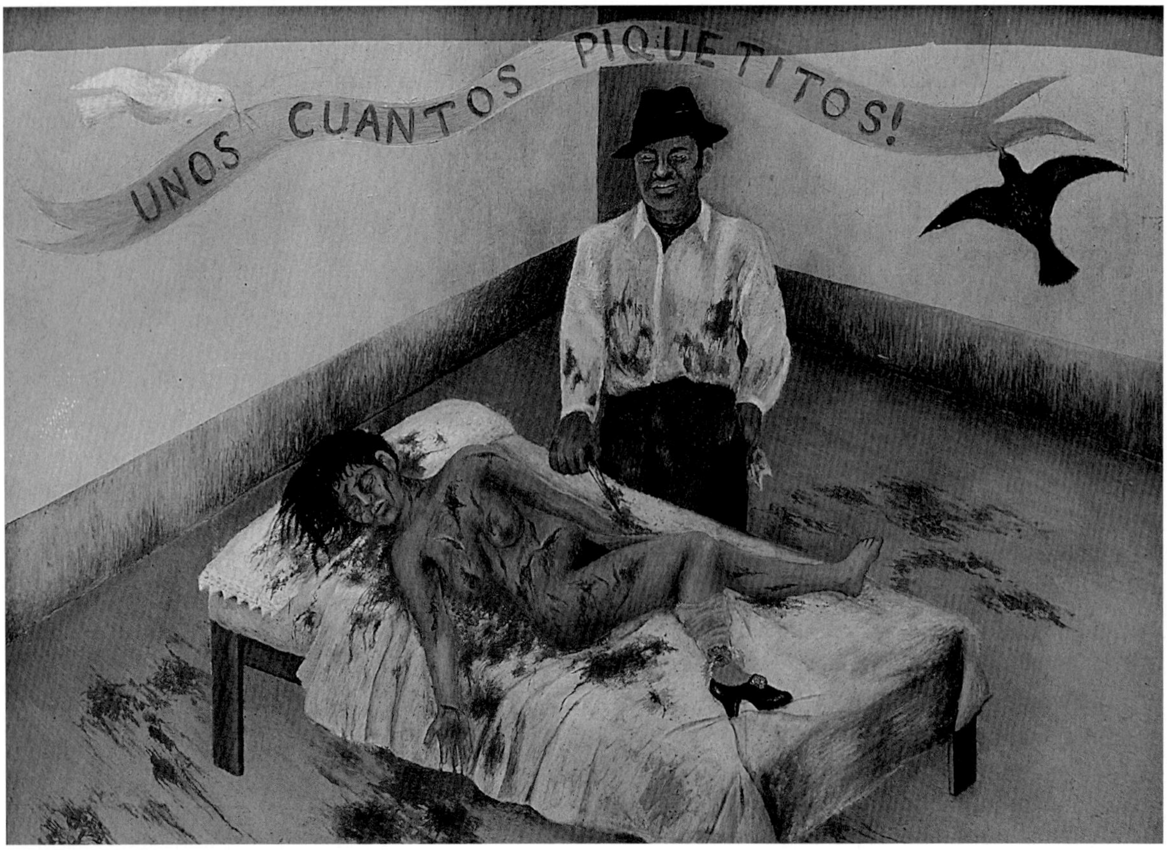

Frida Kahlo: Nur ein paar kleine Dolchstiche

Baustein 2

„... den zerbrochenen Spiegel der Erinnerung wieder zusammensetzen" – der Erzähler und sein Erzählkonzept

In diesem Baustein werden die Figur des Erzählers und seine besondere Art des Erzählens anhand folgender Aspekte näher untersucht:

- Analyse des ersten Satzes und der ersten Absätze (2.1),
- Charakterisierung des Erzählers (2.2),
- Analyse des Erzählverhaltens (2.3),
- Untersuchung besonderer Symbole und Motive (2.4).

Das erste Kapitel (2.1) beschäftigt sich mit der Analyse des ersten Satzes und der ersten eineinhalb Seiten. Im Sinne einer Einleitung sind in diesen ersten Absätzen schon viele der inhaltlichen und erzähltechnischen Besonderheiten enthalten, die im weiteren Verlauf der Erarbeitung dann genauer beleuchtet werden können. Die Analyse dieser Passagen macht auch deutlich, wie genau der Autor seinen Roman geplant und konstruiert hat.

Das zweite Kapitel (2.2) beleuchtet die Figur des Ich-Erzählers genauer. Viel erfährt der Leser auch bei genauer Suche nicht über den Erzähler, denn er ist, was seine eigene Person betrifft, sehr verschwiegen. Gerade das macht aber neugierig auf die Klärung einiger Fragen, zum Beispiel, wer der Erzähler überhaupt ist, in welchem Verhältnis er zu den Personen und zu den Ereignissen steht, und vor allem, welche Motivation ihn treibt, nach siebenundzwanzig Jahren diese Recherche zu betreiben.

Das dritte Kapitel (2.3) untersucht erzähltechnische Besonderheiten. Neben den Zeitsprüngen, also der Frage nach der Ordnung der Geschichte, die schon in Baustein 1 thematisiert wurde, wird hier die Untersuchung des Erzählverhaltens in den Mittelpunkt der Analyse gestellt. Dabei wird über die theoretisch-formale auch wieder die inhaltliche Ebene in den Blick genommen und die Unterschiede zwischen der Handlungsgeschichte und der Rekonstruktionsgeschichte herausgearbeitet.

Das vierte Kapitel (2.4) analysiert die Besonderheiten der verwendeten Sprache und lenkt den Blick auf die zahlreichen Symbole, die auf der einen Seite zum Entschlüsseln und Enträtseln einladen und auf der anderen Seite wichtige Beiträge zur Deutung der gesamten Geschichte leisten. Am Beispiel des Symbols des Hahns wird hier der Umgang mit den Symbolen exemplarisch umgesetzt.

2.1 Die ersten Seiten erschließen

Von García Márquez schreibt die Sekundärliteratur, dass seine ersten Sätze stets einem „Anfangsakkord" gleichkommen, dass sie den „allgemeinen Erzählton" vorgeben „und mitten ins Geschehen" einführen[1]. Auch in der „Chronik" wird der Leser unmittelbar ins Geschehen

[1] Dagmar Plötz (2000), S. 107

hineingezogen und kennt schon mit dem ersten Satz das fast unglaublich erscheinende tragische Ende der Geschichte. Werden die nächsten Sätze und Abschnitte mit in den Blick genommen, lassen sich weitere Motive und Konflikte sowie auch Besonderheiten des Erzählstils und Probleme des Rekonstruktionsprozesses, den der Erzähler vornimmt, erkennen. Somit wird auf den ersten eineinhalb Seiten eine rasant sich entwickelnde Einleitung ausgebreitet, die alle wesentlichen Charakteristika der weiteren Erzählung enthält. Und durch eine genaue Analyse dieser Textpassage lernen die Schülerinnen und Schüler auch, einen ganz exakten Blick für Themen und Formulierungen zu entwickeln.

- *Der Autor García Márquez ist dafür bekannt, mit dem ersten Satz unmittelbar in das Romangeschehen einzuführen. Lesen Sie den ersten Satz ganz genau und klären Sie, wie diese Unmittelbarkeit in der „Chronik“ entsteht.*

Bei der Analyse des ersten Satzes zeigt sich, dass der Erzähler hier auf einen besonderen Tag mit gleich zwei denkwürdigen Ereignissen verweist: Santiago Nasar soll getötet werden und der Bischof wird zu einem Besuch erwartet. Darüber hinaus erfährt der Leser, dass es sogar bekannt zu sein scheint, wer den Mord begehen will, auch wenn dies relativ anonym durch das Pronomen „sie“ ausgedrückt wird.
Im Unterrichtsgespräch kann nun auch schon darüber nachgedacht werden, warum der Erzähler seine Geschichte mit dem Hinweis auf den geplanten Mord beginnt und damit vermeintlich verhindert, dass sich Spannung aufbauen kann. Durch diesen besonderen Anfang, der die Geschichte quasi vom Ende her erzählt und somit im Aufbau einem Krimi entspricht, zeigt der Erzähler, dass seine Motivation darin besteht, den Fall zu klären. Damit ist auch schon ein wichtiger Hinweis gegeben auf die besondere Konstruktion der Geschichte.
In einem zweiten Erarbeitungsschritt soll der Analysebereich nun erweitert werden auf die ersten eineinhalb Seiten (bis: „zu Ehren des Bischofs in Bewegung gesetzt.“, S. 8)

- *Die ersten Seiten eines Romans sind immer auch die Einleitung. Lesen Sie die ersten eineinhalb Seiten (bis „... zu Ehren des Bischofs in Bewegung gesetzt“) noch einmal ganz genau und notieren Sie die einleitenden Informationen, die Sie in diesen Absätzen erhalten. Sortieren Sie diese Informationen nach Themengebieten.*

Es ist auf den ersten Blick zu erkennen, mit welcher ungeheuren ***Inhaltsvielfalt*** der Leser hier, tatsächlich im Sinne eines Anfangsakkords, konfrontiert wird. Es werden die Personen eingeführt (Santiago, seine Mutter, der Erzähler), es wird die Tötungsabsicht verdeutlicht, der Tagesablauf Santiagos wird genau geschildert und es werden Andeutungen zu den Ereignissen des Vortags gemacht. Die Bedeutung von Träumen als Geschichten mit symbolischem Gehalt wird herausgestellt. Und der Leser lernt den Erzähler kennen, einmal als „Handlungsträger“ in der dramatischen Geschichte, die er im Bordell verschläft, zum anderen als Aufklärer der Ereignisse nach 27 Jahren.

Vertiefende Fragen können nun eine weitere Interpretation anregen:

- *Welche Zeitebenen sind schon in diesen ersten Absätzen enthalten?*
- *Welche Konflikte zeichnen sich hier ab?*
- *Welche Bedeutung kommt den Träumen zu?*
- *Warum versucht der Erzähler Santiagos Handlungen an diesem Morgen so exakt zu beschreiben?*

- *Was erzählt der Erzähler über sich selbst und wie deuten Sie sein Verhalten?*
- *Welche sprachlichen Auffälligkeiten sind erkennbar?*

Es ist auch deutlich zu erkennen, dass die erzählten Inhalte keiner bestimmten ***Zeitordnung*** zu folgen scheinen, sondern ziemlich chaotisch angeordnet sind. Dieses Ergebnis hat auch die Handlungssynopse des gesamten Romans ergeben, doch macht die Analyse dieses Abschnittes deutlich, dass dieses Prinzip auch auf kürzere Romanabschnitte zu übertragen ist. So enthält dieser kurze Abschnitt alle Zeitebenen, die auch im weiteren Verlauf der Geschichte sichtbar werden, nämlich

- die Zeit der aktuellen Handlung von 5.30 Uhr bis 7.00 Uhr, also die letzten Stunden im Leben Santiagos,
- den Verweis auf die am Vortag stattgefundene Hochzeit als Endpunkt der Vorgeschichte und
- den zeitlichen Standpunkt des Erzählers, der den Fall nach 27 Jahren noch einmal beleuchtet.

Um diese Zeitebenen kreist nun die weitere Erzählung immer wieder und versucht so, sich einer Aufklärung der Frage, wie es zu dem tragischen Todesfall kommen konnte, anzunähern.
Im Verhältnis zu den anderen Themen, die in diesem kurzen Abschnitt dargestellt werden, kommt der Erzählung der ***Träume*** eine besondere Bedeutung zu, quantitativ und vor allem auch qualitativ. Auf der inhaltlichen Ebene wird durch die Deutung der Bäume „als unheilvolle Vorzeichen" und „Omen" (S. 7) das bevorstehende Unglück schon vorweggenommen. Dass Santiagos Mutter, „eine zuverlässige Deuterin fremder Träume" (S. 7), die Aussagen der Träume auch nicht entschlüsseln kann, verweist möglicherweise schon darauf, dass sie auch in anderen wichtigen Entscheidungen für ihren Sohn tragisch versagt, indem sie nämlich selbst die Türe absperrt, die seine letzte Fluchtmöglichkeit hätte sein können. Träume sind auch Symbole und somit verweisen diese eingangs erzählten Träume auf eine Art und Weise des Erzählens, in der Symbole immer wieder verwendet werden.
Die ***minutiöse Darstellung*** der Handlungen Santiagos, die sich im weiteren Verlauf immer wieder finden lässt, verweist auf die denkbare Absicht des Erzählers, die Ereignisse des Morgens möglichst genau – und damit möglichst objektiv – zu rekonstruieren. Dazu passt auch der Hinweis auf die am Vortag gefeierte Hochzeit sowie auch die Wiedergabe der Träume Santiagos. Dieses Erzählprinzip, nämlich die überprüfbare Rekonstruktion des Morgens, wird jedoch durchbrochen durch die widersprüchlichen Zeugenaussagen zum Thema Wetter. Immerhin haben an diesem Tag zwei ganz außergewöhnliche Ereignisse stattgefunden – der Bischofsbesuch und Santiagos Ermordung.
Unzuverlässig ist auch der ***Erzähler*** selbst, der nämlich den ganzen Morgen verschläft und sich so erst mit 27-jähriger Verspätung von den Ereignissen des Vormittags ein Bild machen kann. Interessanterweise – oder auch ironischerweise – erholt er sich „vom Hochzeitsgelage in Maria Alejandrina Cervantes' *apostolischem* Schoss" (S. 8) – womit er inhaltlich schon auf die Frage der sexuellen Moral verweist. Durch diese Abwesenheit erklärt der Erzähler aber auch seine fragend-forschende Position in der Erzählung, die an einen Detektiv oder einen Journalisten erinnert.
Auch im Hinblick auf die ***Sprache*** erweisen sich diese ersten Abschnitte als sehr aufschlussreich. Der Erzähler nutzt zum Teil Ausdrücke, die ein Leser nicht unbedingt in einem Roman erwartet, zumal sie, mit Ausnahme des Begriffs „Vogelkacke", auch eher dem Wortschatz des Erzählers und nicht einer seiner Figuren entstammen. Diese Formulierungen sind zwar drastisch, zum Teil euphemistisch, auf jeden Fall besonders anschaulich („wie ein Schwein abgestochen") und lebhaft. Sie sorgen beim Lesen für eine Vielzahl an Assoziationen – und enthalten natürlich auch deutliche Wertungen des Erzählers. Die Wiedergabe der verschie-

denen Träume wiederum, in denen die Bäume eine ganz besondere Rolle spielen, verweist darüber hinaus auf einen sehr symbolischen Sprach- und Erzählstil, der sich ebenfalls durch den ganzen Roman zieht und immer wieder Anlass zum „Enträtseln" gibt.

Ergebnisse der Unterrichtsarbeit können in folgendem Tafelbild sukzessive festgehalten werden:

Aspekte der Einleitung

im ersten Satz

- Zeitpunkt des Aufstehens Santiagos
- Hinweis auf seine geplante Ermordung
- Besuch des Bischofs mit dem Dampfer

↓

Bischof vs. angekündigter Mord: Konflikt christlichen Denkens

Geschichte wird vom Ende erzählt: Rekonstruktion

in den ersten eineinhalb Seiten

- minutiöse Darstellung von Teilen von Santiagos Tagesablauf
- Hochzeit am Vortag (Hinweis auf die Vorgeschichte)
- Santiagos Träume und deren (falsche) Deutung
- Handlungen des Erzählers als heute handelndes Ich und als erinnertes Ich
- widersprüchliche Zeugenaussagen zum Wetter

in besonders plastischer/drastischer Sprache

2.2 Den Erzähler charakterisieren

Dem Erzähler kommt in der Geschichte eine zweifache Funktion zu: Zum einen ist er Mitglied der Dorfgemeinschaft und Anwesender bei der Hochzeit, gehört also grundsätzlich zum Kreis der unmittelbar Handelnden. Zum anderen ist er derjenige, der nach 27 Jahren, die Geschichte noch einmal durch zahlreiche Interviews und auch durch Aktenstudium recherchiert und erzählt und somit auch Einfluss nehmen ***kann*** auf Wirkung und Deutung der Geschehnisse. Um also zu untersuchen, wer der Erzähler ist, wie er in die Ereignisse involviert ist und wie er zu den anderen Figuren steht, ist es sinnvoll, diese Figur näher zu untersuchen.
Tatsächlich bleibt die Figur des Erzählers auf den ersten Blick sehr blass, trotz seiner Chronistenrolle. Dennoch kann versucht werden, die Figur über eine Personencharakterisierung näher zu untersuchen. Fricke/Zymar[1] schlagen für die Charakterisierung vor, sich einer Figur zunächst von außen zu nähern. Eine weitergehende Annäherung ist durch die Untersuchung der Beziehungen zu anderen Figuren sowie der Situation der Figur im Erzählkontext möglich.

- *Welche Hinweise, Angaben und Beschreibungen über Figuren sind grundsätzlich geeignet, um sie besser kennenzulernen bzw. sie charakterisieren zu können?*

1 Vgl. Fricke, Harald/Zymer, Rüdiger (2000): Einübung in die Literaturwissenschaft, Paderborn, S. 153–156

An einem Tafelbild können folgende Merkmale festgehalten werden:

Die Figurencharakterisierung

- Namen
- Herkunftsfamilie
- Äußere Darstellung
- berufliche Biografie
- Art der Beziehungen zu anderen Figuren
- Spezifische Handlungen
- Redeinhalte
- Gefühle
- Situation der Figur

Auf der Grundlage dieser Erarbeitung kann nun die Figur des Erzählers genauer untersucht werden. Wegen der im Text zum Teil weit verstreuten Informationen bietet es sich an, konkrete Seitenzahlen vorzugeben:

■ *Sammeln Sie möglichst viele Informationen über den Erzähler. Dabei können Ihnen u. a. folgende Seiten weiterhelfen. S. 8, 10, 28, 45, 46, 66, 67–68, 70, 87–89, 99. Rekonstruieren Sie seinen Lebensweg so weit wie möglich, indem Sie die Informationen chronologisch strukturieren.*

Der Name des Erzählers wird nicht explizit erwähnt. Seinen Nachnamen können wir aber über die Erwähnung der Namen von Verwandten erschließen (Tante Wenefrida Márquez, S. 120, Gerineldo Márquez, S. 36). Damit ist auch ein Verweis auf den namensidentischen Autor gegeben (vgl. Baustein 5). Anscheinend möchte der Erzähler sich selbst nicht in den Vordergrund stellen oder als wichtige Person in seiner Geschichte in Erscheinung treten.
Die anderen beteiligten Personen kennt er seit seiner Kindheit, die beiden Zwillinge zum Beispiel aus der Volksschule (S. 18). So verbringen die gleichaltrigen jungen Männer auch ihre Freizeit zusammen, was vor allem im Zusammenhang mit den Bordellbesuchen deutlich wird (S. 66). Der Erzähler lässt es sich auch nicht nehmen, diese anderen Personen durchaus wertend vorzustellen und zu beschreiben. So bewertet er zum Beispiel immer wieder Santiagos Verhalten und versucht sich zu erinnern, ob es Verhaltensauffälligkeiten gegeben hat, die auf Santiagos Schuld hinweisen könnten (S. 68/101).
Die Handlungen des Erzählers am Tag der Hochzeit und vor allem in der darauffolgenden Nacht lassen sich recht gut rekonstruieren: Besuch der kirchlichen Trauung (S. 45f.), Heiratsantrag an Mercedes Barcha (S. 46), Besuch im Bordell zusammen mit Santiago, Christo Bedoya und seinem Bruder Luis Enrique, „Serenadenrundgang“ (S. 67/68), erneuter Bordellbesuch, jetzt allein, Rückkehr zu Maria Alejandrina Cervantes („wortkarg und auf meine Weise ebenfalls weinend“, S. 78).
Wahrscheinlich verlässt der Erzähler kurz danach das Dorf wieder, die weiteren Folgen des Mordes, zum Beispiel die Recherchen des Richters und die Gerichtsverhandlung scheint er wiederum in einem fünf Jahre dauernden, aufwändigen Suchprozess und dann durch Interviews und Aktenstudium (S. 87, S. 99) zu rekonstruieren.

Im gemeinsamen Unterrichtsgespräch lassen sich folgende Aspekte in einem Tafelbild oder auf einer Folie festhalten.

Die Figur des Erzählers

	Hochzeit	Nacht	Tag danach	
Schüler im Internat (28) besucht Familie in den Ferien	Heiratsantrag an Mercedes Barcha (46) [Hochzeit nach 14 Jahren]	geht mit Freunden ins Bordell (66) Serenadenrundgang (67/68) kehrt alleine ins Bordell zurück (70) verschläft dort den Mord (8)	kümmert sich um eine Beerdigung Santiagos ohne Blumen (45) geht ins Bordell	recherchiert die Geschichte nach 27 Jahren – Gespräche mit vielen Beteiligten (87–89) – Aktenstudium (46)

tritt kaum als eigenständiger Charakter in Erscheinung
demonstriert und erklärt die Sexualmoral der Männer exemplarisch
Persönlichkeitsentwicklung

Als erstes Ergebnis dieser Charakterisierung kann also vor allem seine Doppelfunktion, einmal als Nebenfigur der Handlung, zum anderen als Rekonstrukteur der Ereignisse nach 27 Jahren, festgehalten werden. Ebenso lassen sich einige wenige biografische Daten zusammentragen. Ausdrückliche Charaktermerkmale dagegen lassen sich nicht finden. Diese Leerstellen in der Figur des Erzählers bieten jedoch an dieser Stelle die Möglichkeit, dass sich die Schülerinnen und Schüler der Figur durch einen Schreibauftrag nähern. Inhalt dieses Schreibauftrages kann sein, über die Begegnung mit dem Erzähler bei der Hochzeit zu berichten und zu beschreiben, welchen Eindruck sie von diesem Menschen haben. Die hier „beobachteten“ und beschriebenen Verhaltensweisen können dann in die weitere und genauere, jetzt implizit vorzunehmende Charakterisierung des Erzählers einfließen.

- *Beschreiben und charakterisieren Sie den Erzähler, den Sie als Gast auf der Hochzeit getroffen haben, mit dem Sie dort gegebenenfalls gesprochen haben oder den Sie vielleicht den Abend über beobachten konnten.*

Die Schilderung und Charakterisierung des Erzählers, die die Schülerinnen und Schüler durch ihre fiktive Teilnahme an der Hochzeit vornehmen können, wird an dieser Stelle schon dazu führen, diese Figur beispielsweise als sympathisch oder unsympathisch einzuschätzen, und möglicherweise fließen durch die intensive Beschäftigung mit ihm schon differenzierte Beurteilungen seines weiteren Verhaltens mit in diese Einschätzung ein (Stichwort hier: Verlobung – Bordellbesuch).
Bei der Auswertung der Ergebnisse des Schreibauftrags und wiederum mit Blick auf das Tafelbild und die entsprechenden Textstellen sollten nun verschiedene Deutungsansätze der Handlungs- und Denkweisen der Erzählerfigur thematisiert werden.

Dazu können folgende vertiefende Fragen und Impulse Hilfestellungen leisten:

- *Die Zusammenstellung seiner Handlungen zeigt, dass er häufiger Gast im Bordell ist. Wie beschreibt und beurteilt der Erzähler die Einrichtung des Bordells? Lesen Sie seine Ausführungen dazu auf S. 66 noch einmal nach. Ist seine Einstellung exemplarisch zu sehen?*

Aufschlussreich in diesem Zusammenhang ist hier die Beurteilung María Alejandrina Cervantes durch den Erzähler, denn er schreibt, sie habe „der Jungfräulichkeit meiner Generation ein Ende bereitet. Sie lehrte uns viel mehr, als wir erlernen sollten, sie lehrte uns aber besonders, dass es im Leben keinen traurigeren Ort gibt als ein leeres Bett." (S. 66) Der Erzähler vergleicht den Besuch des Bordells bis in die Sprache (lehren und lernen) hinein mit einem Schulbesuch, der offensichtlich durch seine Bewertung des „leeren Bettes" auch weit über die Ebene des Erlernens von Fertigkeiten und Fähigkeiten hinausgeht.
Im Kontrast zu diesem Umgang mit Sexualität steht zum einen das bei der Hochzeit Angelas und Bayardos ausgesprochene Hochzeitsversprechen mit Mercedes Barcha. Dieses Hochzeitsversprechen enthält, vor allem in christlich geprägten Gesellschaften, wie auch der kolumbianischen, ein Treueversprechen: „In Sexualität und Partnerschaft ist mit Treue eine ausschließliche Hinwendung zum Partner gemeint, die nicht durch eine gleiche Beziehung zu einem Dritten verletzt wird. Treue gilt hier als normgerechtes Verhalten."[1] Von diesen Überlegungen bleibt der Erzähler offensichtlich völlig unbeeindruckt.

- *Welche Sexualmoral gesteht die Dorfgemeinschaft den (jungen) Männern, welche den (jungen) Frauen zu?*

Angelas Entjungferung, sei sie selbst gewollt oder gar durch Gewalt entstanden, führt zur Aufruhr in ihrer Familie und letztendlich zum Mord, der durch die Dorfbewohner nicht verhindert wird, weil nach wie vor Ehrenhändel als geheiligte Bereiche (S. 97) angesehen werden. Der genauere Blick auf den Erzähler, auf sein Verhalten und seine Kommentare zeigt also die Ausprägungen der herrschenden, gesellschaftlich akzeptierten und gelebten (Sexual-)Moral, also den Machismo als gängige Verhaltensform (s. hierzu auch Baustein 3), exemplarisch auf.

- *Betrachten Sie die Person des Erzählers noch einmal, indem Sie auch alle seine Handlungen mit einbeziehen. Wie beurteilen Sie ihn abschließend?*

Der Erzähler ist offensichtlich die einzige Person aus der Dorfgemeinschaft, die sich über die vielen Jahre immer wieder mit den Geschehnissen im Dorf auseinandersetzt und auch die große Mühe in Kauf nimmt, der Geschichte nach 27 Jahren noch einmal auf den Grund zu gehen. Diese Motivation des Erzählers kann verschieden gedeutet werden: Sie mag zum einen seine große Betroffenheit über den Mord zeigen, vielleicht sogar seine Erleichterung darüber, nicht selbst das Opfer geworden zu sein.
Zum anderen ist der Erzähler durch seinen Internatsbesuch dem Einfluss der Denkweise des Dorfes entkommen und versucht, durch die Beschäftigung mit dem Fall noch einmal die verschiedenen Einflussfaktoren zu klären, die diesen angekündigten Mord überhaupt erst ermöglicht haben. So blickt er durchaus kritisch-aufklärend auf die zurückliegende Geschichte und verweist damit auch auf die Entwicklung der eigenen Persönlichkeit.
Diese Aspekte können nun ebenfalls an der Tafel festgehalten werden (s. Resümee des Tafelbildes, S. 32).

---

[1] Brockhaus, Bibliografisches Institut & F. A. Brockhaus AG, 2004, Stichwort „Treue"

2.3 Das Erzählverhalten analysieren

Neben der Figur des Erzählers bietet auch die Analyse seines Erzählkonzeptes, und hier zunächst vor allem das Erzählverhalten, die Grundlage der weiteren Interpretation. Schon die genauere Betrachtung der Handlungen des Erzählers im Zusammenhang mit dem Tathergang, der Vor- und der Nachgeschichte macht ja deutlich, dass der Erzähler – aus verschiedenen Gründen – nie selbst bei wichtigen Ereignissen dabei gewesen ist, also auf andere Personen zurückgreifen muss, wenn er die Vorgänge rekonstruieren möchte. Es ist auch deutlich geworden, dass er sich mit der Geschichte nach 27 Jahren wieder beschäftigt und Zeugen befragt und Akten studiert. Damit arbeitet der Erzähler wie ein Journalist, dessen Aufgabe die gründliche Recherche ist, um „zu solider und wahrheitsgetreuer Information zu gelangen"[1] (vgl. auch **Zusatzmaterial 1**, S. 121). Dieses Vorgehen wiederum kann auf den Autor García Márquez verweisen, der selbst als Journalist gearbeitet hat.
Diese inhaltliche Perspektive schlägt sich natürlich auch in der Art des Erzählens nieder. So gibt auch die Beschäftigung mit dem Erzählkonzept Aufschluss über den doppelten Handlungsstrang, einmal die Handlungs- und Befragungsgeschichte nach 27 Jahren und zum anderen die Rekonstruktionsgeschichte des Mordes, und macht noch einmal die besondere Position des Erzählers deutlich.
Bei der Analyse der Art des Erzählens können zunächst Kenntnisse der Erzählform und des Erzählverhaltens erarbeitet oder reaktiviert werden. Dieser zunächst modellhafte Zugriff führt in einem zweiten Schritt zu den Fragen, welche Erzählmöglichkeiten und Standpunkte dieses Verfahren eröffnet und welche Wirkung es auf den Lesenden haben kann. Damit kann, gerade auch vor dem Hintergrund der hier verhandelten Thematik, deutlich gemacht werden, dass die Wahl eines bestimmten Erzählverhaltens ganz bestimmte Ziele und Wirkungen verfolgt. Grundlage der Erarbeitung ist **Arbeitsblatt 3**, S. 41).
Gegebenenfalls ist es sinnvoll, dass die Schülerinnen und Schüler bestimmte Aspekte des Erzählens, wie Erzählform, Erzählverhalten, Erzählperspektive, Erzählhaltung und Standort des Erzählers (point of view) wiederholend vorbereiten[2].

■ *Erläutern Sie zunächst Grundlagen der Erzähltheorie, indem Sie, auch mithilfe der abgebildeten Modelle, folgende Aspekte klären:*
- *das Verhältnis zwischen Autor und Erzähler,*
- *den Unterschied zwischen erzählendem und erlebendem Ich,*
- *Möglichkeiten des Blickwinkels auf die Geschichte (point of view, Innensicht, Außensicht),*
- *Arten der Darstellungsweise (z. B. kommentierend, berichtend, beschreibend),*
- *die Besonderheiten auktorialen, neutralen und personalen Erzählens.*

Die beiden Modelle des Erzähler-Ichs machen deutlich, dass der ***Autor*** nicht mit dem ***Ich-Erzähler*** identisch, sondern der Ich-Erzähler eine vom Autor geschaffene Figur ist, die die Funktion des Erzählens übernimmt[3]. Dies ist für Schülerinnen und Schüler im Allgemeinen schon schwer zu verstehen, in diesem Fall fällt dies jedoch besonders schwer, da der Erzähler, die genauen Nachforschungen lassen ja den Schluss zu, namensidentisch mit dem Autor ist. Auch der Bezug zur Biografie (s. Baustein 5) legt diesen Zusammenhang nahe. Trotzdem sollte im Sinne der Umsetzung von Modellen an dieser Stelle deutlich gemacht werden, dass

---

1 Georg Weiland, Heinz Pürer (1991): Journalistische Tätigkeiten in Zeitung, Radio und Fernsehen: Recherche, Auswahl, Präsentation, in: Heinz Pürer (Hg.): Praktischer Journalismus in Zeitung, Radio und Fernsehen, Salzburg, S. 11–12.

2 Eine ausführliche Darstellung dieser Thematik ist bei Jürgen H. Petersen (2006): Einführung in die neuere deutsche Literaturwissenschaft. Ein Arbeitsbuch, Berlin, S. 46–56, zu finden.

3 Vgl. Jürgen H. Petersen (2006): Einführung in die neuere deutsche Literaturwissenschaft, Berlin, S. 47–48.

es sich bei Autor und Erzähler um verschiedene Instanzen handelt. Dies kann evtl. auch über den Rückgriff auf das Kommunikationsmodell verdeutlicht werden.

Die beiden Modelle veranschaulichen auch den Unterschied zwischen ***erzählendem*** und ***erlebendem Ich.*** Dieser ergibt sich bei einem Ich-Erzähler vor allem aus dem zeitlichen Abstand, mit dem die Geschichte erzählt wird. Bei der Form des **erlebenden Ichs** ist der Fokus der Erzählung auf sein unmittelbares Erleben gerichtet, indem all seine Gedanken, Gefühle und Empfindungen mitgeteilt werden. Da der Erzähler unmittelbar Beteiligter der erzählten Geschichte ist, da er die Geschehnisse selbst erlebt, fühlt und beschreibt, wirkt die Erzählung sehr echt, glaubwürdig und unmittelbar. Dafür aber ist sein Blickfeld **(point of view)** insofern stark eingegrenzt (begrenzter Blick), als zwar der persönliche Zugriff auf die Geschichte und auf die Erlebnisse aus nächster Nähe und damit sehr authentisch erzählt werden kann (Innensicht), alle anderen Figuren der Handlung kann er jedoch nur von außen (Außensicht), also in ihren Aktivitäten und Äußerungen wiedergeben. Alle weiteren Informationen sind seine – spekulative – Sicht.

Das **erzählende Ich**, das die Geschichte aus einem gewissen Abstand erzählt, sich also an sich selbst erinnert, kann auf seine damalige Geschichte zurückblicken (Retrospektive). Auch dieses Erzähler-Ich kann sein Erleben, seine Gedanken und seine Gefühle (Innenperspektive) schildern, die anderen Figuren aber nur von außen betrachten (Außenperspektive). Durch die Möglichkeit der Reflexion kann das eigene Verhalten durchaus kritisch, ironisch oder parodierend betrachtet werden (**Darstellungsform**). Wegen des zeitlichen Abstandes ergibt sich auch die Möglichkeit, souverän über die ganze Geschichte zu verfügen und mit Bemerkungen zur Vor- und Nachgeschichte einen „olympischen point of view"[1] einzunehmen.

Auktoriales Erzählverhalten ist dadurch gekennzeichnet, dass der Erzähler selbst durch Beurteilungen, Randbemerkungen oder Reflexionen in Erscheinung tritt. Um sich in dieser Form kommentierend einzumischen, unterbricht der Erzähler den Handlungsstrang. Dies ist meistens auch an einem Tempuswechsel (ins Präsens) zu erkennen.

Beim **personalen Erzählverhalten** tritt der Erzähler hinter seine Figuren zurück und erzählt die Geschichte aus ihrem individuellen Blickwinkel, aus ihrer Sichtweise. Dies ist vor allem dann der Fall, wenn der Erzähler innere Vorgänge einer einzelnen Figur erzählt. Dieses Erzählverhalten ist durchaus bei einem Erzähler-Ich denkbar, nämlich dann, wenn das erzählende Ich aus der zeitlichen Distanz über sich berichtet und die Geschichte aus der Sicht des damals erlebenden Ichs erzählt, mittlerweile aber eine ganz andere Sicht auf die Dinge hat.

Neutrales Erzählverhalten zeichnet sich dadurch aus, dass das Geschehen aus einer beobachtenden Distanz heraus geschildert wird, in der weder die eigene Sicht (auktorial), noch die Sicht einer der Figuren (personal) im Vordergrund steht. Aus diesem Grund wirkt diese Art des Erzählens sehr objektiv und glaubwürdig: „Dialoge, Erzählbericht und Beschreibung gelten als Darbietungsformen der Neutralität, übrigens unabhängig davon, ob dem Narrator Außensicht oder Innensicht zur Verfügung steht; entscheidend ist, dass er weder eine eigene Sehweise ins Spiel bringt noch die Optik der Figuren wählt."[2]

- *Belegen Sie anhand verschiedener Beispiele aus der „Chronik eines angekündigten Todes" die hier verwendeten Methoden des Erzählens (z. B. S. 7–10, 34–35, 45/46, 67/68).*

Der Ich-Erzähler der „Chronik" begibt sich 27 Jahre nach dem Mord auf die Spurensuche. Daraus ergeben sich folgende Besonderheiten seines Erzählverhaltens.

- Der Erzähler gehört als Mitglied der Dorfgemeinschaft und Gast bei den Hochzeitsfeierlichkeiten zu der von ihm erzählten Welt und kann einige der Details aus eigenem Erleben

[1] Jürgen H. Petersen (2006): Einführung in die neuere deutsche Literaturwissenschaft, Berlin, 51
[2] ebd.

beschreiben, z. B. die Hochzeitsfeier, die Geschehnisses nach dem Mord, die Totenfeier und die Beisetzung (Innenperspektive).

- Andere Figuren und deren Innenwelt kennt er nicht. Da er auch noch wichtige Ereignisse verpasst, ist er auf die Erzählung der Personen angewiesen, die jeweils unmittelbar anwesend gewesen sind. Er muss also Zeugen befragen und Akten studieren und bekommt so die Aufgabe eines Detektivs oder eines Journalisten (s. Treffen mit der Mutter und die Wiedergabe ihrer Erinnerungen, S. 10/11). Wenn er also über seine Rechercheergebnisse berichtet, tritt er hinter die Erzählungen der anderen Dorfbewohner zurück (neutral), lässt die Dorfbewohner aber zu Wort kommen, indem er ihre Erlebnisse und Einschätzungen, also ihre Sicht der Dinge, dokumentiert (personal) (s. Erzählung der Träume durch Santiagos Mutter, S. 7). So ergibt sich eine Vielfalt der Sichtweisen, die sich trotzdem nicht immer zu einer eindeutigen Aussage zusammenfassen lassen (s. Wetterbeobachtung, S. 8)
- Er entwickelt die Geschichte aus einem Abstand von 27 Jahren. Damit kann er aus einem sehr fernen Blickwinkel auf die Geschehnisse zurückschauen. Da er selbst nur wenig miterlebt hat und somit eine Randfigur des Handlungsstranges ist, behandelt er sich selbst in der Erzählung auch als Nebenfigur.
- Der Erzähler schreibt über die Geschichte, nachdem seine Recherchen abgeschlossen sind. Somit verfügt er über alle möglichen Kenntnisse, die er nun souverän dramaturgisch gestalten und ordnen kann (olympischer point of view, s. Synopse in Baustein 1). Dabei verfolgt er zwei Zeitebenen: Zum einen beschreibt er die Handlung vor 27 Jahren (Handlungsgeschichte), zum anderen auch sein Vorgehen bei der Recherche (Rekonstruktionsgeschichte, vgl. z. B. 1. Kapitel des Romans).

■ *Überlegen Sie – auch vor dem Hintergrund der Thematik des Romans –, warum García Márquez diese Erzählperspektive gewählt hat.*

Die Analyse des Erzählverhaltens kann ergänzt werden durch einen Sachtext zur Recherchearbeit der Journalisten (s. **Zusatzmaterial 1**, S. 121). Hierbei wird deutlich, dass eine umfassende Recherche Grundvoraussetzung journalistischer Tätigkeit ist und dazu dient, Fakten zu erkennen und vor allem auch Zusammenhänge deutlich zu machen. Dabei ist es wichtig, ein Thema von verschiedenen Seiten zu erforschen, damit die Informationen auch wahrheitsgemäß sind. Anlass einer Recherche sind Themen „von allgemeinem Interesse".
Dazu schreibt García Márquez: „Meine Aufgabe bestand darin, die fast unendliche Reihe winziger und miteinander verketteter Berührungspunkte zu entdecken und ans Licht zu bringen, die in einer Gesellschaft wie der unsrigen dies absurde Verbrechen ermöglicht haben. Alles war vermeidbar, und der soziale Verhaltenskodex, nicht das Schicksal war der Grund dafür, dass es nicht verhindert werden konnte."[1]

Wesentliche Arbeitsergebnisse können, evtl. unterstützt durch zusammenfassende und vertiefende Fragen und Impulse, an der Tafel gesichert werden:

[1] Dagmar Ploetz (1992) Gabriel García Márquez, Reinbek bei Hamburg, S. 102

Erzählkonzept

Ich-Erzähler

- rekonstruiert die Handlungsgeschichte vor 27 Jahren und
- erläutert das Vorgehen der Rekonstruktionsgeschichte durch
  - permanente Verzahnung der zeitlichen Ebenen und
  - das journalistische Prinzip
- will die Frage klären: Wie konnte es zu dem Mord kommen?

2.4 Symbole

Eine weitere Möglichkeit, sich der inhaltlichen Aussage des Erzählwerks von Márquez zu nähern, stellt die Symbolebene dar. Wohl jedem Leser fallen schon auf den ersten Seiten der Chronik die häufig verwendeten und sich wiederholenden Symbole auf, zumal sie überwiegend der christlich geprägten Vorstellungswelt entspringen. Von daher ist es durchaus lohnend, einzelnen Motiven nachzugehen und sie mit dem Erzählten in Beziehung zu setzen. Dies umso mehr, als durch die ständigen bildhaften Verweise das sachlich-objektive „Berichten“ der „Chronik“ immer wieder durchbrochen und eine Bedeutungsebene sichtbar wird, die gleichsam hinter der vordergründig erzählten „Geschichte“ liegt und die Erzählfragmente des rekonstruierten Geschehens auf eigentümliche Weise miteinander verbindet. Unter anderem findet man hier auch eine Wurzel für die Etikettierung des Márquez'schen Erzählwerks als „magisch-realistisch“.
Für Schüler ist es erfahrungsgemäß schwierig, bildhafte und symbolische Ebenen in einem literarischen Werk als konstitutive Erzählelemente wahrzunehmen und zu deuten.
Tragfähiger und sensibilisierender als die Vermittlung von allerlei Wissenswertem zu einzelnen Symbolen ist der erfahrungsorientierte Umgang mit Symbolen.[1]
Zur Einstimmung könnte ein Symbol aus der „Chronik“ aufgegriffen werden, das zum Erfahrungsbereich der Schüler gehört. Eine Befragung, welche Bilder und Motive ihnen bei der Lektüre aufgefallen sind, bringt dies schnell zum Vorschein.

- *Márquez verwendet in seinen Büchern eine Vielzahl von Bildern und Symbolen. Welche sind Ihnen bei der Lektüre der „Chronik“ aufgefallen? Tragen Sie Ihre Beobachtungen in Kleingruppen zusammen und notieren Sie Ihre Ergebnisse in einer Gruppen-Mindmap.*
- *Welche thematischen Schwerpunkte fallen Ihnen auf?*
- *Greifen Sie ein Symbol, das Ihnen bekannt ist, auf, und versuchen Sie eine erste Deutung, indem Sie es in Beziehung zum erzählten Geschehen der „Chronik“ setzen.*

[1] Wertvolle Hinweise zum differenzierten Umgang mit Symbolen im Unterricht liefert die moderne „Symboldidaktik“; Halbfass, Hubert: Das dritte Auge. Religionsdidaktische Anstöße. Düsseldorf 1982. Bucher, Anton: Symboldidaktik. In: KatBl 113. S. 23–27, 1988

Mögliche Gruppen-Mindmap zur Symbolik in der „Chronik“

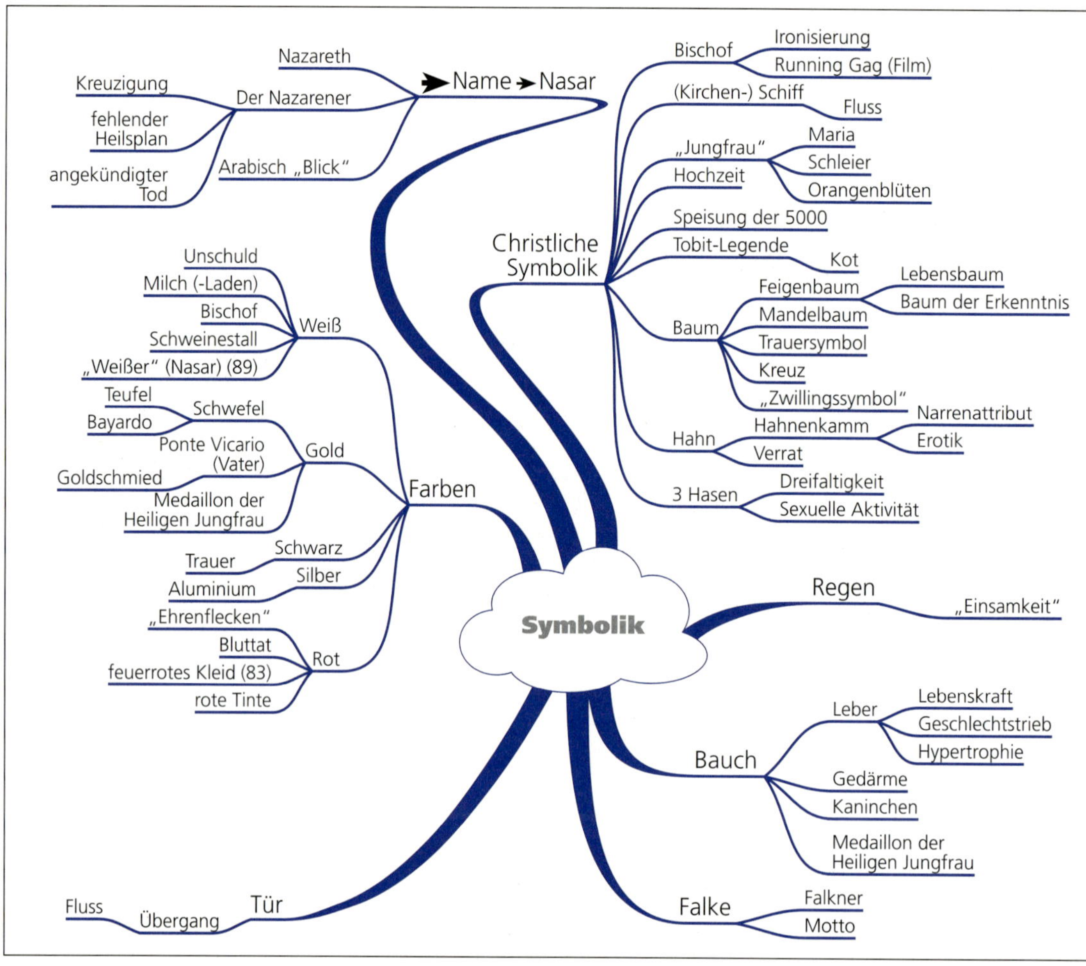

Die Auswertung der Zusammenstellung macht häufig deutlich, dass eine Reihe von „Bildern“ wahrgenommen wird, aber zunächst kein unmittelbar deutender Bezug zum Text hergestellt werden kann. Im Unterrichtsgespräch lässt sich dann aber in der Regel sehr schnell der christliche Hintergrund einiger Symbole klären. Hierzu gehören fast immer die „krähenden Hähne“ und die „Jungfräulichkeit“ Angela Vicarios.

Bei unerfahrenen Schülern könnte hier z. B. das Symbol des „krähenden Hahns“ aufgegriffen werden und exemplarisch dessen Bedeutung und Bezug zum Text erarbeitet werden. Gleichzeitig ließe sich an diesem Beispiel die spezifische Bedeutung von Symbolen zeigen.

Interpretationserfahrenere Schüler könnten in arbeitsteiliger Gruppenarbeit verschiedene Symbole beleuchten und deren Bedeutung für die „Chronik“ herausarbeiten.

Krähende Hähne

Mit den Leitfragen des **Arbeitsblattes 4**, S. 42 kann an der Erfahrungs- und Erinnerungswelt der Schüler angeknüpft werden. Sehr schnell wird sich dabei ein sehr deutlich geprägter christlicher Bedeutungshintergrund herauskristallisieren.

Dennoch verweisen Assoziationen wie „Wetterhahn“, „Hahn im Korb“, „Hahn auf dem Mist“, das Krähen als Weckruf und Ankündigung eines neuen Tages, „Kampfhähne“, das Krähen als Warnung usw. auch auf die Vielschichtigkeit der Symbolik. Hieraus lassen sich vor allem drei wesentliche Eigenschaften herausarbeiten: Hähne kündigen zuverlässig einen neuen Tag an, sie sind kämpferisch und verfügen über einen ausgeprägten Fortpflanzungstrieb.

Bekannt sind bei einigen Schülern auch die einschlägigen Bibelstellen des Matthäus- und Markusevangeliums:

Diese Prophezeiung Christi am Vorabend des Karfreitag an seinen Jünger Petrus hat in der christlichen Symbolik dazu geführt, dass der Hahn für Wachsamkeit steht, vor allem, wenn es um Verrat geht; gleichzeitig symbolisiert er die Bereitschaft zur Buße.

Bezieht man nun den Márquez-Text ein, so finden sich eine Reihe von Textstellen, die deutlich an das Verrat ankündigende Krähen der Bibelstelle erinnern.[1] Die „wachsam" warnenden Hähne werden aber weder vom Opfer Santiago Nasar noch von den übrigen Dorfbewohnern „verstanden". Erst in der erzählten Geschichte entwickeln sich diese Sinnbezüge, die zugleich den Erzählvorgang selbst als Bußhandlung erscheinen lassen. Denn wie in der Bibel handelt es sich um einen „angekündigten Tod", dessen Verschulden der „Evangelist" Márquez in seiner „Chronik" rekonstruiert. Dass die „krähenden Hähne" immer dann in Erscheinung treten, wenn von der Ankunft des Bischofs die Rede ist, scheint diese biblische Parallele noch zu unterstreichen.

Dennoch wird das Symbol der „krähenden Hähne" aber gerade hierdurch ironisch gebrochen. Denn auch die Ankunft des Bischofs, als Verkörperung der institutionalisierten Kirche, vermag das „Trauerspiel" nicht mehr abzuwenden. Das enorme Aufgebot an Hähnen verdankt sich vielmehr der leiblichen Gelüste des Bischofs nach „Hahnenkammsuppe"[2]. So weist Dasso Saldívar in seiner Márquez-Biografie darauf hin, dass Hahnenkämme im südamerikanischen Raum noch ein anderes Bedeutungsspektrum umfassen. Demnach ist es bei Züchtern von Kampfhähnen üblich, an den Kämmen ihrer Hähne zu saugen, damit eine intensivere Rotfärbung entsteht, die das Tier aggressiver erscheinen lässt. Umgangssprachlich werden die Hahnenkämme zudem mit der weiblichen Vulva in Verbindung gebracht, wodurch die Vorlieben des Bischofs eine obszön-erotische Tönung bekommen.[3]

So haben die „krähenden Hähne" als Symbole in der „Chronik" neben den biblischen Bezügen durchaus auch aggressive und erotische Konnotationen, die sich in den erzählten Handlungssträngen wiederfinden. Vor allem Santiago Nasar wird als hahnenhafter Macho beschrieben, was ihm den Verdacht einhandelt, dass er die Jungfräulichkeit Angela Vicarios auf dem Gewissen hat. Gleichzeitig spitzt sich das Geschehen aggressiv zu und erinnert bei der Ermordung Santiago Nasars durch die Vicario-Zwillinge an die Grausamkeit blutiger Hahnenkämpfe.

Die Erarbeitung der symbolischen Bedeutung des „krähenden Hahns" sollte nach der erfahrungsorientierten Sammlung von Einzelaspekten durch eine systematische Recherche am Text ergänzt werden. Schließlich lassen sich die Ergebnisse in folgender Übersicht an der Tafel zusammenfassen:

Zur symbolischen Bedeutung des „krähenden Hahns"

Symbolebene	**Bezug zur Erzählebene der „Chronik"**
biblisch/christlicher Hintergrund (Wachsamkeit, Verrat, Buße)	rekonstruierende Erzählebene, die es erlaubt, „Zeichen" zu deuten
Aggressivität („Hahnenkämme")	Ermordung Nasars durch die Vicario-Zwillinge
Triebhaftigkeit („Hahnenkämme")	Santiago Nasar als Macho

1 so z. B. auf den Seiten 17, 20, 97 u. a.
2 S. 20
3 Salvídar, Dasso: Reise zum Ursprung. Eine Biografie über Gabriel García Márquez. Köln 1997, S. 492

■ *Versuchen Sie, ausgehend von dem gewählten Symbolbeispiel einige allgemeine Kriterien zu formulieren, die ein Symbol kennzeichnen.*

Aus diesem Beispiel können z. B. folgende typische Merkmale von Symbolen abgeleitet werden:

1. Symbole haben Verweischarakter
   (Verrat, Buße, Aggressivität, Triebhaftigkeit)
2. Zeichen und Bezeichnetes bilden eine Einheit
   (der Hahn steht für Triebhaftigkeit)
3. Symbole sind nicht beliebig ersetzbar
   (im Kontext der „Chronik" sind die krähenden Hähne nicht durch ein anderes gleichwertiges Symbol zu ersetzen)
4. Symbole haben einen spezifischen historischen und gesellschaftlichen Kontext
   (Aggressivität und Triebhaftigkeit sind universelle Eigenschaften des Hahns; die Bezüge zu Verrat und Buße sind dagegen nur in christlich geprägten Gesellschaften nachvollziehbar)
5. Symbole verweisen auf andere Erfahrungsräume (Unbewusste, Unsagbare, Geheimnisvolle)
   (die „krähenden Hähne" verweisen auf eine andere (magische) Realität)
6. Symbole sind mehrdeutig
   (hier nicht nur auf die Bibel reduzierbar)

Notizen

Wie erzählt der Erzähler seine Geschichte?

Ein Ich-Erzähler kann seine Geschichte in unterschiedlichen Formen erzählen. Die Abbildungen machen modellhaft die Unterschiede zwischen verschiedenen Standpunkten des Erzählers zu seiner Geschichte deutlich.

Ich-Erzähler: Modell 1

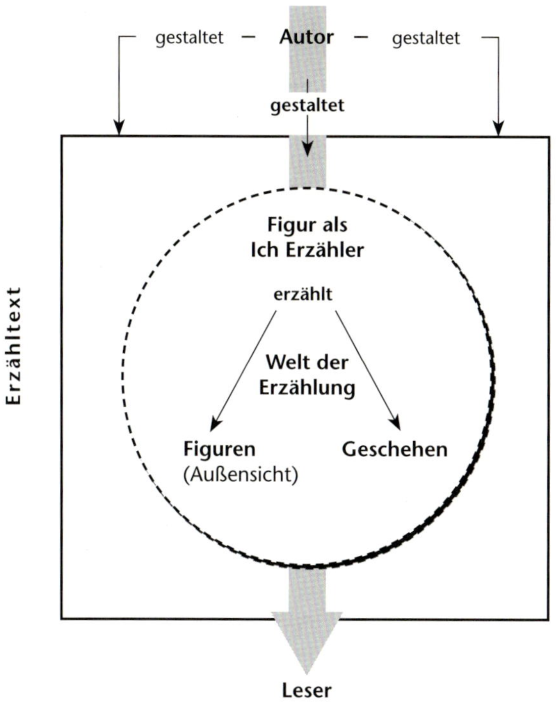

Ich-Erzähler: Modell 2

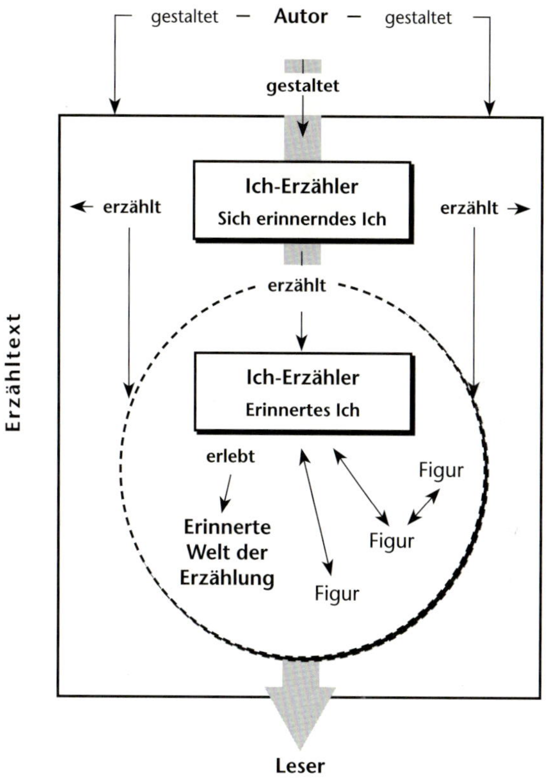

1. *Erläutern Sie zunächst Grundlagen der Erzähltheorie, indem Sie, auch mithilfe der abgebildeten Modelle, folgende Aspekte klären:*
   - *das Verhältnis zwischen Autor und Erzähler,*
   - *den Unterschied zwischen erzählendem und erlebendem Ich,*
   - *die Besonderheiten auktorialen, neutralen und personalen Erzählens,*
   - *Möglichkeiten des Blickwinkels auf die Geschichte (point of view),*
   - *Arten der Darstellungsweise (z. B. kommentierend, berichtend, beschreibend).*
2. *Belegen Sie anhand verschiedener Beispiele aus der „Chronik eines angekündigten Todes" die hier verwendeten Methoden des Erzählens (z. B. S. 7–10, 34–35, 46).*
3. *Überlegen Sie – auch vor dem Hintergrund der Thematik des Romans – warum García Márquez diese Erzählperspektive gewählt hat.*

Zur symbolischen Bedeutung (krähender) Hähne

- *In der „Chronik" taucht in den verschiedensten Zusammenhängen immer wieder der „Hahn" als Symbol auf. Stellen Sie zunächst anhand der folgenden Leitfragen zusammen, was Ihnen zu diesem Symbol spontan einfällt.*
  - *Was bedeutet für Sie ein „(krähender) Hahn"?*
  - *Wo finden sich Darstellungen von Hähnen im Alltag?*
  - *Welche Bedeutung wird diesen zugeschrieben?*
- *Der „krähende Hahn" ist ein wichtiges christliches Symbol. Ziehen Sie folgende Bibelstellen mit in Ihre Überlegungen ein und klären Sie die Bedeutung im christlichen Kontext:*

„Petrus aber antwortete und sprach zu ihm: Wenn sie auch alle Ärgernis nehmen, so will ich doch niemals Ärgernis nehmen an dir. Jesus sprach zu ihm: Wahrlich, ich sage dir: In dieser Nacht, ehe der Hahn kräht, wirst du mich dreimal verleugnen."[1]

„Und Petrus war unten im Hof. Da kam eine von den Mägden des Hohenpriesters; und als sie Petrus sah, wie er sich wärmte, schaute sie ihn an und sprach: Und du warst auch mit dem Jesus von Nazareth. Er leugnete aber und sprach: Ich weiß nicht und verstehe nicht, was du sagst. Und er ging hinaus in den Vorhof und der Hahn krähte.

Und die Magd sah ihn und fing abermals an, denen zu sagen, die dabeistanden: Das ist einer von denen. Und er leugnete abermals. Und nach einer kleinen Weile sprachen die, die dabeistanden, abermals zu Petrus: Wahrhaftig, du bist einer von denen; denn du bist auch ein Galiläer. Er aber fing an, sich zu verfluchen und zu schwören: Ich kenne den Menschen nicht, von dem ihr redet. Und alsbald krähte der Hahn zum zweiten Mal.

Da gedachte Petrus an das Wort, das Jesus zu ihm gesagt hatte: Ehe der Hahn zweimal kräht, wirst du mich dreimal verleugnen. Und er fing an zu weinen."[2]

---

[1] Mt 26,33–34 nach der Übersetzung Martin Luthers in der revidierten Fassung von 1984. Deutsche Bibelgesellschaft Stuttgart, 1985.

[2] Mk 14,66–72, ebd.

- *Diskutieren Sie Ihre Überlegungen und fassen Sie sie in Stichworten zusammen.*

Baustein 3

„... auch Liebe erlernt sich" – L(i)eben zwischen Gefühl und Konvention

Im Mittelpunkt dieses Bausteins stehen die Hauptfiguren Santiago Nasar, Bayardo San Roman, Angela Vicario und Pura Vicario, die durch ihr Handeln einen Beitrag zum Mord an Santiago leisten. Diese Figuren werden zunächst charakterisiert und dabei gerät auch die Frage in den Blick, wie es aus der Perspektive dieser Personen zu dem Mord kommen konnte. Die Erarbeitung versucht dabei, der Chronologie der Handlung zu folgen, sodass die Personen in den unterschiedlichen Phasen der dramatischen Ereignisse betrachtet werden. Im Einzelnen werden folgende Aspekte untersucht:

- Eine erste Annäherung an die Figuren (3.1),
- Santiago und Bayardo (3.2),
- Angela Vicario und Pura Vicario (3.3),
- Die Frage der Schuld I: Der Auftrag zum Ehrenmord (3.4),
- Die Frage der Schuld II: Santiago (3.5),
- Angelas Leben nach dem Mord (3.6).

Der Einstieg in diesen Baustein leistet eine zunächst subjektive Annäherung an die Hauptfiguren und dient dazu, durch das Festlegen von Kriterien zur Charakterisierung den weiteren Gang der Unterrichtsarbeit gemeinsam zu erschließen (Baustein 3.1).
Das zweite und das dritte Kapitel beschäftigen sich mit der Charakterisierung der Hauptpersonen vor der Hochzeit. Dabei werden die individuellen Biografien, Lebensbedingungen und Persönlichkeiten genauer untersucht, auch, um die Bedingungen zu klären, wie aus dieser Personenkonstellation heraus ein Konflikt entstehen kann, der zum Mord an Santiago führt. Der Blick auf Santiago und Bayardo (Baustein 3.2) auf der einen Seite und Angela und Pura Vicario (Baustein 3.3) auf der anderen Seite bietet darüber hinaus auch die Möglichkeit, Aspekte des Machismo und der gesellschaftlichen Bedingungen für Frauen und Männer zu untersuchen.
Der Chronologie der Handlung folgend und auf der Suche nach dem und der Schuldigen für den Mord an Santiago untersucht der nächste Baustein, welche der Hauptfiguren welchen Anteil am Zustandekommen des Mordes hat. Die Zusammenstellung wichtiger Aussagen der Figuren für ein Hörspiel im Schnelldurchlauf verweist aber auch auf die Bedeutung der gesellschaftlichen Konventionen, denen sich die Hauptfiguren in ihren Verhaltensformen verpflichtet fühlen (Baustein 3.4).
Indizien für eine Gerichtsverhandlung helfen nun, die Schuld Santiagos zu klären, indem der Frage nachgegangen wird, ob mit Santiago der tatsächliche Täter Angelas bestraft worden ist. In diesem Zusammenhang werden verschiedene Äußerungen der Figuren zusammengetragen, die Santiagos Verhalten beleuchten, es werden aber auch die zahlreichen Symbole untersucht, die mit Santiago verbunden sind und die Frage seiner (Un-)Schuld auf der bildlichen Ebene zu klären versuchen (Baustein 3.5).

3.1 Eine erste Annäherung an die Figuren

Bevor die Hauptpersonen des Romans genau untersucht werden, können sich die Schülerinnen und Schüler ihnen auf eine subjektive Art nähern, indem sie ohne weitere intensive Textarbeit zunächst auf ihre Leseeindrücke zurückgreifen und klären, wie sympathisch oder unsympathisch sie die einzelnen Figuren empfinden. Dann wird ein Plakat vorbereitet.

- *Sie haben für jede Person einen Klebepunkt, den Sie an die entsprechende Stelle der Bewertungsskala aufkleben können. Beurteilen Sie die Personen mithilfe der Frage: Wie sympathisch bzw. unsympathisch erscheinen Ihnen ...*

Santiago Nasar?

sympathisch						*unsympathisch*

Bayardo San Roman?

sympathisch						*unsympathisch*

Angela Vicario?

sympathisch						*unsympathisch*

Pura Vicario?

sympathisch						*unsympathisch*

Durch das Aufkleben von Sympathiepunkten an entsprechender Stelle der Bewertungsskala entstehen häufig in bestimmten Bereichen Punktwolken, es gibt aber durchaus auch Ausreißer, die dann im Unterrichtsgespräch noch einmal thematisiert werden können.
Werden die hier entstehenden Ergebnisse am Ende der Charakterisierung noch einmal betrachtet, können Unterschiede in der Einschätzung reflektiert werden und die Schülerinnen und Schüler können erkennen, wie wichtig der genaue Blick einer textimmanenten Betrachtung für die Charakterisierung und Beurteilung ist (s. Abschluss 3.3).
Die Ergebnisse des Punkteklebens lassen sich nun anhand folgender Fragen und Impulse reflektieren, sodass eine erste Annäherung an die Figuren hergestellt wird. Dabei werden meistens auch schon bestimmte Textstellen für die Argumentation verwendet. Manche dieser Textstellen sind richtig erinnert, manchmal stellt sich aber auch bei der später folgenden intensiven Textarbeit heraus, dass die Schülerinnen und Schüler entweder ungenau gelesen haben oder selbst schon Erklärungen für denkwürdiges Verhalten der Figuren gefunden haben, die sich nicht aus dem Text ableiten lassen und sich möglicherweise aus Vor-Urteilen speisen.:

- *Beschreiben Sie das Ergebnis des Punkteklebens und zeigen Sie die aus Ihrer Sicht besonders auffallenden Ergebnisse auf.*
- *Welche Argumente lassen sich zur Begründung der Punktwolken bei den einzelnen Personen finden?*
- *Wie sind die Ausreißer bei den Beurteilungen zu erklären?*

Für die nun notwendige intensive und textbezogene Auseinandersetzung mit den Figuren ist es hilfreich, vorab Steckbriefe zu erstellen, auf denen alle wichtigen Informationen zu einer Person zusammengetragen und nach vergleichbaren Kriterien systematisiert werden. Die Steckbriefe, die am besten auf Plakate geschrieben werden und so im Klassenraum für alle sichtbar gemacht werden können, dienen dann als Grundlage für die weitere Charakterisierung der Figuren.

- *Rekapitulieren Sie noch einmal die Kriterien zur Figurencharakterisierung, wie sie im Zusammenhang mit dem Erzähler genannt worden sind. Welche dieser Kriterien sind geeignet, um sie für einen Steckbrief zu nutzen, der für alle Hauptfiguren erstellt werden soll?*

Auf der Grundlage der Erarbeitung von Kriterien zur Erstellung einer Charakterisierung (s. auch Baustein 2.2) können nun gemeinsam die wesentlichen Aspekte zusammengetragen werden.

Kriterien für die Erstellung eines Steckbriefes

- Name
- Alter
- Aussehen
- (Berufs-)Biografie
- Situationen, in denen die Figur gezeigt wird
- charakteristisches Zitat der Figur

In arbeitsteiliger Gruppenarbeit werden nun zunächst wichtige Informationen über die Protagonisten gewonnen (s. **Arbeitsblatt 5**, S. 67). Dabei empfiehlt es sich aus Gründen der Zeitökonomie, die Informationssichtung für jede der Figuren durch entsprechende Leseaufträge in einer Hausaufgabe vorbereiten zu lassen. Wenn die Arbeitsergebnisse für eine Präsentation auf Plakaten festgehalten und im Klassenraum aufgehängt werden, stehen sie in den kommenden Stunden auch immer wieder zur Orientierung zur Verfügung.

Aus dieser Gruppenarbeit können sich folgende Steckbriefe ergeben:

Name	**Santiago Nasar**	**Bayardo San Roman**
Alter	21 Jahre (10)	um die Dreißig (28)
Herkunftsfamilie	Sohn von Ibrahim Nasar (13) und Plácida Linero (7) Sohn einer Vernunftehe (11)	Sohn von Petronio San Roman, General, und Alberta Simonds, Mulattin aus Curacao (36)
Aussehen	schlank, blass, arabische Augenlider, Kraushaar des Vaters (S. 11)	sieht jünger aus als 30 Jahre alt Taille eines Stierkämpfers goldene Augen, wie von Schwefel gleichmäßig getönte Haut kurzes Jackett, sehr enge Hose (28)
(Berufs-)Biografie	Abbruch der Oberschule bei Tod des Vaters Leitung der Familien-Hazienda (11): „kundig, aber ohne viel Glück“ (8)	ungewiss, er scheint über viele Kenntnisse zu verfügen (29) scheint viel Geld zu haben (29)
Besondere Fähigkeiten/ Hobbys	Umgang mit Waffen, Jagd Liebe zu Pferden Abrichten hoch fliegender Raubvögel (11)	vermittelt den Eindruck, Eisenbahningenieur zu sein, hat Kenntnisse über das Telegrafieren und die Medizin feiert gerne, trinkt, schlichtet Streit, schwimmt gut (29)

Name	Santiago Nasar	Bayardo San Roman
Situationen, in denen die Figur gezeigt wird	Besuch des Bischofs in weißem Leinenanzug (20/21) (Sexueller) Umgang mit Divina Flor (13, 17) Schätzung der Kosten für die Hochzeit von Angela und Bayardo (21, 44–45) verkleidet im Bordell die Mulattinnen (67) akzeptiert arrangierte Hochzeit mit Flora Miguel (111)	kommt mit dem Dampfer ins Dorf (28) fügt sich schnell in die Dorfgemeinschaft ein (29) Hochzeitsentschluss (31) Werben um Angela: • Grammophon für Angela (32), • Besäufnis mit den Brüdern (33), • hält bei den Eltern um Angelas Hand an (37) Hauskauf von Witwer de Xius (38–40) kommt zwei Stunden zu spät zur eigenen Hochzeit (43) kostspielige Hochzeitsfeier (41, 45/46)
„charakteristisches Zitat"	„Bist schon alt genug, um zugeritten zu werden [...]". (13) „So wird mein Hochzeitsfest sein [...]. Das Leben der Leute wird nicht lang genug sein, um davon zu erzählen." (21)	„Ich zog von Dorf zu Dorf auf der Suche nach einer zum Heiraten". (28)

Name	Angela Vicario	Pura Vicario/Purísma del Carmen
Alter	–	–
Herkunftsfamilie	jüngste Tochter von Poncio Vicario (Goldschmied für arme Leute, mittlerweile blind) und Pura Vicario (ehemals Lehrerin) (33)	
Aussehen	Schönste der Schwestern kleidet sich wie eine Frau, gekräuseltes Haar (35) wirkt geistig arm (35)	sanftes und leicht bekümmertes Aussehen strenger Charakter (33)
(Berufs-) Biografie	erzogen, um zu heiraten: sticken, nähen, klöppeln, waschen, bügeln, künstliche Blumen und Süßspeisen herstellen, Abfassen von Verlobungsanzeigen, bei Kranken wachen, Sterbende trösten, Tote ins Leichentuch hüllen (34)	bis zur Hochzeit Lehrerin (33) betreut Ehemann und erzieht Kinder „mit Opfersinn" (33)
Besondere Fähigkeiten/ Hobbys	–	–
Situationen, in denen die Figur gezeigt wird	will Bayardo nicht heiraten (zu männlich, liebt ihn nicht) (37) ist nicht mehr Jungfrau, vertraut sich ihren Freundinnen an und lernt Hebammenkniffe (40/41) trägt bei der Hochzeit Schleier und Orangenblüten als Reinheitssymbole (44)	Erziehungsansätze: • Söhne werden erzogen, um Männer zu werden (33) • Mädchen werden ausgebildet, um zu heiraten (34) „perfekt, denn sie sind dazu erzogen worden, um zu leiden" (34) verlangt genaue Auskunft über Bayardo verheiratet Angela gegen ihren Willen (36)

Name	Angela Vicario	Pura Vicario/Purísma del Carmen
„charakteristisches Zitat"	„[...] doch gottlob versteiften sich meine Eltern auf ihren alten Grundsatz: ‚Entweder heiraten unsere Töchter in unserem Schweinekoben, oder sie heiraten nicht'." (43)	„Auch Liebe erlernt sich." (36)

3.2 Santiago und Bayardo – Aspekte des Machismo

Santiago und Bayardo zeigen verschiedene Aspekte männlichen Lebens in der Gesellschaft des Dorfes. Obwohl sie beide im Dorf in einer besonderen (Außenseiter-)Position sind – Santiago durch seine halbarabische Abstammung und Bayardo als Neuankömmling – zeigen ihre Einstellungen und Verhaltensweisen bei näherer Betrachtung doch ganz typische und ähnliche Merkmale und ergänzen insofern die Facetten der Lebensweise der jungen Männer im Dorf, wie sie sich auch bei dem Erzähler gezeigt haben. Diese Charaktermerkmale werden nun im Anschluss an die Vorstellung der Steckbriefe in der gemeinsamen Unterrichtsarbeit je nach Bedarf noch einmal vertieft untersucht.

Santiago

- *Einstellungen, Vorlieben und Charakterzüge lassen sich ansatzweise aus Santiagos Handlungen ableiten. Betrachten Sie die einzelnen Handlungen noch einmal und arbeiten Sie dabei heraus, was über Santiagos Charakter zu erfahren ist.*

Der **Besuch des Bischofs** scheint Santiago besonders wichtig zu sein, denn obwohl er nach der Hochzeitsfeier wenig geschlafen hat und mit „Kopfschmerzen und einem Belag von Messingsteigbügeln auf der Zunge" (7) erwacht, steht er in aller Frühe auf und wählt mit dem weißen Leinenanzug eine angemessene Kleidung „zu gegebenem Anlass" (8). Außerdem hat er der „öffentlichen Aufforderung" des Paters Folge geleistet und für die Ankunft des Bischofs Holz und Hähne zur Verfügung gestellt (21). Ob aus diesen Handlungen Santiagos tief empfundene Religiosität abzuleiten ist, bleibt unklar. Sicher ist jedoch, dass er sich den Verhaltensweisen im Dorf anpasst und durch seine Anwesenheit und seine Spendenbereitschaft auf jeden Fall für sein gutes Bild in der Dorföffentlichkeit sorgt.
Einen widersprüchlichen Eindruck erweckt Santiago jedoch vor dem Bischofsbesuch in seiner – nicht-öffentlichen – Küche. Arrogant und unsympathisch erscheint er zum einen, als er in sehr derber und vulgärer Sprache seine **sexuellen Ansprüche** an Divina Flor, die Tochter der Köchin, reklamiert: „Bist schon alt genug, um zugeritten zu werden [...]" (13). Damit folgt er offensichtlich dem Vorbild seines Vaters, der vor Jahren die Köchin zur Geliebten gewählt hat. Der soziale Unterschied zwischen Gutsherr und Bediensteten lässt darauf schließen, dass diese Liebschaft von Seiten der Abhängigen nicht freiwillig eingegangen worden ist, es sich bei der „heimlichen" Liebe „in den Ställen der Hazienda" (13) vielmehr um unentgeltliche und unfreiwillige Prostitution gehandelt hat, der Victoria Guzmán nicht entgehen konnte. Der Hass, der aus ihrem Reden und Handeln spricht, bestätigt dies: „Er war genau wie sein Vater [...]. Ein Scheißkerl." (13) Santiago, der einige Vorlieben seines Vaters übernommen hat, scheint jedenfalls dieser „Tradition" folgen zu wollen, denn Divina Flor erzählt: „Er griff mir derb an die Fotze [...]. Das tat er immer, wenn er mich allein in den Winkeln des Hauses traf [...]" (17). So zeigt sich auch in Santiagos Verhalten ein weiteres Beispiel männlicher Dominanz im Umgang mit (untergebenen) Frauen und beim Ausleben ihrer sexuellen Triebe.

Bei Angela und Bayardos **Hochzeit** interessieren ihn vor allem die **Kosten,** die durch das rauschende Fest entstanden sind. Gleich mehrmals wird erwähnt, dass er besonderen Spaß an dieser Kostenrechnung hat, alle Bestandteile sammelt, bewertet, addiert und mit lauter Stimme träumt: „So wird mein Hochzeitsfest sein [...]. Das Leben der Leute wird nicht lang genug sein, um davon zu erzählen." (21) Offensichtlich handelt es sich bei den Ausgaben für eine Hochzeit auch um einen finanziellen Wettstreit zwischen den Bräutigamen, denn Santiago spricht mit Bayardo offen über seine Kostenprognose und Bayardo korrigiert Santiagos Zahlen „mit einer gewissen Prahlsucht" auf „das Doppelte" (45). Nicht die Liebe ist wichtig für eine Hochzeit. Vielmehr steht auch hier das öffentliche Ansehen im Vordergrund des Interesses.
Wie die anderen jungen Männer besucht auch Santiago gerne das **Bordell,** als Fünfzehnjähriger so ausgiebig, dass sein Vater ihn dort abholt und über ein Jahr auf der Hazienda einsperrt. Nun besteht sein „Lieblingszeitvertreib" darin, die Mulattinnen zu verkleiden und so ihre Identität zu tauschen (67).

- *Wie beurteilen Sie Santiago? Zeichnen ihn eher individuelle Eigenschaften aus oder erfüllt er eher die Anforderungen an seine soziale Rolle?*

Santiago zeigt kaum wirklich individuelle Eigenschaften. Zwar unterscheidet er sich in seinen Vorlieben und in seinem Handeln deutlich von den anderen männlichen Figuren, doch lässt keine seiner Handlungsweisen, seiner Fähigkeiten und Hobbys auf echtes individuelles Interesse oder gar auf eine eigene erworbene Überzeugung schließen. Er weiß entweder durch die Erfüllung bestimmter sozialer Anforderungen die Dorfgemeinschaft von sich einzunehmen oder er kopiert Verhaltensweisen, die er von seinem Vater kennt und die ihm als Mann zugestanden werden. Er unterwirft sich sogar der Konvention, sich verheiraten zu lassen, weil er es von seinen Eltern nicht anders kennt und sich trotz des „glücklosen" Lebens, das sie ihm vorleben, nicht dagegen wehrt, auch wenn im Dorf andere Möglichkeiten vorgelebt werden.

- *Welche Beziehung hat er zu den anderen Menschen im Dorf?*

In die Dorfgemeinschaft ist er offensichtlich ganz normal integriert und in seinem Verhalten völlig unauffällig. Er hat gute Kontakte zu den anderen jungen Männern und Frauen. So lädt ihn die Schwester des Erzählers zum Frühstück ein, wie sie es schon häufig getan hat – und bedauert, dass Santiago schon mit einer anderen Frau verlobt ist.

- *Wie wirkt Santiago auf Sie?*

Auch wenn Santiago in der Dorfgemeinschaft ganz normal behandelt wird, Freunde hat und normal seinen Alltag gestaltet, wirken seine Handlungen und Verhaltensweisen, gerade bei näherer Betrachtung, kaum positiv auf die Leserinnen und Leser; er wird von den Schülerinnen und Schülern meistens als eher unsympathisch eingeschätzt. Trotzdem bleibt zu bedenken, dass innerhalb des Dorfes offensichtlich starke Rollenerwartungen und Normen die Verhaltens- und Entscheidungsmöglichkeiten der einzelnen Figuren beschränken. Diesem engen Korsett können die Figuren auch kaum entfliehen, vor allem, wenn sich abzeichnet, dass sie auch ihr weiteres Leben in der Dorfgemeinschaft verbringen müssen.
Als Ergänzung der Steckbriefe lassen sich nun im Sinne einer Charakterisierung folgende Aspekte an der Tafel oder ergänzend auf dem Plakat festhalten:

Charakterisierung Santiagos

- erfüllt gesellschaftliche Anforderungen (tief empfundene Religiosität oder sozial angepasstes Verhalten?)
- zeigt ausgeprägte männliche Verhaltensweisen (Hobbys, Sexualverhalten, Prahlsucht)
- hat kaum individuelle Charakterzüge
- ist im Dorf sozial anerkannt

Bayardo

- *Betrachten Sie die einzelnen Handlungen Bayardos und arbeiten Sie heraus, was über seinen Charakter zu erfahren ist.*

Bayardo kommt mit dem **Dampfer** ins Dorf, was ganz sinnfällig macht, dass er als Fremder von weither in eine Dorfgemeinschaft hineinkommt, die wahrscheinlich nur über den Seeweg Kontakt zu Menschen aus anderen Dörfern und anderen Städten hat (vgl. auch Baustein 4). Als Grund seiner Reise gibt er an, „von Dorf zu Dorf [zu ziehen] auf der Suche nach einer zum **Heiraten**" (29).
So scheint Bayardo auf der einen Seite aufgeschlossen und neugierig zu sein, weil er in fernere Gegenden reist und mit den Menschen dort auch schnell in Kontakt kommt. Seine Reise-Motivation aber macht deutlich, dass er recht merkwürdige Vorstellungen darüber hat, wie er eine Ehefrau finden kann. Allein sein Hinweis darauf, dass er „von Dorf zu Dorf" zieht, zeigt, dass er seine Brautwahl nach äußerlichen Kriterien durchführt, denn eine langsam wachsende Beziehung kann sich so nicht ergeben. Möglicherweise hat sein Vater auf diesem Weg auch seine Frau gefunden, die Schönheitskönigin auf den Kolumbien vorgelagerten Inseln gewesen ist.
Könnte hier möglicherweise eine romantische Liebe „auf den ersten Blick" angenommen werden, so widerspricht Bayardos Art der **Werbung um Angela** dieser Deutung völlig. Er versucht, sie mit einem Grammofon zu beeindrucken, das er auf einer Tombola gewinnt, weil er alle Lose gekauft hat. Ihre Brüder Pablo und Pedro kann er „mit unwiderstehlichem Charme" (33) für sich gewinnen, als diese das Grammofon zurückbringen: Er trinkt mit ihnen die Nacht durch und setzt das Besäufnis am nächsten Tag in ihrem Haus fort (33). Auch die Familie Angelas beeindruckt er, als er dort um ihre Hand anhält – und zwar mit seiner Familie, dem General, der schönen Mulattin von den Antillen und dem „Ford Modell T mit amtlichem Nummernschild" (36). So kauft er sein Ansehen und seine guten Beziehungen zur Familie Vicario, er kauft Angela und braucht sich nicht einmal die Mühe zu machen, sie tatsächlich kennenzulernen und für sich zu gewinnen.
Auch der Witwer de Xius kommt in den fragwürdigen Genuss von Bayardos sprudelnder Geldquelle: Bei der Verhandlung um den **Hauskauf** mit de Xius legt Bayardo so viel Geld auf den Tisch, nämlich mehr als das Doppelte des tatsächlichen Wertes, dass selbst de Xius, der sein Haus wegen der vielen Erinnerungen an seine Frau und den vielen glücklichen Jahren auf gar keinen Fall verkaufen will, von diesem unmoralischen Angebot korrumpiert wird (38/39). De Xius stirbt schon zwei Monate später – an den „Tränen, die in seinem Herzen tropfen" (40).
Dass er Angela bei der **Hochzeit** zwei Stunden warten lässt, zeigt wiederum deutlich, dass Gefühle anderer Menschen ihn nicht kümmern, dass er darüber hinaus auch in der Position

ist, seine zukünftige Frau – und die ganze Hochzeitsgesellschaft – am Hochzeitstag warten zu lassen, ohne dass dies für ihn negative Konsequenzen hätte. (43)
Die Gestaltung der ***Hochzeitsfeier***, dies ist im Zusammenhang mit Santiago schon untersucht worden, unterstreicht seinen Umgang mit Geld und seine Illusion, „sein Glück mit dem ungewöhnlichen Gewicht seiner Macht und seines Vermögens erkauft zu haben" (41).

■ *Betrachten Sie noch einmal Bayardos Kenntnisse und Fähigkeiten und seine Handlungen. Wie beurteilen Sie ihn? Zeichnen ihn eher individuelle Eigenschaften aus oder erfüllt er eher die Anforderungen an seine soziale Rolle?*

Ähnlich wie Santiago ist auch bei Bayardo keine wirklich individuelle Charaktereigenschaft zu erkennen. Auch er unterscheidet sich deutlich von den anderen Figuren, trotzdem bleiben alle seine Einstellungen und Vorstellungen angepasst an gesellschaftliche Vorstellungen und Rollenerwartungen.

■ *Welche Beziehung hat er zu den anderen Menschen im Dorf?*

Die Menschen im Dorf akzeptieren Bayardo, denn sie trinken mit ihm, spielen mit ihm Karten, machen Schwimmwettbewerbe mit ihm. Auch die Familie Vicario sieht kein Problem darin, ihn in ihre Familie aufzunehmen, auch wenn hier Bayardos Reichtum eine wichtige Rolle spielt. Insgesamt gesehen nimmt niemand Anstoß an Bayardo und nach der missglückten Hochzeitsnacht wird er sogar von den Dorfbewohnern als das einzige Opfer anerkannt.

■ *Wie wirkt er auf Sie?*

Wie bei Santiago empfinden die Schülerinnen und Schüler auch Bayardo nach dieser intensiven Auseinandersetzung mit seiner Person als wenig sympathisch. Auch hier bleibt zu berücksichtigen, dass Bayardo den gesellschaftlichen Erwartungen nachkommt und die Handlungsweisen seines Vaters kopiert. Vor allem machen ihn sein Reichtum und sein Umgang damit unsympathisch: Mit seinem Geld verführt und kauft er seine Mitmenschen.

■ *Welche Symbole können Bayardo zugeordnet werden? Ergänzen die Symbolaussagen Ihre bisherigen Deutungen über Bayardos Charakter?*

Bayardo sind die Symbole Geld, Gold und die Symbolfarbe Gelb (Schwefel) zugeordnet: Er hat goldene Augen (28, 30), die die Mutter des Erzählers „vor Schreck hatten erzittern lassen." „‚Er kam mir vor wie der Teufel', sagte sie zu mir [...]" (30). Neben den goldenen Augen hat er auch eine „wie von Schwefel gleichmäßig getönte Haut" (28), wieder ein Symbol, das auf den Teufel verweist, denn „Schwefelgelb" gilt als „böse, teuflisch"[1]. Der Teufel wiederum verführt zur Sünde[2]. Tatsächlich verführt Bayardo mit seinem Geld (Gold) die Menschen und gewinnt sie so für seine Absichten. So unterstreichen die Symbole, die Bayardo zugeordnet werden können, seinen Charakter.

1 Stichwort „Gelb", in: Udo Becker (2002): Lexikon der Symbole, Freiburg, S. 102.
2 Vgl. Stichwort „Teufel", ebd., S. 301

Charakterisierung Bayardos

- Frau als Objekt, keine „wahre" Beziehung
- angenehmer Eindruck bei den Dorfbewohnern
- erkauft sich den Zugang zur Familie, *kauft* Angela, unmoralischer Umgang mit Geld (Tod des Witwers)
- Gleichgültigkeit gegenüber Angelas Gefühlen (Hochzeit)
- Finanzkraft als Grundlage des Ansehens/Prahlsucht
- Symbole: gelb, Schwefel, Geld: Verführung/Teufel

Machismos/Macho (Zusatzmaterial 2, S. 122)

Die bisher auf die Personen bezogene Analyse und Interpretation kann nun erweitert werden durch die Beschäftigung mit dem Begriff des Machos bzw. des Machismo. García Márquez weist selbst darauf hin, dass der Machismo in Kolumbien bzw. Südamerika ein Grund bzw. Auslöser für den Ehrenmord ist. Mithilfe des Zusatzmaterials 2, S. 122, können nun Merkmale des Phänomens „Macho/Machismo" erarbeitet und auf das Verhalten Santiagos und Bayardos bezogen werden. Durch diesen Arbeitsschritt erhalten die Schülerinnen und Schüler Klarheit darüber, dass die besonderen Verhaltensmerkmale Santiagos und Bayardos nicht einzigartige Verhaltensmuster der beiden Figuren sind, sondern im Prinzip Facetten des Phänomens Macho. So wird auch noch einmal deutlich, dass beide Figuren sich wenig individuell, sondern vielmehr sehr rollenkonform verhalten.

■ *Fassen Sie die besonderen Kennzeichen des Phänomens des Machismo zusammen.*

Folgende Aspekte können an der Tafel festgehalten werden:

Machismo ist gekennzeichnet durch:

- Überlegenheitsgefühl
- Herrschaftsanspruch gegenüber der Frau
- Imponiergehabe
- fehlende Sensibilität
- Egoismus
- patriarchale Struktur
- Brutalität

■ *Suchen Sie Beispiele dafür im Verhalten Santiagos und Bayardos.*

Auf der Grundlage der bisherigen Erarbeitung lassen sich nun viele Beispiele finden. Exemplarisch seien hier genannt:

- Herrschaftsanspruch gegenüber der Frau: Santiagos Anspruch auf Divina Flor, Bayardos Art der Brautsuche
- Imponiergehabe: Kosten für das Hochzeitsfest, Erwerb des Grammofons
- Keine Sensibilität: Art des Hauskaufs, Desinteresse an Angela, Verspätung bei der Hochzeit

3.3 Angela Vicario und Pura Vicario – Aspekte des Matriarchats?

Angela Vicario

Angelas Biografie weist im Vergleich zu den männlichen Figuren aus der gleichen Generation deutliche Unterschiede auf. Sie hat keine Schulbildung, die ihr eine andere Perspektive als die der Ehefrau ermöglichen könnte. Die Fähigkeiten, die sie erworben hat, zielen alle darauf ab, für einen Ehemann einen Haushalt zu führen und für andere Menschen zu sorgen (Kranke, Sterbende, Tote). Eigene Interessen, eigene Vorstellungen, eine eigene (Lebens-)Perspektive kann sie nicht ausbilden. Vielleicht ist dies auch eine Erklärung für die Beobachtung des Erzählers, dass sich „ihre geistige Armut" vertieft habe, denn es ist durchaus verständlich, wenn ein Leben mit dieser festgeschriebenen Möglichkeit Angela unglücklich macht und ihre Lebensfreude im Keim erstickt. Und so bemerkt auch die weitsichtige Mutter des Erzählers ganz treffend über die Vicario-Töchter: „Sie sind perfekt [...] Jeder Mann wird mit ihnen glücklich werden, denn sie sind dazu erzogen worden, zu leiden." (34)

- *Betrachten Sie die einzelnen Handlungen noch einmal und arbeiten Sie dabei heraus, was über Angelas Charakter zu erfahren ist.*

Mit „Entsetzen" reagiert sie auf die Entscheidung des Familienrates, Bayardos **Heiratsgesuch** nachzukommen. Schon während des Wohltätigkeitsfestes hat sie ihn unsympathisch gefunden: „Ich verabscheute hochmütige Männer und hatte noch nie einen erlebt, der sich so viel einbildet" (32), berichtet sie dem Erzähler, außerdem war er ihr „zu männlich" (37). So lehnt sie offensichtlich die systematische Zurschaustellung besonders männlichen Verhaltens ab (s. **Zusatzmaterial 2**, S. 122).
Auch scheint sie sich nicht ohne Weiteres in die arrangierte Ehe, die ihr ein finanziell sorgenfreies Leben ermöglichen würde, fügen zu wollen, denn sie gibt an, Bayardo nicht heiraten zu können, weil sie ihn nicht liebe (37). Mit diesem Einwand zeigt sie ein romantisches Verständnis von Hochzeit und Ehe, vielleicht die Vorstellung von persönlichem Glück in einer selbst gewählten Beziehung. Diese Vorstellungen jedoch sind im Dorf nicht unbedingt üblich, denn viele Ehen sind ohne deutlichen Widerspruch der betroffenen Kinder von den Eltern arrangiert. So kann sie letztlich den rationalen Erwägungen ihrer Eltern, die sich von der Eheschließung eine finanziell gesicherte Position und einen sozialen Aufstieg versprechen, nichts entgegensetzen.
Angelas Konflikt besteht nicht nur darin, einen Mann heiraten zu müssen, den sie nicht liebt, sondern auch in der Frage, wie sie mit ihrem Handikap für die Hochzeitsnacht umgehen soll, nämlich mit ihrer Defloration. Sie ist so „streng" (40) überwacht aufgewachsen, dass aus der Sicht der Familie und der übrigen Dorfbewohner gar nicht die Gelegenheit entstehen konnte, eine Affäre zu beginnen. Angela weiß genau, dass ihre Entjungferung in der Hochzeitsnacht zu Problemen führen kann. Da ihr Gott keinen Mut gibt, „dass ich mich töte" (40), will sie ihrer Mutter die Wahrheit sagen. Ihre Freundinnen reden ihr diese „lobenswerte Absicht" (40) aber aus und erklären ihr alte Hebammentricks, um in der Hochzeitsnacht ihren Makel zu kaschieren (41).
Darauf lässt sie sich ein und trägt bei ihrer Hochzeit Schleier und Orangenblüten, die Symbole der Reinheit (44).

- *Betrachten Sie noch einmal Angelas Handlungen. Handelt sie selbstbestimmt oder passt sie sich gesellschaftlichen Konventionen an?*

In noch stärkerem Maß als Santiago und Bayardo muss Angela in ihrem Verhalten und ihren Lebensvorstellungen den Konventionen der Familie und der Gesellschaft nachkommen. Ihr

Leben erscheint wie ein Gefängnis, sie hat keine Möglichkeit, selbst Entscheidungen zu treffen, ist in ihrem Lebensbereich deutlich auf das Haus beschränkt und kann sich niemals ohne Begleitung in der Öffentlichkeit bewegen. Sie erlernt, was Mädchen erlernen müssen, um gute Ehe- und Hausfrauen zu sein, sie wird ohne Mitspracherecht verheiratet. Als individuelle Besonderheit ist auf den ersten Blick alleine ihr „Missgeschick", ihre Entjungferung, zu sehen, das sie allerdings zunächst zu verheimlichen beschließt.

- *Wie wird Angela im Dorf beurteilt?*

Da Angela in der Öffentlichkeit kaum auftritt, entstehen auch kaum Beziehungen zu anderen Menschen aus dem Dorf. Insgesamt wird sie jedoch als „geistig arm" angesehen, sodass der Hochzeitswunsch Bayardos von den Dorfbewohnern zunächst als „Niedertracht eines Fremden" (35) betrachtet wird.

- *Wie wirkt sie auf Sie?*

Ob ihre Handlungen Angela besonders sympathisch oder unsympathisch machen, ist kaum zu klären. Bei näherer Betrachtung werden jedoch, auch vor dem Hintergrund eines Vergleichs mit den Möglichkeiten, die junge Frauen in unserer Gesellschaft haben, die engen gesellschaftlichen Vorgaben deutlich, die Angelas Leben bestimmen.

- *Welche Symbole können Angela zugeordnet werden? Ergänzen die Symbolaussagen Ihre bisherigen Deutungen über Angelas Charakter?*

Wesentliches Problem Angelas ist die verlorene Jungfernschaft. In Angelas Fall bzw. im Kontext der Konventionen des Dorfes gilt Jungfräulichkeit als Voraussetzung und „unerlässliches Gebot" für die Ehe und verweist wieder auf eine stark patriarchal geprägte Gesellschaftsstruktur.

Charakterisierung Angelas

- lebt mit stark einengenden Verhaltensregeln
- muss sich bei der Eheschließung der Entscheidung der Eltern beugen
- weiß, dass sie die Ehe im Grunde nicht eingehen kann, nutzt die Hilfe der Freundinnen
- passt sich den Kleidungsvorschriften an, vermeidet Aufmerksamkeit

↓

leidet unter dem starken Anpassungsdruck an gesellschaftliche Vorstellungen

Pura Vicario

- *Betrachten Sie noch einmal Pura Vicarios Handlungen. Wie beurteilen Sie sie? Zeichnen sie eher individuelle Eigenschaften aus oder erfüllt sie eher die Anforderungen an ihre soziale Rolle?*

Von der Charakterisierung Angelas ist bekannt, dass sie ans Haus gebunden worden ist und keine Gelegenheit bekommen hat, sich alleine in der Öffentlichkeit zu bewegen. Pura Vicario achtet also sehr auf eine „gute" Erziehung ihrer Töchter und deren „richtiges" und „sittliches" Verhalten.

Sie achtet aber auch darauf, mehr über Bayardo zu erfahren, als dieser über die Bekanntschaft mit den Zwillingen und durch seinen Heiratsantrag Zugang zur Familie Vicario sucht. So stellt sie die Bedingung, er müsse sich „ausweisen" (35). Dann aber ist sie überzeugt, in Bayardo den richtigen Ehemann für Angela gefunden zu haben, und erlegt ihr, zusammen mit den übrigen Familienmitgliedern, die Pflicht auf, „einen Mann zu heiraten, den sie [Angela] kaum gesehen hatte." (37). Die Eltern erklären die Ehe mit Bayardo als „Gabe des Schicksals", das angesichts der finanziellen Mittel der Familie nicht ausgeschlagen werden könne. Und Pura Vicario ist es, die Angela auf ihren Einwand hin deutlich macht: „Auch Liebe erlernt sich." (37)
Alle ihre Verhaltensweisen deuten darauf hin, dass Pura Vicario eine Person ist, die ihr Leben extrem an die Rollenerwartungen an eine verheiratete Frau und Mutter angepasst hat. Dabei hat sie sich selbst und ihre emotionalen Bedürfnisse komplett vergessen und kann insofern auch die Vorstellung ihrer Tochter, Liebe sei Voraussetzung einer Ehe, nicht nachvollziehen. Damit stellt sie sich im Prinzip gegen Angela.

■ *Wie wirkt sie auf Sie?*

Gerade die Äußerung „Auch Liebe erlernt sich" führt dazu, dass Schülerinnen und Schüler Pura Vicario als sehr unsympathisch wahrnehmen, denn für ihre Vorstellungen ist es undenkbar, dass eine Mutter ihre eigenen – egoistischen – Wünsche über den Wunsch der Tochter stellt, vor allem, wenn es um die Liebe geht. Eben diesen Zusammenhang können Schülerinnen und Schüler nur schwer nachvollziehen und verurteilen Pura Vicario.

Charakterisierung Pura Vicarios

- stützt durch ihre Erziehungsgrundsätze die Aufteilung der Rollen in männlich und weiblich
- will finanzielle Sicherheit für Angela und die Familie
- zeigt Härte gegenüber ihrer Tochter

↓

übt starken Anpassungsdruck aus

Die Ideologie der polaren Geschlechtercharaktere (Zusatzmaterial 3, S. 123 f.)

Erfahrungsgemäß fällt es den Schülerinnen und Schülern schwer, sich in die Lebensverhältnisse einer fremden Zeit und einer fremden Kultur hineinzuversetzen. So können sie die ambivalenten Handlungsweisen Angelas und Pura Vicarios schon bei der Charakterisierung der Figuren vor der Hochzeit und vor dem Mord kaum nachvollziehen.
García Márquez hat in seiner Anmerkung zum Buch darauf hingewiesen, dass nicht nur der Machismo Auslöser der unglaublichen Vorgänge gewesen sei, sondern „der Machismo das Produkt einer matriarchalisch geprägten Gesellschaft ist."[1] Auch Schülerinnen und Schüler nutzen bei ihrer Beurteilung des Verhaltens der Frauen durchaus diesen Begriff.
Trotzdem sind ihre Haltungen und Einstellung kein Beweis für matriarchale Strukturen, die in der Dorfgemeinschaft aufzufinden wären. „Matriarchate sind Gesellschaftsordnungen, die in allen ihren Zügen von Frauen geschaffen, geprägt und getragen wurden. Sie können in keinem Fall mit ‚Patriarchaten' – nur mit umgekehrten Vorzeichen – parallel gesetzt werden, da sie die heute allgemein verbreiteten Herrschaftsstrukturen wie soziale Hierarchie, Befehlsge-

[1] Dagmar Ploetz (1992): Gabriel García Márquez, Reinbek bei Hamburg, S. 103

walt einer Minderheit, die sich auf einen Erzwingungsstab stützt, Privateigentum, Kolonialismus und Missionierung, hervorgegangen aus Eroberungskriegen, nicht kannten."[1]
Es müssen also andere Erklärungsansätze gesucht werden, damit Schülerinnen und Schüler im Ansatz nachvollziehen können, warum die weiblichen Protagonisten sich so inakzeptabel verhalten. Ein Auszug aus Regina Mahlmanns Artikel „Liebe im 19. Jahrhundert. Bürgerliches Leitbild und Geschlechterideologie" (**Zusatzmaterial 3**, S. 123f.) beleuchtet zwar die Familienstrukturen in einer anderen Zeit und auch in einer anderen Kultur. Trotzdem lassen sich durch die Betrachtung des Ehemodells des 19. Jahrhunderts viele Erklärungen für das Verhalten der Figuren in der „Chronik" gewinnen, spiegelt dieser Text doch – in manchen Passagen sogar bis in die Formulierungen hinein – zahlreiche Facetten des Romans.

- *Fassen Sie die Idee der bürgerlichen Ehe des 19. Jahrhunderts zusammen, indem Sie biologische Voraussetzungen dieses Ehemodells sowie die ökonomischen, sozialen und vor allem emotionalen Folgen für Mann und Frau herausarbeiten.*

Mögliches Tafelbild:

Regina Mahlmann: Liebe im 19. Jahrhundert. Bürgerliches Leitbild und Geschlechterideologie

- Voraussetzung: Aufteilung der menschlichen Fähigkeiten in weibliche und männliche Anteile
- (biologische Codierung)
- Ziel der Ehe: Wiederherstellung einer Einheit der Fähigkeiten durch die Liebes-Ehe

	Mann	Frau
Ökonomische Folgen	Versorgungszwang Fähigkeiten: Nüchternheit, Kalkulation, Zweck-Mittel-Rationalität. Effizienz, Leistungsbereitschaft ➡ Härteklischee	Passivität, Abhängigkeit Dienen, unterwerfen, Demut, Dankbarkeit, „Dienstbotin ihrer Familie", „Glücksspenderin", „seelische Fürsorgerin", „Arbeit aus Liebe" ist unsichtbar ➡ kein Selbstwertgefühl
Soziale Folgen	Funktionen in der öffentlichen Welt: erfahren, „weltmännisch" Polygamie	Keine Funktion in der öffentlichen Welt: weltfremd, unerfahren „Dummerchen" Kontakt zu Kindern und Freundinnen
Emotionale Folgen	Liebe zeigt sich in der Versorgung Versachlichung, wirtschaftlicher Druck	Liebe zeigt sich in der Identitätsauflösung Innere Leere „Seelenmord"
Folgen für die Ehe	Entfremdung, Sprachlosigkeit, keine gemeinsame Gesprächsthemen Konflikte müssen tabuisiert werden: „Wer liebt, streitet nicht" Nachgiebigkeit der Frau	

- *Welche dieser Vorstellungen über eine Ehe lassen sich im von García Márquez beschriebenen Dorf wiederfinden?*

[1] Heide Göttner-Abendroth (1992): Frauen schufen „noelitische Revolution". Ackerbau und matriarchale Stadtkulturen 9000 – 3000 v. Chr., in: Annette Kuhn (Hrsg.): Die Chronik der Frauen, Dortmund, S. 36

Gerade die Beschreibung der weiblichen Fähigkeiten und Tugenden lassen sich an Angela (man denke z. B. an die Inhalte ihres häuslichen Lehrplans) und Pura Vicario quasi im gelebten Leben deutlich erkennen. Nach der Lektüre des Sachtextes können die Schülerinnen und Schüler viel deutlicher nachvollziehen, dass die Lebensumstände in diesen Familienstrukturen dazu führen, dass Frauen intellektuell verkümmern und zum „Dummerchen" werden – ein Begriff, der in Regina Mahlmanns Text genauso verwendet wird wie auch als Beschreibung Angelas in der „Chronik" –.
Dass die Situation für Männer nur graduell besser ist, wird auch schnell deutlich. Sie bezahlen für die Möglichkeiten der Anerkennung in einem öffentlichen Leben mit dem Druck, eine Familie versorgen zu müssen, so wie es auch Santiago erfahren hat, und mit dem Zwang, Gefühle gegen Verhaltensformen eintauschen zu müssen, die eher auf die Beschreibung der Fähigkeiten von Maschinen denn auf Menschen schließen lassen. Trotzdem ist auch erkennbar, dass sich in dieser Struktur Machismo gut entwickeln kann.
Im Grunde sind also beide Geschlechter Verlierer eines Systems, das Menschen in dieser Weise deformiert.

- *Wie beurteilen Sie dieses Konzept einer Ehe?*

Auf der Grundlage der Auseinandersetzung mit Roman und Sachtext können die Schülerinnen und Schüler diskutieren und eigene Vorstellungen entwickeln.

Reflexion der Sympathiebewertung

Als Abschluss der Bausteine 3.1, 3.2 und 3.3 zeigt nun der vergleichende Blick auf die eingängig durchgeführte Sympathiebewertung der Hauptfiguren ein wesentlich differenzierteres Bild, indem alle Figuren sowohl als Opfer als auch als Täter erkannt werden. Beide Aspekte lassen sich auf die Starre der gesellschaftlichen Konventionen, wie sie in dem Dorf herrschen, zurückführen. Keine der Figuren begehrt aber gegen diese Konventionen auf und entscheidet (selbst-)verantwortlich.

3.4 Die Frage der Schuld I: Der tragische Handlungsverlauf aus der Sicht der Hauptfiguren

Im Rahmen der Figurencharakterisierung diskutieren die Schülerinnen und Schüler zumeist schon die Frage der Schuld der einzelnen Figuren. Dabei geraten vor allem Angela, die ja den Namen nennt, und Pura Vicario, die Angela schlägt und die Söhne zu Hilfe holt, in den Mittelpunkt der Betrachtung. Dass alle Figuren in diesem System enger gesellschaftlicher Konventionen gleichzeitig Täter und Opfer und mithin gleichzeitig schuldig und unschuldig sind, ist für Schülerinnen und Schüler, die gerne eine schnelle und moralisch einfach zu legitimierende Lösung suchen, nicht leicht zu akzeptieren.
Dieser Problematik soll nun genauer nachgegangen werden. Eine Zusammenstellung einschlägiger Aussagen bietet in einem Hörspiel eine Arbeitsgrundlage, mit deren Hilfe in einem zweiten Schritt gemeinsam geklärt werden kann, welchen Anteil die einzelnen Figuren an der Ermordung Santiagos tatsächlich haben (s. **Arbeitsblatt 6**, S. 68). (Diese Thematik wird auch in Baustein 5.2. „Im Labyrinth der Einsamkeit" aus einer anderen Perspektive beleuchtet.)

Mögliches „Hörspiel"

Bayardo:	Ich zog von Dorf zu Dorf auf der Suche nach einer zum Heiraten (29)
Bayardo:	Wenn ich aufwache [...] erinnern Sie mich daran, dass ich sie heiraten werde. (31)
Angela:	Ich liebe ihn nicht, weil er zu hochmütig (32) und zu männlich (37) ist.
Pura:	Auch Liebe erlernt sich. (37)
Angela:	Ich heirate in der Illusion, mit den Hebammenkniffen den Verlust meines Kleinods zu verschleiern. (41)
Bayardo:	Ich heirate in der Illusion, mein Glück mit dem ungewöhnlichen Gewicht meiner Macht und meines Vermögens erkauft zu haben. (41)
Angela:	Ich tat nichts von dem, was man mir gesagt hatte, [...] denn je mehr ich darüber nachdachte, desto klarer wurde mir, dass das Ganze eine Schweinerei war, die man niemandem antun konnte und schon gar nicht dem Mann, der das Pech gehabt hatte, mich zu heiraten. (91)
Angela:	Es war ganz einfach, denn ich war entschlossen zu sterben. (92)
Bayardo:	*bringt Angela in ihr Elternhaus zurück:* Dank für alles, Mutter [...]. Sie sind eine Heilige. (49)
Pura:	*schlägt ihre Tochter:* Ich bin so wütend [...], dass ich dich umbringen könnte. (49)
Angela:	Ich hatte keine Angst mehr [...]. Im Gegenteil: ich hatte das Gefühl, als hätte ich endlich den Alptraum des Todes abgeschüttelt [...]. (50)
Pedro:	*verlangt von seiner Schwester:* Los, Mädchen, [...] sag uns, wer es war. (50)
Angela:	Santiago Nasar. (50)
Pablo:	Vor Gott und vor den Menschen. [...] Es war Ehrensache. (51)

Auf der Grundlage der in diesem Arbeitsschritt entstandenen Hörspiele können nun weitere Analyse- und Interpretationsschritte vorgenommen werden.

- *Welche der Figuren hat aus Ihrer Sicht eine besondere Schuld am tragischen Verlauf?*

Die Frage nach der Schuld der einzelnen Personen am Mord an Santiago lässt sich nun durchaus ambivalent beurteilen: so trifft aus der einen Perspektive gesehen Bayardo, Pura und die Zwillinge eine besondere Schuld, weil sie sich nach starren gesellschaftlichen Regeln verhalten, die weder ein Gespräch, z. B. zwischen Mann und Frau oder Mutter und Tochter, noch Mitgefühl für die spezifische Situation des anderen Menschen und schon gar keine individuellen Entscheidungen zulassen. Aus einer anderen Perspektive betrachtet trifft jedoch auch Angela eine besondere Schuld, weil sie durch ihr Verhalten aus dem System der Normen und Konventionen ausbricht, indem sie eine eigene Entscheidung trifft. Zwar entscheidet sie nicht über ihre Hochzeit mit Bayardo, aber immerhin darüber, ihren Ehemann mit den Tatsachen zu konfrontieren, und sie ist bereit, dabei auch die wahrscheinliche Strafe, nämlich den Tod, zu akzeptieren: „Es war ganz einfach, denn ich war entschlossen zu sterben" (92). Dass sie jedoch Santiagos Namen nennt, als sie von ihren Brüdern befragt wird, macht wieder deutlich, wie schwierig es ist, den einmal beschrittenen Weg der eigenverantwortlichen Entscheidung weiterzugehen.

- *Angela trägt durch ihre Verleumdung einen großen Anteil an Santiagos Tod. Warum nennt sie seinen Namen, da sie doch sonst recht verantwortungsvoll entscheidet? Sammeln Sie Argumente, die für oder gegen sie sprechen, lesen Sie dazu auch die Seiten 50, 55, 57, 90.*

Die Gründe Angelas, Santiagos Namen zu nennen, können in verschiedene Richtungen ausgelegt werden. Da eine ausführlichere Klärung der Schuld Santiagos erst in Baustein 3.5 vorgenommen wird, sollen hier zunächst verschiedene Möglichkeiten der Motivation Angelas geklärt werden:
Zum einen kann Santiago tatsächlich Angelas „Täter“ (100) sein, wie sie es in der Gerichtsverhandlung auch zu Protokoll gibt. Wenn diese Aussage stimmt, hätte sie zwar den wahren „Schuldigen“ genannt, wüsste aber auch, dass sie damit Santiagos Todesurteil gesprochen hat. Dies findet sie möglicherweise, um die Spekulationen weiterzutreiben, nicht so ungerecht, wenn sie nämlich eines jener Mädchen gewesen ist, das von Santiago „aufs Kreuz“ gelegt worden ist, als er „in jener Berggegend aufgetaucht ist“ (90). Zu Santiagos doppelter Sexualmoral würde dies passen und auch, dass er Angela immer wieder als „das Dummerchen“ (90) bezeichnet. Wirkliche Beweise gibt es dafür aber im Text keine.
So ist auch die Möglichkeit zu prüfen, dass Angela Santiagos Namen nur nennt, damit das Verhör rasch zu Ende geht, „damit ich mich ins Bett werfen und schlafen konnte“ (50). Und so sucht sie einen Namen „in der Finsternis“ und findet ihn unter den vielen „in dieser und der anderen Welt verwechselbaren Namen und nagelt ihn mit sicherem Pfeil an die Wand wie einen wehrlosen Falter, dessen Todesurteil von vorneherein feststand.“ (50) Diese Deutung lässt auf eine rücksichtslose und verantwortungslose Angela schließen. Auch hier gilt es aber, differenziert zu beurteilen und zu berücksichtigen, unter welchen Zwängen Angela lebt. Eigenständige Entscheidungen über ein selbstbestimmtes Leben kann sie nicht fällen; sie muss sich immer nur einfügen in ein Leben, über das Andere entscheiden und in dem Andere ohne Rücksicht auf sie agieren können, während von ihr immer untadeliges Verhalten erwartet wird. Möglicherweise hat sie auch Santiagos Namen in der Hoffnung genannt, ihn würden die Brüder verschonen, weil sie zum einen ihre Freizeit gemeinsam beim Trinken und im Bordell verbringen und weil Santiago zum anderen durch seinen Reichtum geschützt ist und seine dadurch hervorgehobene Stellung im Dorf. So weisen auch die Dorfbewohner mehrmals auf Santiagos finanzielle Stellung hin (z. B. Faustino Santos, S. 55) und darauf, dass Santiago aus diesem Grund nicht getötet wird (Don Rogelio de la Flor, 57).
Vor dem Hintergrund dieser Überlegungen, und auch vor dem Hintergrund unserer Vorstellungen von „richtig“ und „falsch“ erscheint Angelas Verhalten fragwürdig und zumindest moralisch unrechtmäßig. So bleibt auch die Frage offen, ob sie nicht einfach hätte schweigen können, als die Brüder sie nach dem Täter fragen (50). Auch hier lässt sich nur spekulieren, warum Angela diese Möglichkeit nicht gewählt hat. Ein Blick auf das Verhalten Pablos und Pedros, die sich ohne zu zögern auf den Weg machen, Santiago zu töten und dies ganz deutlich „vor Gott und vor den Menschen“ damit legitimieren, dass es „ein Ehrenmord“ sei (51), lässt jedoch darauf schließen, dass in dieser Situation der Druck der Konventionen wieder so stark ist, dass kein Platz ist für individuelle Verhaltensweisen.

- *Pablo und Pedro Vicario machen immer wieder deutlich, dass es sich beim Mord an Santiago um einen Ehrenmord handelt. Untersuchen Sie, wie „selbstverständlich“ die beiden Brüder mit dieser Aufgabe umgehen (S. 53–54 , S. 59, S. 61–65).*

In ihrem Schweinestall suchen sie zunächst die beiden besten Messer aus und lassen sie bei Faustino Santos „gutgelaunt“ (54) schleifen. Dort erzählen sie, dass sie vorhaben, Santiago zu töten, woran sich später immerhin „zweiundzwanzig Personen“ (53) erinnern können. Sie erzählen es auch Clotilde Armenta, der Milchladenbesitzerin, und schreien es gar heraus, „dass jeder es hören konnte“ (61), als sie nach ihrer Entwaffnung durch den Bürgermeister mit neuen Messern zum zweiten Mal auf dem Fleischmarkt sind. Und bis kurz vor dem tatsächlichen Mord tragen sie ihre Messer offen durch die Straßen des Dorfes. So urteilt der Erzähler: „Es hat nie einen öfter angekündigten Tod gegeben.“ (53)
Diese öffentliche Ankündigung einer Straftat könnte deutlich machen, dass sich Pablo und Pedro in ihren Handlungen völlig im Recht sehen und dass es möglicherweise zur Wieder-

herstellung der Ehre überhaupt notwendig ist, die Tat vorher schon anzukündigen. Clotilde Armenta deutet die Situation jedoch ganz anders: „Es geht darum, die armen Burschen von der schrecklichen Verpflichtung zu befreien, die plötzlich auf ihren Schultern lastet." (59) Vor dem Hintergrund dieser Einschätzung lässt sich das Verhalten Pablos und Pedros, vor allem bei ihrem zweiten Versuch, auf Santiago zu warten, in einem anderen Licht sehen. Wechselseitig übernehmen sie die Verantwortung für den Mord und wechselseitig versuchen sie, diesen zu verhindern. Pedro, der jüngere Bruder, der beim Militär gedient und somit gelernt hat, sich in die hierarchischen Befehlsstrukturen zu fügen, übernimmt zunächst die Verantwortung für die Umsetzung des Mordes. Nachdem die Brüder aber von Oberst Aponte, dem Bürgermeister, entwaffnet worden sind, empfindet er seine Pflicht als erfüllt, denn immerhin hat ein Ranghöherer durch sein Handeln einen Befehl gegeben. Nun übernimmt Pablo, der ältere Bruder, der in der Abwesenheit Pedros der Familie vorgestanden hat und sich somit in den Strukturen des Dorfes viel besser auskennt, die Verantwortung und versucht mehrmals, seinen Bruder „von der endgültigen Entscheidung zu überzeugen." (62) Pablo ist jedoch so mit seiner Erkrankung und dem Wechsel des Verbandes beschäftigt, dass Pedro dies sogar als „List" (63) ansieht, um möglichst viel Zeit zu schinden. Aber auch Pablo selber hat es, durchaus im Widerspruch zu seinen eigenen Worten, gar nicht so eilig, denn er besucht auf dem Weg zum Marktplatz seine Verlobte und wartet dort auch noch auf den Kaffee, sodass nunmehr Pedro das Gefühl hat, „der Bruder vertrödele absichtlich die Zeit." (64)

Nun aber wird deutlich, dass Pablos Verlobte, Prudencia Cotes, so wie auch ihre Mutter ganz deutlich erwarten, dass die beiden Brüder die Ehre der Familie Vicario wieder herstellen: „[...] und ich war nicht nur einverstanden", sagt Pablos Verlobte, „sondern hätte ihn nie geheiratet, wenn er nicht seine Mannespflicht erfüllt hätte." (64) Pablo, der heiraten und im Dorf leben will, sieht nun keinen Ausweg mehr, seiner Verpflichtung zu entkommen, und so nimmt Pablo Zeitungspapier von Prudencia, wickelt die Messer darin ein und macht sie so wieder unsichtbar.

Pablo und Pedro kommen also einer Aufgabe nach, deren Erfüllung im familiären und auch gesellschaftlichen Rahmen von ihnen ganz selbstverständlich erwartet wird und die insofern nicht einmal explizit formuliert werden muss. Sie erfüllen diese Aufgabe vordergründig, versuchen aber auch, von ihr befreit zu werden, indem sie alles dafür tun, dass andere Menschen sie nachhaltig aufhalten: „Trotzdem schien festzustehen, dass die Brüder Vicario nichts getan hatten, um Santiago Nasar unverzüglich und ohne Aufsehen zu töten, vielmehr hatten sie mehr als alles Erdenkliche getan, damit jemand sie von ihrer Tat abhielt, und waren gescheitert." (52) Außer Clotilde Armenta erkennt niemand diese Hilferufe, zum Teil werden die Brüder mit ihrer Ankündigung gar nicht ernst genommen.

Es bleibt also festzuhalten, dass für alle beteiligten Figuren Konflikte daraus entstehen, dass sie durch die notwendige Erfüllung der gesellschaftlichen Normen und Konventionen zu einem Verhalten gezwungen werden, das sie im Grunde ablehnen. Die inneren Spannungen, die durch diese Konflikte bei allen Figuren entstehen, lassen sich zum Teil schon bei der Beschreibung ihrer äußerlichen Erscheinung und bei der Charakterisierung durch den Erzähler erkennen. Bayardo wird vom Erzähler geschildert als ein Mann „der mit seinen übertriebenen Witzeleien seine inneren Spannungen verbergen wollte", der „vor allem [...] ein todtrauriger Mensch zu sein" (30) schien. Und Pura hat ein sanftes, leicht bekümmertes Aussehen (33). Angela leidet so unter ihrer Situation, dass sie von Jahr zu Jahr „verlassener aussah" (34).

Der autoritär masochistische Charakter (Zusatzmaterial 4, S. 125 f.)

Es ergibt sich die Frage, warum alle Figuren weiter an den Konventionen festhalten und nicht verändern, was sie unglücklich macht. Erich Fromms Text über den autoritär-masochisti-

schen Charakter beleuchtet diese Fragestellung und gibt Hinweise darauf, warum Menschen gegen ihre eigenen Interessen handeln, selbst wenn sie unter diesen Verhältnissen leiden und durch sie gar unterdrückt werden.
Die Charakteristika des autoritär-masochistischen Verhaltens lassen sich an der Tafel zusammenfassen.

Fromm: Der autoritär-masochistische Charakter (1936)

autoritär-masochistisch
- Lust am Gehorsam
- Lust an der Unterwerfung unter die Autorität bis hin zur Akzeptanz von Schmerzen
- Interesse an der Verfestigung dieser Situation

sadistisch
- Lust an der Unterdrückung
- Lust an der Beherrschung, am Leiden der anderen Menschen bis hin zu körperlichen Schmerzen

gegenteilige Verhaltensweisen einer Person einer anderen gegenüber:
- einem Stärkeren gegenüber: erst Furcht, dann Ehrfurcht, Bewunderung, Liebe → masochistisch
- einem Schwächeren gegenüber: Verachtung und Hass → sadistisch

↓

Preisgabe der Individualität
Verzicht auf persönliches Glück

aber auch: Befreiung von Angst und Anteil an der machtvollen Persönlichkeit, der Institution oder der gesellschaftlichen Idee

Strukturen des autoritär-masochistischen Charakters lassen sich bei allen Figuren der Chronik finden. Auslöser dieses Verhaltens ist die unreflektierte Unterwerfung unter die machtvolle gesellschaftliche Idee, also die Konventionen, mit dem Ziel, zur Dorfgemeinschaft bzw. zur Familie zu gehören und nicht durch unangemessenes Verhalten aufzufallen. Erkauft wird die Zugehörigkeit mit der Aufgabe individueller Entscheidungs- und Entwicklungsmöglichkeiten. Getragen wird dieser Anpassungsmechanismus durch die hierarchische Gliederung innerhalb des Dorfes und innerhalb der Familie. Dies lässt sich vor allem am Verhalten der Familie Vicario ablesen:
In Vertretung des blinden Vaters übernimmt die Mutter die Führungsrolle in der Familie und bestimmt über Angelas Leben und das ihrer Brüder. Obwohl sie selbst unter diesen Konventionen leidet (Aufgabe des Berufs, verhärmtes Aussehen) unterstützt und erhält sie sie, wenn sie, nämlich ihren Kindern gegenüber, in der Position der Stärkeren ist. Angela, wie auch die Brüder, fügen sich dem Willen der Mutter zunächst ohne Widerspruch. Trotzdem suchen sie jeweils Möglichkeiten, diesem starren Verhaltenskorsett zu entrinnen: Angela, indem sie ihre Entjungferung nicht mehr verschweigt, Pablo und Pedro, indem sie den Mordauftrag öffentlich machen.
Auch für die anderen Figuren wird deutlich, dass sie ihre Zugehörigkeit zur Dorfgemeinschaft, oder wie Fromm in der „Kunst des Liebens" formuliert, die Überwindung ihrer Angst vor „Isolation und Abgetrenntsein"[1], nicht nur durch ein an die Konventionen angepasstes und konformes Verhalten erkaufen, sondern dass sie ihrerseits auch immer wieder dazu

[1] Vgl. Erich Fromm (2000): Die Kunst des Liebens, München, S. 32

beitragen, diese Konventionen zu erhalten: Bayardo, indem er eine Frau nach ihren äußerlichen Kriterien sucht und sie in ihr Elternhaus zurückbringt, Pura, indem sie ihre Kinder in Verhaltensweisen bis hin zu Straftaten hineinzwingt.
So ist die Frage der Schuld differenziert zu betrachten: Zwar tragen auf der individuellen Ebene alle zum Zustandekommen des Mordes bei. Nicht zu unterschätzen ist hierbei jedoch der starke Konformitätszwang, der jede Figur ausgeliefert ist.

3.5 Die Frage der Schuld II: Santiago Nasar – Täter oder Opfer?

Die Frage, ob Santiago Nasar tatsächlich Angelas „Täter" gewesen ist, beschäftigt die Schülerinnen und Schüler sehr, auch wenn eine positive Beantwortung dieser Frage natürlich auf keinen Fall zu einer Rechtfertigung des Mordes führen würde. Und im Grunde genommen ist diese Frage auch für die Deutung der „Chronik" nicht entscheidend, denn viel wichtiger sind die gesellschaftlichen Strukturen innerhalb des Dorfes, die den Mord erst ermöglichen. Genau dieser Zusammenhang wird jedoch durch die genauere Analyse der Nachweise, die für oder gegen Santiagos Schuld sprechen, noch einmal deutlich, denn die Frage ist aus der Perspektive der Fakten nicht eindeutig zu klären. Die Berücksichtigung der zahlreichen Symbole, die Santiago immer wieder zugeordnet werden, ermöglicht dann aber eine ganz andere Sicht auf ihn und lässt auch die Frage nach seiner Schuld in einem anderen Licht erscheinen. Dieser Auseinandersetzungsprozess kann den Schülerinnen und Schülern auf der inhaltlichen Ebene zum einen deutlich machen, dass sie bei der Schuldzuweisung zu sehr ersten Eindrücken, Gerüchten und Vorurteilen vertraut haben und dass erst der zweite, genauere Blick zu einem differenzierten Urteil führt, und verweist im Hinblick auf die Ebene des Schreibprozesses auf Möglichkeiten der Literarisierung.
Eine erste Annäherung an die Frage der Schuld findet über die Verlesung der Anklageschrift der Staatsanwaltschaft und der Verteidigungsschrift statt.

- *Ist Santiago Angelas „Täter"? Diese Frage soll in einer Gerichtsverhandlung geklärt werden. Dazu muss die Staatsanwaltschaft eine Anklageschrift und Santiagos Rechtsanwalt eine Verteidigungsschrift erstellen.*
  Sammeln Sie dazu entweder aus der Perspektive der Staatsanwaltschaft oder der Verteidigung Indizien und verfassen Sie eine Anklage- oder Verteidigungsschrift. Nutzen Sie für Ihre Erarbeitung auch die S. 50, 68, 90, 91, 100, 101, 114, 115.

Ein Indiz, das für Santiagos Täterschaft spricht, ist Angelas Aussage. Gleich dreimal (!) finden sich Äußerungen von ihr, die auf Santiago verweisen (50, 91, 100). Keiner der anderen Dorfbewohner kann sich in den weiteren Zeugenvernehmungen daran erinnern, Santiago und Angela auch nur einmal zusammen gesehen zu haben. Zwar, darauf ist schon hingewiesen worden, könnten Angela und Santiago sich in den Bergen begegnet sein und Santiago wird auch als „Sperber im Hühnerhof" (90) bezeichnet, aber einen tatsächlichen, gerichtsverwertbaren Beweis für Angelas Aussage gibt es nicht.
Dem gegenüber stehen die Einschätzungen der Dorfbewohner, allen voran des Erzählers, der erklärt, dass niemand bei der Hochzeitsfeier oder bei dem Bischofsbesuch am kommenden Morgen beobachten konnte, dass Santiagos sich in seiner Haut unwohl gefühlt hat: „Am Morgen seines Todes hatte Santiago Nasar in der Tat keinen Augenblick des Zweifels erlebt, obwohl er genau die ihm unterstellten Beleidigungen kannte. [...] Daher wäre bewusste Sorglosigkeit Selbstmord gewesen." (101, 68) Als Nahir Miguel, Santiagos zukünftiger Schwiegervater, ihm schließlich Minuten vor seinem Tod von der Absicht Pablos und Pedros berichtet, hat er den Eindruck, dass Santiago gar nicht einordnen kann, was Miguel

ihm erzählt: „‚Ich verstehe keinen Scheißdeut', sagte Santiago Nasar." (114). Und als Santiago das Haus seiner Verlobten verlässt und auf den Marktplatz tritt, ist er, auch durch die Zurufe der Zuhörer, so verwirrt, dass er „mehrmals im Kreis vor und zurück[lief]" (115). Der Erzähler wiederum urteilt ganz deutlich: „Meine persönliche Meinung ist, dass er starb, ohne seinen Tod zu verstehen." (101)
Bei dieser ersten Betrachtung steht das Wort Angelas gegen die gerichtliche Beweisaufnahme und gegen die Beobachtungen der Zeugen. Sowohl Angelas Formulierungen sowie auch die Formulierung der Beobachtungen und Deutungen der zitierten Personen sind alle mehrdeutig und können für Santiagos Schuld, aber auch gegen sie sprechen. Jedoch ist es auffällig, dass Angela dreimal Santiagos Schuld beteuert. Mit diesem Verhalten erinnert sie an die dreimalige Verleumdung Jesu. Damit ergibt sich eine neue Deutung der Figur Santiagos. In Analogie zu Jesus könnte Santiago somit die Rolle zukommen, stellvertretend, aber natürlich nicht bewusst, die Schuld anderer auf sich zu nehmen.

- *Lesen Sie noch einmal intensiv die Szenen seiner Autopsie (S. 75–77) und seiner Ermordung (S. 117–120). Welche auffälligen und ungewöhnlichen Dinge werden dabei beschrieben?*

Die Autopsie, die auch als „Gemetzel" bezeichnet wird, bringt einige ungewöhnliche Details ans Licht. So zeigt sich, dass Santiagos Gehirn mehr wiegt als das eines Durchschnittsengländers und dass eine schlecht geheilte Hepatitis möglicherweise zu einem vorzeitigen Tod geführt hätte. In dieser makaber-humorvollen Beschreibung der Obduktion wird auch erwähnt, dass sich in Santiagos Magen ein Medaillon der Heiligen Jungfrau Carmen befindet, dass er mehrere Stichverletzungen auf seiner rechten vorderen Körperseite hat und sich vor allem auch ein Stich in der rechten Handfläche findet: „Der Bericht sagte: ‚Er sah aus wie ein Wundmal des Gekreuzigten.'" (76)
Diese Verweise auf die Kreuzigung von Jesus werden bei der Darstellung der Ermordung weiter fortgeführt. So erzählt Pedro, dass Santiagos Wunden, obwohl er „wenigstens dreimal zugestoßen" (117) hat, nicht bluten. Und trotz der zahlreichen Verletzungen fällt Santiago nicht auf den Boden, „weil sie ihn beide mit Messerstichen an die Tür nageln" (118), ähnlich wie Jesus ans Kreuz genagelt wurde.
Diese Vielzahl von Hinweisen lässt sich durch die Suche nach weiteren Sinnbildern noch ergänzen. So sind in **Arbeitsblatt 7**, S. 69 zusätzliche Symbole geklärt, die im Zusammenhang mit Santiago genannt werden.

- *Überprüfen Sie, welche der beschriebenen Symbole Santiago zugeordnet werden können und welche Bedeutung sie für die Interpretation der Figur Santiagos haben.*

Santiago hat nicht nur das Hobby, Raubvögel abzurichten, sondern wird auch selber mehrmals im Roman als Falke (z. B. 66) und Sperber (z. B. 17, 90) bezeichnet. Diese Vergleiche mit Raubvögeln, die sich aus großer Höhe auf ihre Opfer (kleine Tiere) stürzen, werden immer dann verwendet, wenn Santiagos Verhalten Frauen gegenüber beschrieben wird. Ähnlich dem Raubvogel stürzt er sich auf seine wehrlosen Opfer, entweder auf Divina Flor (17), die ihm als sozial schwache Hausangestellte kaum entgehen kann, oder in der einsamen Berggegend auf ein Mädchen auf Abwegen (90). Auch das Motto dieses Romans verweist auf diese Symbolik: „Liebesjagd ist Falkenjagd". Dass der Falke auch Feinde hat, dass er zu Recht furchtsam sein sollte, erklärt der Erzähler Santiago, wenn auch in einem anderen Zusammenhang, nämlich im Hinblick auf Santiagos exzessive Besuche von María Alejandrina: „Der Falke, der es mit einem streitsüchtigen Reiher aufnimmt, begibt sich in Gefahr." (66) So kann das Symbol des Falken durchaus auf der Indizienseite eingetragen werden, auf der die Argumente für Santiagos Unschuld gesammelt werden.

Name und Farbe von Santiagos Kleidung stützen die christliche Symbolik und den Bezug zu Jesus. So verweist der Name Santiagos, der dem aramäischen Wortstamm ähnelt, deutlich auf Nazareth. Und auch Santiagos weiße Kleidung, die er speziell zum Besuch des Bischofs ausgewählt hat, kann mithilfe der Farbsymbolik gedeutet werden. So zeigt die Farbe weiß zum einen die „ungetrübte Unschuld", sie ist in vielen Kulturen die Farbe der priesterlichen Tracht, aber auch die Farbe der Opfertiere. Im Christentum ist sie Ausdruck besonderer Religiosität.

- *Wie beurteilen Sie abschließend die Frage nach Santiagos Schuld, vor dem Hintergrund der Symbolik? (Falke, Name Santiago, weiße Kleidung)*

Es lässt sich festhalten, dass sich keinerlei Beweise für Santiagos Schuld oder Unschuld im Hinblick auf Angelas Entjungferung ergeben. Eine Begründung für einen Mord, auch einen Ehrenmord, ließe sich daraus aber auch gar nicht ableiten. Insofern sind die zahlreichen Bezüge zur Kreuzigungsgeschichte Christi wichtige Indizien dafür, dass Santiago, wie Jesus, die Schuld stellvertretend übernimmt. Schülerinnen und Schüler sind häufig von dieser Deutung schockiert, da Santiago keineswegs ein moralisches Vorbild ist. Im Unterschied zu Jesus übernimmt Santiago seine Rolle aber auch nicht bewusst und mit dem Ziel, die Menschen zu entlasten, sondern sie wird ihm aufgezwungen. Die vielen merkwürdigen Krankheiten, die die Dorfbewohner nach diesem Mord plagen, und auch das starke Interesse des Erzählers an einer Aufarbeitung des Falles, machen aber deutlich, dass Santiagos Tod die Menschen im Dorf bewegt und so endlich dazu beitragen kann, die längst überkommenen und unsinnigen Konventionen zu überdenken und durch bessere und humanere Verhaltensformen zu ersetzen. In diesem Sinne hätte der Tod Santiagos eine durchaus reinigende Funktion.
Die Ergebnisse dieses Arbeitsprozesses können in einem Tafelbild sukzessive zusammengefasst werden:

Verhandlung über Schuld oder Unschuld Santiagos

Indizien, die gegen Santiago sprechen

- Angela nennt dreimal (!) Santiago als Täter
- Santiagos ausgeprägte Doppelmoral: u. a. „Sperber im Hühnerhof" (90)
- Symbol
  Falke (66) – „Liebesjagd ist Falkenjagd" (Motto) (wehrlose Küken, 90)

Indizien, die für Santiago sprechen

- „Kein gerichtlich verwertbarer Beweis" (100)
- Deutung der Reaktion Santiagos durch Nahir Miguel (114)
- Beurteilung des Erzählers (101)
- zahlreiche christliche Symbole, z. B.
  Stich in die Hand (76), Blutung der Wunden (117)
  Nazareth
  weiße Kleidung (Unschuld, Opfertier)
  Mandelbaum (Wachsamkeit/Traum)
  Feigenbaum (verdeckt Nacktheit/Traum)

Diese Santiago zugeordneten Symbole verweisen deutlich auf den Prozess der Literarisierung. Dieser Aspekt wird auch in den Bausteinen 5.1, 5.3 und 6.1 wieder aufgegriffen.

3.6 Angelas Leben nach dem Ehrenmord

Für die Dorfbewohner ist durch den Ehrenmord die ursprüngliche Ordnung wiederhergestellt.
Der Erzähler berichtet in einigen Passagen darüber, wie es den Protagonisten in den Tagen, Wochen und Jahren nach dem Mord ergangen ist. Die Analyse dieser Textabschnitte kann also Aufschluss darüber geben, wie die Figuren mit der unglaublichen Bürde des Mordes und ihrer jeweiligen Verantwortung dafür in ihrem späteren Leben zurechtkommen. Dabei gerät Angela in den Mittelpunkt der Betrachtung, weil ihr Weg nach dem Mord der interessanteste und in der Deutung vielschichtigste ist.
Wie sie mit den Ereignissen der Hochzeitsnacht und der nächsten Tage umgeht, soll geklärt werden, indem die Schülerinnen und Schüler aus ihrer Perspektive die Situation nach Santiagos Mord beleuchten.

- *Versetzen Sie sich in Angela: Erzählen Sie aus der so gewonnenen Perspektive und aus der zeitlichen Distanz von 27 Jahren, wie Sie sich nach der Ermordung Santiagos gefühlt haben und wie sich Ihr Leben in den kommenden Monaten und Jahren entwickelt hat. Die Seiten 88–96 helfen Ihnen bei der Vorbereitung Ihres Rollenwechsels:*
- *Welche Erlebnisse hat sie nach der Ermordung?*
- *Welche Bedeutung hat die Ermordung Santiagos für ihr weiteres Leben?*

Angelas Weg nach dem Ehrenmord ist in vielfacher Weise ungewöhnlich. Wiederum bestimmt ihre Mutter über ihr Leben, indem sie ihr Gesicht mit einem Tuch verhüllt und ihr ein feuerrotes Kleid anzieht, als die Familie der Verordnung des Bürgermeisters folgend (83) das Dorf verlässt. Ihre Mutter sucht für Angela auch ein neues Haus aus in einem „von Karibiksalz ausgedörrten Weiler, in dem ihre Mutter sie bei lebendigem Leib zu begraben versucht“ (88). Dort verbringt Angela ihre Zeit an der Stickmaschine und erstellt, wie vorher im Dorf auch, Handarbeiten. So lebt sie tatsächlich siebenundzwanzig Jahre, bis eines Tages Bayardo San Roman kommt, die Reisesäcke auf die Nähmaschine stellt und sagt: „Schön, [...] hier bin ich.“
Dieses äußerlich angepasste, der Entscheidung der Mutter entsprechende Bild, stimmt aber nicht mit der sich innerlich entwickelnden Angela überein. Zu diesem Entwicklungsprozess gehört zunächst, dass sie, ihren Erzählungen zufolge, bereits in der Hochzeitsnacht deutlich erkennt, dass „Bayardo für immer in ihr Leben getreten war, nachdem er sie in ihr Elternhaus zurückgebracht hatte.“ (92) So wird ihr in dem Moment, in dem ihre Mutter beginnt, sie zu verprügeln, klar, dass sie in ihrem ganzen Leben mit Bayardo, mit dem sie ja verheiratet ist, verbunden sein wird: dass sie, weil Bayardo sie zurückgebracht hat, nicht nur die schlimmste Schande ertragen muss, sondern zusätzlich nicht einmal mehr die Möglichkeit haben wird, ein anderes Leben mit einem anderen Mann führen zu können und dass sie keine eigene Familie haben wird. Diese Erkenntnis kann sie jedoch mental so wenden, dass sie sie geradezu als Gnade bezeichnet, denn die Schläge, die ihre Mutter ihr zukommen lässt, sind in Angelas Vorstellung die Schläge für Bayardo: „Die Fausthiebe taten ihr weniger weh, weil sie wusste, dass sie für ihn waren.“ (92)
Einige Zeit später sitzt sie mit ihrer Mutter in einer Hotelbar und sieht Bayardo gerade dieses Hotel verlassen. Sie blickt ihre Mutter „mit zerrissenem Herzen“ an und erkennt, „wie sie war: eine arme Frau, die mit ihren Fehlern einen lebenslangen Kult getrieben hatte. Scheiße, sagte sie zu sich.“ (93) Dem Schock des Wiedersehens von Bayardo verdankt sie also, endlich das wahre Wesen ihrer Mutter zu erkennen, deren Stärke eben nicht das an Traditionen geknüpfte, vorbildliche Verhalten ist. Mit dieser Erkenntnis kann sie sich von der Mutter distanzieren und ihr gegenüber eine kritische Haltung einnehmen. So scheitert der Versuch

der Mutter, sie „lebend sterben zu lassen“, weil Angela „nie ein Geheimnis aus ihrem Unglück“ macht (90). Dem Versuch der Mutter, die Familienschande zu verstecken und zu vertuschen, für die Öffentlichkeit also wieder eine glatte Fassade herzustellen, setzt Angela gerade öffentliches Erzählen entgegen (90).
Der Schock des Wiedersehens führt aber auch dazu, dass Angela auf der „Rückreise laut sang“ (93), anschließend drei Tage weint, dann aber neu geboren wird. Dieser Neuanfang ist für Angela daran zu erkennen, dass sie Bayardo nun überall sehen, hören und fühlen kann (93). Dies raubt ihr die Ruhe, führt aber auch dazu, dass sie beginnt, ihm Briefe zu schreiben. Sie schreibt ihm einundzwanzig Jahre Briefe, die thematisch dem Lebenszyklus einer Ehe entsprechen: „Verlobungskärtchen, dann die Zettelchen einer heimlichen Geliebten, duftende Billets einer Frischverlobten, Geschäftsberichte, Liebesdokumente, schließlich wurden es empörte Briefe einer verlassenen Gattin, die grausame Krankheiten erfand, um ihn zur Rückkehr zu zwingen.“ (94) Der Erzähler erklärt, dass Angela mit den ersten Briefen „zum ersten Mal Herrin ihres Schicksals sei“ (93), und findet sie bei seinem Besuch „so reif und gescheit, dass ich Mühe hatte, sie für dieselbe zu halten. Was mich am meisten überraschte, war die Art, in der sie schließlich ihr eigenes Leben begriffen hatte.“ (89) Diesen Weg geht Angela weiter. „Sie wurde hellsichtig, gebieterisch, Meisterin ihres Willens und nur für ihn wieder Jungfrau, und sie erkannte keine andere Autorität an als ihre, noch eine andere Hörigkeit als die ihrer Besessenheit.“ (94)
Die Ergebnisse dieses Erarbeitungsprozesses können an der Tafel zusammengefasst werden:

Angelas Leben nach dem Ehrenmord

Angela

- erkennt ihr Gebundensein an Bayardo
- erkennt das Wesen ihrer Mutter
- schreibt Bayardo Briefe
- kümmert sich nicht mehr um Vorschriften und Konventionen

wird zur Herrin ihres Schicksals
Entwicklungsprozess

Für Angelas Verhalten in ihrem späteren Leben, insbesondere für ihre Motivation, Bayardo kontinuierlich Briefe zu schreiben, gibt es mehrere Deutungsmöglichkeiten. Möglichen Begründungen können sich die Schülerinnen und Schüler in einem Schreibauftrag nähern:

- *Angela hat dem Erzähler berichtet, dass sie Bayardo jede Woche einen Brief schreibt. Den Erzähler beschäftigt auf seiner weiteren Verkaufstour die Frage, warum Angela das macht. So schreibt er nun seinerseits Angela einen Brief und bittet sie, ihm ihre Gründe darzulegen. Beantworten Sie seinen Brief, indem Sie Angelas Perspektive übernehmen und erklären, warum das kontinuierliche Briefeschreiben Ihnen so wichtig ist.*

Für jede Deutung lassen sich Argumente, aber auch Gegenargumente finden.
Schreibt sie, um ihn an sich zu erinnern, um ihn wenigstens zu einer Aussprache zu bewegen? Dies lassen Kommentare wie „Vergebens wartete sie auf eine Antwort“ (93) und sie „war überzeugt, dass mit diesem abschließenden Ausbruch ihre Todesqualen ein Ende haben würden“ (95) erahnen.

Oder schreibt sie, weil sie sich nun doch in ihn verliebt hat, weil die „Glut des Fiebers" in ihr „desto wilder loderte" (94), je mehr Briefe sie schreibt? Dies könnte sich daraus schließen lassen, dass sie nun entdeckt, „dass Hass und Liebe sich bedingende Leidenschaften sind." (94) Auch die offensichtlich erotischen Inhalte könnten sich so deuten lassen, genauso wie ihre Äußerung, dass sie nicht glaubt, „dass er so viel Liebe habe wie sie, um ihn zu ertragen." (96)
Oder schreibt sie, weil sie sich an ihm rächen will, indem sie ihn jede Woche durch einen Brief an sich erinnert und ihm so ihrerseits deutlich vor Augen führt, dass auch er an sie gebunden ist, ihr nicht mehr entkommen wird? Für diese Rache könnte die Abfolge der Briefinhalte sprechen, denn die verarbeiteten Inhalte ergeben den Lebenszyklus einer Ehe von der Phase des Verliebens bis zum Scheitern (94). Für diese Deutung spricht auch, dass Angela Genugtuung bei dem Gedanken empfindet, dass Bayardo auf jeden Fall ihre Briefe erhält, denn sie findet sich „mit der Bestätigung ab, dass er sie erhalten hatte" (93), und sie erklärt, dass es ihr genügte „zu wissen, dass er sie empfing" (94). So schreibt sie „erbarmungslos" (95) insgesamt siebenundzwanzig Jahre ihre Briefe und bleibt Bayardo so in ständiger Erinnerung.

Notizen

Steckbrief der Protagonisten

Um die Hauptpersonen Santiago Nasar, Bayardo San Roman, Angela Vicario und Pura Vicario näher kennenzulernen, um zu erfahren, über welche Persönlichkeitsmerkmale sie verfügen, welche Haltungen und Einstellungen sie haben, sollen diese Personen charakterisiert werden. Dabei fällt der Blick vor allem auf die Vorgeschichte der Personen und ihre Handlungen bis zur Hochzeit.

- *Sichten Sie alle verfügbaren Informationen über „Ihre" Figur bis zur Hochzeit.*
- *Erstellen Sie einen Steckbrief, den Sie gut lesbar auf einem Plakat festhalten. Notieren Sie auf dem Steckbrief nur die Informationen über Ihre Figur.*
- *Suchen Sie nach einem charakteristischen Zitat Ihrer Figur und halten Sie es ebenfalls auf dem Steckbrief fest.*
- *Welchen Eindruck haben Sie von Ihrer Figur? Fassen Sie Ihren Eindruck für ein kurzes Statement zusammen.*

Santiago Nasar:
S. 7–8, 10–13, 16–18, 20–23, 44–46, 111
(Gruppe 1)

Bayardo San Roman:
S. 28–33, 35–36, 37, 38–40, 41, 43 (Gruppe 2)

Angela Vicario:
S. 32–35, 40–41, 43–44 (Gruppe 3)

Pura Vicario:
S. 33, 35, 37 (Gruppe 4)

Der tragische Handlungsverlauf aus der Sicht der Hauptfiguren – Ein Hörspiel aus Zitaten

Um genauer zu analysieren, welche Person Schuld am Tod Santiagos hat, soll die tragische Handlungsabfolge im Hinblick auf das Zustandekommen der Hochzeit und des Ehrenmordes rekapituliert werden.

- *Suchen Sie dazu aus dem Text diejenigen Zitate, die die Handlungsabfolge aus der Sicht der Hauptpersonen sowie Pedro und Pablo Vicarios beschreiben. Wenn Sie kein wörtliches Zitat der Personen finden, formulieren Sie den passenden Satz als wörtliches Zitat, sodass sich ihr Text am Ende wie ein Hörspiel vorlesen lässt. Bringen Sie dazu die Zitate auch in eine chronologische Handlungsabfolge.*
- *Beginnen Sie zum Beispiel mit Bayardo: Ich zog von Dorf zu Dorf auf der Suche nach einer zum Heiraten. (S. 29)*
- *Folgende Seiten können Ihnen bei der Erstellung der „Miniatur des Handlungsverlaufs in Zitaten" helfen: S. 29, 31, 32, 37, 41, 49, 50, 91.*
- *Halten Sie Ihr Hörspiel auf einer Folie fest, sodass Sie eine Grundlage haben, um es mit verteilten Rollen vorzulesen.*
- *Welche Figur(en) treibt bzw. treiben das Unglück besonders voran?*

Symbole im Zusammenhang mit Santiago Nasar

Falke, ein Raubvogel, der symbolkundlich eine ähnliche Rolle spielt wie der Adler in den Gebirgsgegenden. Noch heute wird er (vor allem in den arabischen Ländern) für die Beizjagd eingesetzt, und zwar nur aus sportlichen Gründen, seit das Gewehr es erlaubt, Niederwild aus größerer Distanz zu erjagen. In Altägypten galt der Falke (in erster Linie der Wanderfalke) als Königssymbol [...] – Im Abendland ist der Jagdfalke Attribut mancher Heiliger (etwa des Jagdpatrons St. Hubertus), seltener als Jäger des „immer lüsternen" Hasen Symbol der Überwindung der Sinnlichkeit. – Eine negative Symboldeutung wird dem Falken in mittelalterlichen Tierbüchern beigelegt. In weichem Flug, heißt es dort, flattert er um Fleischmärkte, um Abfälle zu rauben, ein Bild des Menschen, der sich nur um seinen Bauch sorgt. „Furchtsam ist der Falke größeren Vögeln gegenüber, dafür lauert er den wehrlosen Küken auf, um sie zu rauben. So machen sich auch die Weichlinge an zarte junge Menschen heran und verführen sie zu lasterhaften Sitten" (Unterkirchner). In jüngster Zeit bezeichnet der „Falke" auch die Vertreter eines harten (außen)politischen Kurses im Gegensatz zur „Taube", die zum Symbol der Friedensbewegung wurde.

In: Hans Biedermann: Knaurs Lexikon der Symbole, Augsburg 2002, S. 132.

Feige, mediterraner Fruchtbaum. Dieser wird häufig in Paradiesszenen dargestellt; dem Urelternpaar Adam und Eva wird dabei eine Minimalbekleidung aus Feigenblättern zugewiesen. [...] In der mittelalterlichen Worterklärung wird „peccare" (sündigen" mit dem hebräischen Wort pag (Feige) in Zusammenhang gebracht [...]. – Der fruchttragende Feigenbaum ist hingegen in der Bibel, etwa bei den Propheten, neben Ölbaum und Weinstock, ein Element sorglosen Lebens im Messiasbereich (Paradies).

In: Hans Biedermann: Knaurs Lexikon der Symbole, Augsburg 2002, S. 137–138.

Kreuz, eines der am weitesten verbreiteten und ältesten Symbole. [...] Im Christentum erhielt das K. durch die Kreuzestod Christi eine besondere Bedeutung als Sinnbild des Leidens, aber auch des Triumphes Christi und damit allgemein als Symbol des Christentums [...].

In: Udo Becker (2002): Lexikon der Symbole, Freiburg, S. 154.

Mandel, als süße Frucht in einer harten Schale Symbol des Wesentlichen, Geistigen, das hinter Äußerlichkeiten verborgen ist. Symbol Christi, weil seine menschliche Natur seine göttliche verbirgt, auch Sinnbild seiner Inkarnation. In der Antike galt die M. wie auch die Nuss wegen ihres beschützt geborgenen Kerns als Symbol der Schwangerschaft und Fruchtbarkeit und wurde daher bei Hochzeiten ausgestreut. Da man den genießbaren Kern erst aus der Schale herausarbeiten musste, war sie auch Symbol der Geduld. Das aus der M. gewonnene Öl hatte bei den Griechen phallische Bedeutung, es galt als der Samen des Zeus.

In: Udo Becker (2002): Lexikon der Symbole, Freiburg, S. 180.

Mandelbaum, blüht in den Mittelmeerländern bereits im Januar; er wurde damit zum Symbol für Wachsamkeit (weil er früh „erwacht") und der Wiedergeburt.

In: Udo Becker (2002): Lexikon der Symbole, Freiburg, S. 181.

Nazareth, aramäisch (nazar, nazir): Fürst, Krone, Gottgeweihter, Edelmann

Weiß lässt sich entweder als „noch keine Farbe" oder als vollkommene Vereinigung aller Farben des Spektrums des Lichtes verstehen, als Symbol der noch unbeeinflussten und ungetrübten Unschuld des urzeitlichen Paradieses oder als Endziel des geläuterten Menschen, in dem dieser Zustand wiederhergestellt wird. Weiße oder allgemein ungefärbte Gewänder sind in vielen Kulturen priesterliche Tracht mit hohem Symbolwert der Reinheit und Wahrheit. [...]

In: Hans Biedermann: Knaurs Lexikon der Symbole, Augsburg 2002, S. 480.

Weiß, Farbe des Lichts, der Reinheit und der Vollkommenheit. [...]. wird häufig bei Geburts-, Hochzeits-, Initiations- und Todesriten verwendet; [...] Weiß war die bevorzugte Farbe besonders auserwählter Opfertiere. – Priester tragen häufig weiße Gewänder mit Bezug auf die Geist- und Lichtsymbolik dieser Farbe, die Engel und die Seligen werden im Christentum oft als weiß gekleidet vorgestellt, die neugetauften Christen trugen weiße Kleidung, bei der Verklärung Christi wurden seine Gewänder „weiß wie Schnee", die weißen Festkleider der Bräute, Klosterkandidatinnen u. Erstkommunikantinnen bedeuten Unschuld u. Jungfräulichkeit [...]

In: Udo Becker (2002): Lexikon der Symbole, Freiburg, S. 330.

■ *Untersuchen Sie, welche der beschriebenen Symbole Santiago zugeordnet werden können und welche Bedeutung sie für die Interpretation der Figur Santiagos haben.*

BS 3

Baustein 4

„Die Menschen nehmen auf dem Platz Aufstellung" – Das Verhalten der Dorfbewohner

In diesem Baustein stehen die übrigen Dorfbewohner im Mittelpunkt der Betrachtung. Dabei soll einerseits das konkrete Verhalten einzelner Personen und Personengruppen angesichts des „angekündigten Todes" von Santiago Nasar betrachtet werden, andererseits ist darüber hinaus zu klären, wie das Dorf als soziales Gefüge mit der Konfliktsituation umgeht.
Im Einzelnen sollen folgende Aspekte betrachtet werden:

- das „Dorf" in seiner Funktion als öffentlicher Raum
- das Verhalten der Repräsentanten des Dorfes (Polizist, Bürgermeister Aponte, Pastor)
- das Verhalten der übrigen Dorfbewohner
- einzelne Versuche, in das Geschehen einzugreifen
- sozialpsychologische Aspekte traditionell-dörflicher Strukturen und der Umgang mit „Schuld", Verantwortung und „Ehre"
- die Aktualität von „Ehrenmorden"

4.1 Das Dorf als öffentlicher Raum

Neben einer komplexen Zeit- und Erzählstruktur ist Márquez' Text durch eine hintergründige und symbolträchtige Raumstruktur gekennzeichnet. Für Schüler ist diese Betrachtungsweise meistens ungewohnt, da im Deutschunterricht in der Regel der Erzähler und die damit verbundene Erzählhaltung im Vordergrund stehen.
Ausgangspunkt für das Erkunden des erzählten Raumes könnte Márquez' Äußerung zur Schreibmotivation der Chronik sein:
„Der eigentliche, tiefere Grund ist jedoch, [...] dass die beiden Mörder das Verbrechen nicht hatten begehen wollen und alles ihnen Mögliche taten, um jemand zu finden, der sie daran hinderte, es aber nicht schafften."[1]
Ähnlich äußert sich auch der Erzähler, indem er feststellt, „dass die Brüder Vicario nichts getan hatten, um Santiago Nasar unverzüglich und ohne Aufsehen zu töten, vielmehr hatten sie mehr als alles Erdenkliche getan, damit jemand sie von ihrer Tat abhielt, und waren gescheitert." (52)
Die Schüler könnten nun diesen Gedanken aufgreifen und zu beschreiben versuchen, wie sich die Brüder auf dem Hintergrund der geplanten Ermordung verhalten. In der Tat „irren" die beiden Vicario-Brüder durch das Dorf und damit durch die verschiedensten „Räume" und machen ihre Tötungsabsicht „öffentlich". Selbst auf dem Marktplatz, dem öffentlichsten der dörflichen Räume, werden sie von niemandem aufgehalten. Es bleibt deshalb zu fragen, wie die sozialen Beziehungen in diesem Dorf funktionieren, sodass es buchstäblich keinen Ort gibt, an denen den Zwillingen Einhalt geboten wird.

---

[1] Márquez, Gabriel García: Der Geruch der Guayave. Gespräche mit Plinio Apuleyo Mendoza. Köln: DuMont 1993. S. 33f.

Zunächst ist es auf diesem Hintergrund sinnvoll, zusammen mit den Schülern den „Weg" der Vicario-Brüder nachzuzeichnen und die damit verbundenen markanten Räume des Dorfes mit ihrer Bedeutung zu erkunden.

- *Wie verhalten sich die Vicario-Brüder, nachdem ihre Schwester Angela Santiago Nasar beschuldigt hat, für den Verlust ihrer Unschuld verantwortlich zu sein? Beschreiben Sie das Verhalten der Zwillinge und ihre Aufenthaltsorte im Dorf. Fassen Sie Ihre Ergebnisse in einer Tabelle zusammen. Betrachten Sie dazu vor allem die Seiten 49–64 und 108–117.*

Seite	Ort	Ereignisse/Verhalten	Bemerkungen
49/50	Haus der Vicarios	Angela nennt den Namen Santiago Nasars; Entschluss der Brüder, Nasar zu töten	privater Raum
53	Haus der Vicarios; Schweinestall	verlassen das Haus durch den Schweinestall; beschaffen sich dort die Schlachtermesser	privater Raum
53/54	Fleischmarkt	gehen zum Fleischmarkt; schleifen dort demonstrativ ihre Fleischermesser und erzählen von ihrer Absicht, Nasar zu töten; 22 Zeugen	öffentlicher Raum
55	Laden von Clothilde Armenta	betrinken sich; teilen erneut ihre Absicht mit; Mordwerkzeuge werden nur scheinbar verborgen (Zeitungspapier); reden mit Polizisten; daraufhin nimmt später Oberst Lázaro Aponte den Zwillingen die Messer weg; „mehr als 12 Personen" erfahren hier vom Vorhaben der Zwillinge	öffentlicher Raum
61	Haus der Vicarios; Schweinestall	Die Zwillinge beschaffen sich neue Messer; es gibt „Meinungsverschiedenheiten" zwischen den Brüdern	privater Raum
61	Fleischermarkt	schleifen erneut ihre Messer auf dem Fleischermarkt	öffentlicher Raum
64	Haus von Prudencia Cotes	Pablos Verlobte unterstützt den geplanten „Ehrenmord"	privater Raum
60 108	Laden von Clothilde Armenta	kehren zum Laden von Clothilde Armenta zurück; die Brüder teilen Nasars Freund Cristo Bedoya mit, dass sie Nasar töten wollen	öffentlicher Raum
109 114	Marktplatz	Menschen versammeln sich	öffentlicher Raum
117	vor Nasars Haus	die Vicario-Brüder bringen Nasar vor dessen Haustür vor aller Augen um	öffentlicher Raum

Folgt man dem Weg der Vicario-Brüder, so fällt auf, dass sie sich abwechselnd in „privaten" und „öffentlichen" Räumen bewegen. Ausgangspunkt des Ehrenmordauftrages ist das Haus

der Vicarios, ein privater Ort, an dem die Familienehre, die es zu verteidigen und zu retten gilt, ihren Platz hat. Hier liegt gleichsam die Quelle der Tat. Hierhin kehren die Zwillinge auch wieder zurück, um sich nach dem Verlust der Schlachtermesser neu auszurüsten.
Zur Bekanntgabe der geplanten Tat suchen die Vicario-Zwillinge öffentliche Räume auf. Neben dem Fleischermarkt sind dies vor allem der Laden von Clothilde Armenta und der Dorfplatz. Nirgendwo machen sie ein Geheimnis aus ihren Absichten. Im Gegenteil. Später findet sich eine Vielzahl von Zeugen, die die Brüder von ihrem Plan haben lautstark schwadronieren hören.
Als Leser und Beobachter des Geschehens ist nicht nachzuvollziehen, warum die „Öffentlichkeit" nur zögerlich einschreitet. So ist der Versuch von Oberst Aponte, als Repräsentanten der öffentlichen Ordnung durch Entwaffnung das Geschehen aufzuhalten, nicht nachhaltig erfolgreich.
An zwei „privaten" Orten wird die Motivation für die inzwischen zweifelnden Brüder anschließend wieder verstärkt. Zum einen durch die Beschaffung neuer Messer im Haus der Vicarios und zum anderen durch den Besuch im Haus von Prudencia Cortes, Pablos Verlobter, die mit den Worten „die Ehre wartet nicht" (64) die Brüder und hier vor allem ihren Verlobten auf ihre „Mannespflicht" (64) hinweist. Wieder begeben sich die Zwillinge in öffentliche Räume und geben ihre Absichten bekannt. Aber außer durch Clothilde Armenta werden sie durch niemanden ernsthaft aufgehalten.
Für Schüler ist dieses Verhalten der Dorföffentlichkeit zunächst schwer nachvollziehbar. In Klassen mit Migrantenkindern können hier aber auch völlig andere Erfahrungen gemacht werden. Sie berichten oft sehr bereitwillig über subtile Konfliktlösungsstrategien in den Dorfgemeinschaften ihrer Heimatländer. Solche Erfahrungen aus erster Hand bieten nicht nur Diskussionsstoff, sondern sensibilisieren für die dahinter stehenden Wertekonflikte.

Patriarchalisch – hierarchische Gesellschaften

Zum vertiefenden Verständnis trägt auch der Textauszug von Ilhan Kizilhan (**Arbeitsblatt 8**, S. 89 f.) bei, der die gesellschaftlichen Strukturen in solchen Kulturen beleuchtet.
Folgende Zusammenfassungen könnten Resultat der Gruppenarbeit sein:

Gruppe 1: Familienstrukturen in patriarchalisch-hierarchischen Gesellschaften
• soziale Identität resultiert aus Stammes-, Sippen- und Familienzugehörigkeit
• hierarchisches Autoritätsgefüge
• „Vater" als Haushaltsvorstand
• Haushaltsvorstand kontrolliert/bestraft Familienmitglieder
• klare Rollenzuweisungen an Familienmitglieder (Frau, Söhne)
• Erziehungsziele: Gehorsam, Respekt, Achtung, Anpassung
• Unterwerfung unter väterliche Entscheidungen
• Familienvorstand und Familie sind verantwortlich für Bewahrung der Frauenehre
• Söhne verteidigen (Familien-) Ehre; verkörpern Stärke und Macht

Gruppe 2: Die Rolle der Frau in patriarchalisch-hierarchischen Gesellschaften
• „Verkörperung" der Ehre der Familie
• Frauenehre ist weitgehend identisch mit Familienehre
• sexuelle Unversehrtheit der Frau

- Keuschheit vor der Ehe, Treue in der Ehe
- Familienvorstand schützt und verteidigt Frauenehre
- Ehre des Mannes ist von Frauenehre abhängig
- Ehrverlust der Frau trifft die gesamte Familie
- beschädigte Frauenehre ist nur durch männliche Familienmitglieder wiederherstellbar

Gruppe 3: Die Bedeutung der „Ehre" in patriarchalisch-hierarchischen Gesellschaften

- unbedingte Unterordnung der Familienmitglieder unter die „Ehre"
- Familien- und Frauenehre werden vor allem durch sexuelle Unversehrtheit der Frau repräsentiert
- Ehrverlust durch verbalen und physischen Angriff auf Familienmitglied
- Ehrverlust führt zu sozialem und ökonomischem Beziehungsverlust
- Einschränkung von Besitzansprüchen verletzt ebenfalls die Familienehre
- Familien- und Mannesehre wird durch Frauen und (heiratsfähige) Töchter prinzipiell gefährdet
- Mannesehre entspricht Männlichkeit, Stärke, Selbstbewusstsein, Schutz der Frauenehre
- Wiederherstellung der Ehre erfordert immer öffentliche Handlung oder Aktion (Verletzung oder Vernichtung von Personen, Raub von Eigentum)

■ *Welche Bezüge lassen sich auf dem Hintergrund dieser Arbeitsergebnisse zur Dorfstruktur und zum Verhalten der Vicario-Brüder herstellen?*

Die patriarchalisch-hierarchische Familienstruktur ist an den Vicarios deutlich nachzuweisen. So verkörpert Angela Vicario als Frau die verletzte Familienehre, die von den Brüdern bzw. den Söhnen des Familienoberhauptes wiederhergestellt werden muss.
Hier kommt nun erneut die Dorföffentlichkeit ins Spiel, denn die Wiederherstellung der Ehre muss vor allem gegenüber dieser äußeren „transfamilären Öffentlichkeit" stattfinden. Nur dadurch ist die Familie zu rehabilitieren und ist es überhaupt möglich, Stellung, Status, Ansehen und Macht wiederzuerlangen und weiteren Ehrverlust zu verhindern.
Insofern stehen die Vicario-Zwillinge unter einem enormen sozialen Druck. Clothilde Armenta ist die Einzige, die dieses erkennt. Gegenüber dem Oberst argumentiert sie, dass es nicht darum gehe, die Brüder zu entwaffnen. „Es geht darum, die armen Burschen von der schrecklichen Verpflichtung zu befreien, die plötzlich auf ihren Schultern lastet." (59) Und der Erzähler erläutert weiter: „Sie hatte nämlich etwas begriffen. Sie war sicher, dass die Brüder Vicario weniger wild darauf waren, das Todesurteil zu vollstrecken, als jemanden zu finden, der ihnen den Gefallen tat, sie daran zu hindern." (59)
Paradoxerweise ist es aber ausgerechnet der öffentliche Raum, von dem die Brüder erwarten, dass er sie von dem hohen Erwartungsdruck entlastet und sie trotzdem ihr Gesicht wahren können. Denn würde sich die Dorfgemeinschaft oder Teile von ihr gegen sie stellen, könnten sie sich wenigstens rühmen, einen Ehrenmord geplant und versucht zu haben. Eine individuelle Lösung, unabhängig von gesellschaftlichen Erwartungen eine freie Entscheidung gegen einen Ehrenmord zu treffen, scheidet für die in traditionell-patriachalen Strukturen sozialisierten Brüder aus. So können sie nur scheitern und unter erheblichem Einfluss von Alkohol einen Mord ausführen, den sie eigentlich nicht begehen wollen. Für den hohen Anpassungsdruck spricht auch, dass sie ihre Tat zumindest äußerlich nie bereut haben, obwohl sie wochenlang „keine Ruhe" (80) fanden.

4.2 Das Verhalten der Dorfbewohner

„Es hat nie einen öfter angekündigten Tod gegeben" (53). Mit dieser Feststellung des Erzählers weist dieser zugleich auf ein Phänomen hin, das zunächst widersprüchlich erscheint. Denn wenn die geplante Tötung Nasars öffentlich bekannt ist, stellt sich die Frage, warum niemand der Dorfbewohner sie verhindert. Weiter ist dann auch die Schuldfrage neu zu stellen: Welche Mitverantwortung hat die Mehrzahl der Einwohner, wenn sie von der Absicht der Vicario-Brüder Kenntnis hatten und nichts unternommen haben, um sie zu verhindern.

Oft schon nach der ersten Lektüre ist dieser Widerspruch für Schüler offensichtlich. An dieser Stelle ist auch noch einmal wichtig, darauf hinzuweisen, dass es in diesem Márquez-Text nur scheinbar darum geht herauszufinden, wer Angela Vicario ihrer Unschuld beraubte. Vielmehr wird nach einer anderen „Wahrheit" gesucht. Mit der Rekonstruktion der Ereignisse im Umfeld der Hochzeit von Angela Vicario und Bayardo wird die (Mit-)Verantwortung der Dorfbewohner am „Ehrenmord" der Vicario-Zwillinge untersucht. Ob die Einwohner eine (Mit-) Schuld trifft und wie stark sie in das Geschehen verwickelt sind, sollte von den Schülern zunächst durch Textbelege analysiert werden.

- *Wie verhalten sich die Dorfbewohner angesichts des Wissens um die Absichten der Vicario-Brüder, Santiago Nasar zu töten? Wer versucht das Verbrechen aktiv zu verhindern, welche Personen verhalten sich passiv? Fassen Sie ihre Ergebnisse in einer tabellarischen Übersicht auf einem Wandplakat zusammen und bewerten Sie das Verhalten der Personen mit einer Bewertungsskala.*

Personen	Verhalten
	aktiv ☐ ☐ ☐ ☐ ☐ passiv
	aktiv ☐ ☐ ☐ ☐ ☐ passiv

- *Prüfen Sie, ob sich die Personen anhand ihres Verhaltens oder anderer Merkmale gruppieren lassen, und beschreiben Sie diese Personengruppen.*

Bei der Zusammenstellung fällt auf, dass die Mehrzahl der Dorfbewohner über das Vorhaben der Vicario-Brüder informiert ist, aber nicht aktiv versucht, diese an ihren Absichten zu hindern. Ausnahmen sind ausschließlich Clothilde und Cristo Bedoya. Manche Schüler bewerten auch das Verhalten des Bürgermeisters Aponte und des Polizisten Pornoy als Versuch, die Brüder an der Ausführung ihrer Tat zu hindern.

Das Verhalten der Ordnungshüter und Dorfrepräsentanten

Als naheliegende Verhaltensmöglichkeit bietet sich für den durchschnittlichen Dorfbewohner an, sich an die vorhandenen Ordnungshüter und Repräsentanten des Dorfes zu wenden, damit diese das kriminelle Geschehen noch rechtzeitig abwenden können. Interessant ist hier zunächst, wie sich der Polizist Leandro Pornoy und der Bürgermeister und ehemalige Oberst Aponte als Repräsentanten der weltlichen Ordnungsmacht angesichts des Gerüchts, Santiago Nasar solle von den Vicario-Zwillingen ermordet werden, verhalten.

- *Einige Dorfbewohner wenden sich an die Ordnungshüter des Dorfes und teilen ihnen die Tötungsabsichten der Vicario-Brüder mit. Beschreiben Sie zunächst das tatsächliche Verhalten der Ordnungshüter, und denken Sie anschließend darüber nach, welche Verhaltensalternativen sie noch gehabt hätten. Betrachten Sie dazu vor allem die Seiten 57–60.*

- *Stellen Sie die tatsächlichen und die möglichen Handlungen in einer Tabelle gegenüber.*

Polizist und Bürgermeister

Der Bürgermeister und ehemalige Oberst Don Lazaro Aponte wird mehrfach auf die geplante Tat der Brüder Vicario hingewiesen. Zunächst informiert ihn der Polizist Leandro Pornoy, der sich nicht traut, in seiner Eigenschaft als Gesetzeshüter selbst einzugreifen. Für ein solches Vorgehen bedürfte er einer Anweisung einer ihm vorgesetzten Amtsperson. Oberst Aponte nimmt allerdings die Tötungsabsichten nicht ernst, da er vermutet, dass es sich um „Streitereien" (57) handele, wie sie mit großen Festen immer einher gehen. Erst als seine Frau ihm beim Frühstück von der verlorenen Unschuld Angela Vicarios berichtet, beginnt er den Sachverhalt angemessen zu bewerten und macht sich auf den Weg zum Dorfplatz. Unterwegs werden die bisherigen Informationen bestätigt, da ihn drei weitere Personen anhalten, „um ihm unter dem Siegel der Verschwiegenheit zu erzählen, die Brüder Vicario warteten auf Santiago Nasar, um ihn zu töten" (58). Als er sie im Laden von Clothilde Armenta antrifft, ist er, seiner „persönlichen Logik" folgend, zwar immer noch nicht von der Tatabsicht der Zwillinge überzeugt und hält alles für „Angeberei" (58). Aber immerhin nimmt er ihnen die Messer ab und schickt sie schlafen. Damit glaubt er, seiner Pflicht Genüge getan zu haben.

Bezeichnend ist, dass Aponte die Brüder nicht einmal über ihre Absichten ausfragt. Dies mag auf „Selbstgefälligkeit" (58) oder auch „Leichtfertigkeit" (59) zurückzuführen sein, gleichwohl erweckt Aponte den Eindruck, als wolle er keine weiteren Details wissen, um nicht in einer so heiklen Frage wie einem „Ehrenmord" doch noch konsequenter durchgreifen zu müssen. Als später Aponte am Gesellschaftsclub von Cristo Bedoya erfährt, dass die Zwillinge sich erneut Messer beschafft und ihre Tötungsabsicht keineswegs aufgegeben haben, ist dies für ihn immer noch nicht Anlass genug, „unverzüglich" zu handeln. Vorher geht er noch in „den Gesellschaftsclub, um für den kommenden Abend eine Dominopartie zu verabreden, und als er wieder heraustrat, war das Verbrechen bereits geschehen" (109).

Insgesamt macht Aponte einen von seinen Amtsgeschäften überforderten Eindruck. Dies wird später erneut deutlich, als er die Autopsie Nasars und die Gerichtsverhandlung gegen die Vicario-Zwillinge organisieren muss. „Der Bürgermeister war vorher Offizier beim Heer gewesen, ohne jegliche Erfahrungen in gerichtlichen Angelegenheiten und viel zu eingebildet, um sich bei einem Fachmann zu erkundigen, wie er den Fall angehen müsse" (73).

Die Zusammenstellung des tatsächlichen Verhaltens mit den möglichen Verhaltensalternativen von Leandro Pornoy und Oberst Aponte könnte folgende Aspekte enthalten:

Das Verhalten von Oberst Aponte (Bürgermeister) und Leandro Pornoy (Polizist)

tatsächliche Handlungen	Person	mögliche Handlungsalternativen
• nimmt die Brüder nicht ernst • schickt sie schlafen • entwaffnet die Zwillinge • befragt sie nicht	Aponte (Bürgermeister)	• befragt die Zwillinge • verhaftet sie • informiert Nasar • schützt Nasar
• informiert Vorgesetzten	Pornoy (Polizist)	• entwaffnet Zwillinge • verhaftet sie • informiert Nasar • schützt Nasar

tatsächliche Handlungen	Person	mögliche Handlungsalternativen
↓ • passives, zögerndes Verhalten • konfliktscheu, abwartend • angepasstes Verhalten		↓ • aktives, eingreifendes Verhalten • Konflikte eingehen • selbstbewusstes, unbequemes Verhalten • „Zivilcourage“
➡ ermöglicht „Ehrenmord“		➡ verhindert „Ehrenmord“

Die Ordnungshüter verhalten sich weitgehend hilflos, weil ihnen niemand sagt, was sie tun sollen. Pornoy erwartet von seinem Bürgermeister eine klare Anweisung. Aber auch Aponte hat durch seinen militärischen Hintergrund eine gewisse Affinität zu hierarchischen Weisungsstrukturen. Auch er tut sich schwer damit, selbstständig zu entscheiden. Eine der genannten Handlungsalternativen hätte ihnen viel Eigenverantwortung abverlangt, die sie letztlich nicht tragen wollen und in dieser patriarchalisch-hierarchischen Dorfstruktur auch nicht tragen müssen, da sie nicht zur Verantwortung gezogen werden.
Das zögerliche, angepasste Verhalten der Amtspersonen könnte seine Ursache aber auch in einem stillschweigenden Einverständnis in die „Schuld“ Nasars haben. Denn entsprechend der Gerüchtelage ist er ein „Täter“ und hat die Familienehre der Vicarios beschädigt. Außerdem gilt er als Frauenheld[1], dem eine solche Ehrverletzung durchaus zuzutrauen wäre. Auf diesem Hintergrund ist es dann denkbar, dass man die Bedrohung Nasars durch die Vicario-Brüder nicht wirklich ernst nehmen will.

Pater Amador

- *Wie fast alle Dorfbewohner kennt auch Pater Amador die Tötungsabsichten der Vicario-Brüder. Beschreiben Sie zunächst ebenfalls sein tatsächliches Verhalten als Kirchenrepräsentant. Betrachten Sie dazu vor allem die Seite 71.*
  Denken Sie anschließend darüber nach, welche Verhaltensalternativen er als geistlicher Würdenträger noch gehabt hätte.
- *Stellen Sie auch hier die tatsächlichen und die möglichen Handlungen in einer Tabelle gegenüber und bewerten Sie sie anschließend.*

Pater Amador hatte die Nachricht von der geplanten Ermordung Santiago Nasars bei seinen Vorbereitungen des Bischofsbesuchs erhalten. Insbesondere Clothilde Armenta hatte dem Priester die „Botschaft“ (71) zukommen lassen. Offenbar hatte sie die Hoffnung, dass ein kirchlicher Würdenträger, erst recht angesichts eines zu erwartenden Bischofsbesuches, daran interessiert sein müsse, dass eine solche Tat verhindert werde. Doch die „Angelegenheit“ (71) fällt für ihn nicht in seinen Verantwortungsbereich, er ist vielmehr der Meinung, dass die „Zivilbehörden“ (71) zuständig seien, und entzieht sich so jeglicher Verantwortung. Dass seine Entscheidung für einen Priester nicht ganz stimmig ist, scheint ihm aber doch ansatzweise bewusst zu werden, denn er beschließt „Placida Linero im Vorbeigehen ein Wort zu sagen“ (71). Beim Gang zum Hafen vergisst er dies aber und entschuldigt dies später damit, dass er ganz unter dem Eindruck des Bischofsbesuches stand. Immerhin ist er einer der wenigen Personen, die eine Mitverantwortung äußern und vielleicht sogar empfinden, obwohl diese Form von Schuldgefühlen auch als professionelles Attribut des Priesteramtes durchaus kritisch gewertet werden kann. Aber „im Augenblick des Verbrechens war er so verzweifelt und so empört über sich selbst, dass ihm nichts anderes einfiel, als den Befehl zum Feueralarm zu geben“ (72).

[1] s. a. Baustein 3.2

Das Verhalten von Pater Amador

tatsächliche Handlungen	mögliche Handlungsalternativen
• mischt sich nicht ein	• redet den (gläubigen) Vicario-Zwillingen ins Gewissen („Du sollst nicht töten.“)
• Verantwortung haben Zivilbehörden	• informiert Nasar selbst • fordert seine Gemeindemitglieder auf, den Mord zu verhindern
• will Nasars Mutter informieren, vergisst dies aber angesichts des Bischofsbesuches	• gewährt Nasar kichlichen Schutz
• löst nach der Tat Feueralarm aus	• löst *vor* der Tat Feueralarm aus
⬇	⬇
• passives Verhalten • konfliktscheu, abwartend • angepasstes Verhalten	• aktives, eingreifendes Verhalten • Konflikte eingehen • selbstbewusst und unbequem • christliches Auftreten
➡ ermöglicht „Ehrenmord“	➡ verhindert „Ehrenmord“

Als Geistlicher, dessen Wort in einer religiös geprägten Dorfkultur etwas gilt, ist Pater Amador nicht handlungsfähig. Er scheut jede Form von Einmischung und vermeidet damit Konflikte. Dies ist umso erstaunlicher, als die geplante Tat Kernbereiche christlicher Ethik berührt, wie z. B. die Themen Sünde, Schuld und Vergebung. Die Übersprungshandlung, Feueralarm erst *nach* und nicht *vor* der Tat auszulösen, karikiert diese lebensferne, devote Haltung, zeigt aber zugleich, dass der Pater innerlich unter einem enormen Druck steht und offenbar unbewusst die Widersprüchlichkeit seiner Handlungsweise spürt. Der Feueralarm hat nun keine präventive Wirkung mehr, dafür sollen nun im Nachhinein andere helfen, das nicht zuletzt von der Kirche mit entfachte Feuer beim vermeintlichen Verlust von Keuschheit, Unschuld und Ehre zu löschen. Unter dieser Perspektive gilt ebenfalls für Pater Amador, dass er vielleicht stillschweigend die sündige Täterschaft Santiago Nasars unterstellt und ihn im Sinne der Lehrmeinungen der herrschenden christlichen Institutionen ebenfalls für „schuldig“ hält.

Auch Pater Amador ist hierarchisch-autoritären Strukturen verhaftet. Für ihn ist an diesem Tag der Bischofsbesuch von so großer Bedeutung, dass er sogar vergisst, Placida Linero zu informieren. Die Bedürfnisse des Bischofs und die Erwartungen der versammelten Dorfgemeinde haben für ihn zunächst höhere Priorität als der mögliche Verlust eines Menschenlebens. Diesen übergeordneten Erwartungsstrukturen opfert er jegliche individuelle Entscheidungsfreiheit, die eventuell den Mord hätte verhindern können.

Letztlich könnten alle hier beschriebenen öffentlichen Personen gleichsam kraft Amtes auf die Vicario-Zwillinge einwirken und sie an ihrer Tat hindern. Aber zu sehr sind sie in den hierarchischen Strukturen ihrer Institutionen verhaftet. Eine eigenständige und freie Entscheidung zu treffen und dafür Verantwortung zu übernehmen, ist ihnen fremd.

Das Verhalten der übrigen Dorfbewohner

„Viele der im Hafen Versammelten wussten, dass sie Santiago Nasar töten würden". (23) Dieser Satz steht in einem Kontext, aus dem grammatisch nicht eindeutig ersichtlich wird, wer mit dem Pronomen „sie" gemeint ist. Naheliegend ist natürlich, dass damit die Vicario-Brüder gemeint sind, aber darüber hinaus könnten durch diese bewusste Ungenauigkeit auf die „im Hafen Versammelten" als zukünftige (Mit-)Täter benannt werden.
Neben der Vermutung, dass öffentliche Würdenträger eine Mitschuld trifft, wäre nun zu prüfen, wie sich die übrige Dorfbevölkerung angesichts der Mordabsichten der Vicario-Zwillinge verhält.

■ *Wie verhält sich die übrige Dorfbevölkerung angesichts der inzwischen öffentlich bekannten Absicht der Vicario-Brüder, Santiago Nasar zu töten? Betrachten Sie dazu vor allem die Seiten 102–103 und die Seiten 114–115.*

Mehrfach wird darauf hingewiesen, dass viele (namenlose) Dorfbewohner die Aussprüche der Brüder hören oder von ihnen erfahren (z. B. 53, 60). Auch sie greifen nicht aktiv in das Geschehen ein, sondern gehen auf dem Dorfplatz in der „Masse" auf. „Die Leute strömten [...] in Richtung auf den Platz. Es war eine dichtgedrängte Menge, doch Escolastica Cisneros glaubte zu beobachten, dass die beiden Freunde ohne Schwierigkeiten in der Mitte gingen, in einem freien Kreis, denn die Leute wussten, dass Santiago Nasar sterben würde, und wagten nicht, ihn zu berühren" (103) Trotz der räumlichen Nähe zu Nasar warnen und schützen sie ihn nicht. Vielmehr behandeln sie ihn wie einen Aussätzigen, den man nicht berühren darf, um nicht ebenfalls vom Bann des Unglücks getroffen zu werden. „Sie sahen uns an, als hätten wir ein bemaltes Gesicht" (103), erinnert sich der Freund Cristo Bedoya. Auch hier waschen sich die befragten Einzelpersonen mit fantasiereichen Rationalisierungen von jeder Schuld rein und begründen ihr Nicht-Handeln:

- Meme Loaiza denkt, dass die Angelegenheit erledigt sei, weil Nasar und Bedoya zufrieden wirken (101 f.);
- Polo Carrillo, der Kraftwerksbesitzer meint, „sein Geld mache ihn unantastbar" (102);
- Indalecio Pardo glaubt wie „viele andere" an „Fantasien von Übernächtigten". Er wagt nicht, ihn zu warnen, weil er „weiche Knie" (102) bekommt.
- Celeste Dangond hat nach einer belanglosen Einladung zum Kaffee den Eindruck, „dass sie ihn nicht töten könnten, wenn er so sicher war, was er tun wollte" (103);
- Selbst Yamil Shaium, ein Ratgeber Nasars, will ihn warnen, aber denkt, „er würde ihn grundlos beunruhigen, wenn das Gerücht unbegründet war" (103);
- Flora Miguel erscheint es „unbegreiflich, dass man Santiago Nasar töten wolle; dagegen kam ihr der Gedanke, dass man ihn zwingen würde, Angela Vicario zu heiraten, um ihre Ehre wiederherzustellen" (112);
- Die Masse der Dorfbewohner nimmt auf dem Dorfplatz „Aufstellung" (109), ähnlich „wie an den Tagen von Paraden" (114). Schließlich rufen Sie ihm unverständliche Worte zu, die Nasar nicht helfen, sondern ihn verwirren.

■ *Die Mehrzahl der Dorfbewohner greift nicht in das Geschehen ein. Sind die angeführten Rechtfertigungen glaubwürdig? Denken Sie über Erklärungsansätze nach, warum die Dorfbewohner in dieser Weise handeln.*

Die Beispiele zeigen, dass die Dorfbewohner bei genauerer Nachfrage sehr stark ihr damaliges Verhalten rationalisieren. Das bedeutet, dass sie mehr oder weniger bewusst den Tod Nasars in Kauf genommen haben, sich aber gleichzeitig darüber im Klaren sind, dass sie damit eine Mitschuld trifft. Um diese seelische Spannung ertragen zu können, versuchen sie, durch allerhand absurde Erklärungen ihr Verhalten rational zu begründen und gleichzeitig aufkeimende Schuldgefühle abzuwehren. Damit unterstellen sie zugleich, dass sie bei einem anderen Eindruck selbstverständlich in das Geschehen eingegriffen hätten. Bei dieser Art der Argumentation trifft diese Dorfbewohner aus ihrer subjektiven Perspektive natürlich keine Schuld, und sie sind nicht mitverantwortlich. Letztlich bleibt aber fraglich, ob die Argumentationen der „Wahrheit" entsprechen oder nicht vielmehr erst durch den Rekonstruktionsversuch des Erzählers und seiner damit verbundenen Nachfragen als plausible Begründungen angeführt werden. Denn vielen Befragten ist möglicherweise mit dem zeitlichen Abstand von über zwanzig Jahren selbst nicht nachvollziehbar, warum niemand in das Geschehen eingegriffen hat.

Ein weiterer Erklärungsansatz ist die von Cristo Bedoya beobachtete „veränderte Haltung" der Menschen ihm und Santiago Nasar gegenüber. Die Dorfbewohner erscheinen nicht mehr als Individuen, sondern als „dichtgedrängte Menge" (102). Schlimmer noch, die „von den Schreien gewarnten Menschen nahmen auf dem Platz Aufstellung, um dem Verbrechen beizuwohnen" (109). „Die Leute hatten sich wie an den Tagen der Paraden auf dem Platz postiert" (114). Schließlich „begannen Sie ihm zuzuschreien, und Santiago Nasar lief mehrmals im Kreise vor und zurück, so verwirrt war er von all den auf einmal rufenden Stimmen" (115). Die Dorfbewohner agieren offenbar nur noch als „Masse". Es scheint so, als sei nicht nur die Ehre der Familie Vicario beschädigt, sondern auch das herrschende Wertesystem des Dorfes. Zumindest bleibt unklar, ob es sich bei der Versammlung der Dorfbewohner auf dem Marktplatz um reine Sensationslust oder aber auch um ein stillschweigendes Einverständnis zum Vorhaben der Vicario-Zwillinge handelt. Die „Schreie" werden völlig undifferenziert beschrieben. Der Inhalt der Zurufe bleibt damit im Dunkeln. Erkennbar ist aber, dass die Zurufe der Menschen Nasar nicht helfen, dem Ehrenmord zu entgehen. Nach der Tat wandeln sich die Zurufe dann in „Schreie des über sein eigenes Verbrechen entsetzten Dorfs" (118).

So wird Nasar wie ein Stier[1] über den Dorfplatz getrieben. Das Gerücht über seine „Schuld" hat seine Sonderstellung im Dorf als reichen, gebildeten „Türken" und Frauenheld nun in eine Außenseiterrolle gewandelt. Latent vorhandene Vorurteile der Dorfbewohner können nun auf dem Hintergrund der Schuldzuweisung ausgelebt werden.

Auch diese Massenphänomene lassen sich zum Teil mit den patriarchalisch-hierarchischen Strukturen dieser Dorfgemeinschaft nachvollziehen.

- *Betrachten Sie die Handlungsweise der Dorfbewohner auf dem Hintergrund patriarchalisch-hierarchischer Gesellschaftsstrukturen und entwickeln Sie ein Erklärungsmodell für das Verhalten der meisten Dorfbewohner.*

Unter dieser Prämisse teilen die meisten Dorfbewohner die Vorstellungen, die mit dem Begriff der „Ehre" in diesen Gesellschaften verbunden sind. Das bedeutet natürlich auch, dass jegliche Beschädigung der Ehre einer Familie oder eines Familienmitgliedes gerächt werden muss. Insofern ist das Verhalten der Dorfbewohner durchaus als stillschweigendes Einverständnis in die vermeintlichen Mordabsichten der Vicario-Zwillinge zu werten. Es muss zu einer „öffentlichen Tat" kommen, um die Familienehre wiederherzustellen aber auch, um die Stabilität der gesamten Dorfgemeinschaft zu gewährleisten.

Darüber hinaus gehen Menschen, die sich primär als Rollenträger und nicht als Individuen begreifen, sehr schnell in der „Masse" auf. Die Dorfgemeinschaft als Identifikationsinstanz entlastet auf diese Weise jeden Einzelnen von seiner Verantwortung, sich frei entscheiden und möglicherweise gegen einen „Ehrenmord" votieren zu müssen. So entwickelt sich eine gewisse Eigendynamik, die jedem Dorfbewohner Entscheidungssicherheit und moralische Rechtfertigung zugleich liefert.

1 Auch der Erzähler vergleicht Nasars Hinrichtung mit der Schlachtung eines „Jungstiers". Chronik S. 117

Versuche zu helfen – Clothilde Armenta und Cristo Bedoya

■ *Clothilde Armenta und Cristo Bedoya scheinen die Einzigen zu sein, die wirklich aktiv in das Geschehen eingreifen wollen. Stellen Sie deren Verhalten in den verschiedenen Kapiteln der „Chronik" zusammen und suchen Sie Erklärungsansätze dafür, dass es auch ihnen nicht gelingt, Santiago Nasar vor dem Ehrenmord zu retten. (S. 19, 59, 60, 65, 69, 106, 108, 110)*

Die wichtigsten Textstellen, in denen das Verhalten der beiden Personen relevant ist, zeigen, dass sie aus unterschiedlichen Motiven handeln.

Versuche zu helfen – Clothilde Armenta und Cristo Bedoya

Clothilde Armenta

- versucht die Brüder durch Zureden (Bischof kommt) vom Ehrenmord abzuhalten (19)
- weist Bürgermeister Aponte wegen seiner Leichtfertigkeit zurecht und benennt den Grundkonflikt der Brüder, eigentlich nicht töten zu wollen (59)
- schickt mehrere Menschen, um Nasar zu warnen (60)
- gibt den Zwillingen Schnaps, um sie betrunken zu machen (65)
- sucht Unterstützung bei Cristo Bedoya (108)
- versucht Pedro Vicario am Hemd festzuhalten, um die Ermordung Nasars zu verhindern

⬇

- handelt als „Frau"
- findet in patriarchalisch geprägter Dorfgesellschaft keine Unterstützung
- erkennt, „wie allein wir Frauen sind" (65)

Cristo Bedoya

- begleitet Santiago Nasar nach Hause (69)
- sucht nach Nasar in seinem Haus und nimmt seinen Revolver mit (106)
- kann nicht auf Pedro Vicario schießen; aber er warnt ihn (108)
- hilft dem Kranken Arango und versäumt so, Nasar zu helfen (110)

⬇

- handelt als „Intellektueller"
- tragische „Helfer"-Figur
- wird „schuldlos schuldig"

Clothilde Armenta

Clothilde Armenta, die Besitzerin eines kleinen Geschäfts, das im Tagesverlauf seine Funktion wechselt und als Milchladen, Kolonialwarenladen und Ausschank fungiert, ist eine wichtige Figur in diesem Márquez-Text, insofern sie als Einzige – neben dem Erzähler – erkennt, dass die Vicario-Zwillinge eigentlich gar nicht die Absicht haben, Santiago Nasar zu töten. Dies teilt sie sogar dem Bürgermeister Aponte mit, als dieser den Brüdern die Messer abnimmt und aus seiner Sicht damit sichergestellt hat, dass die Brüder nun nicht mehr töten können.
„Es geht nicht darum", sagte Clothilde Armenta. „Es geht darum, die armen Burschen von der schrecklichen Verpflichtung zu befreien, die plötzlich auf ihren Schultern lastet" (59). Diese zentrale Einsicht wird noch einmal vom Erzähler aufgenommen und paraphrasiert.

„Sie hatte nämlich etwas begriffen. Sie war sicher, dass die Brüder Vicario weniger wild darauf waren, das Todesurteil zu vollstrecken, als jemanden zu finden, der ihnen den Gefallen tat, sie daran zu hindern" (59). Damit weist sie deutlich auf das Zwangssystem hin, das hinter den Ehrenmord-Tätern steckt.
Darüber hinaus ist sie aber auch eine Person, die sehr konkrete Anstrengungen unternimmt, einerseits Santiago Nasar zu warnen und andererseits die Vicario-Zwillinge an ihrer Tat zu hindern.
Zunächst gelingt es ihr durch moralisierendes Zureden, die Ermordung des aus seinem Haus tretenden Santiago zu verhindern. „Lassen Sie's doch für später, und wenn auch nur aus Achtung vor dem Bischof" (19). Weiterhin bittet sie jeden, den sie erreicht, „man möge ihn warnen, wo immer man ihn anträfe" (60). Auch Pater Amador und Placida Linero werden von ihr informiert. Schließlich verabreicht sie den Vicario-Brüdern eine „Flasche Gorden-Gin für Flussmatrosen, in der Hoffnung, ihnen den Rest zu geben" (65). Letztlich fühlt sie sich aber „allein" (65), denn die von ihr informierten Männer bleiben untätig. Als letzte Möglichkeit treibt sie später Cristo Bedoya an, Santiago Nasar zu warnen, „denn in diesem Dorf von schwulen Hengsten könne nur ein Mann wie er das Trauerspiel verhüten" (109). Als sich schließlich die Zwillinge anschicken, Santiago Nasar vor aller Öffentlichkeit zu töten, ist sie die Einzige, die handgreiflich wird und versucht, Pedro Vicario zurückzuhalten, um Nasar einen Vorsprung zur Flucht zu verschaffen. „Jetzt packte Clothilde Armenta Pedro Vicario am Hemd und schrie Santiago Nasar zu, er solle rennen, denn sie würden ihn töten" (115).
Clothilde Armenta ist zu diesen Reaktionen fähig, weil sie die patriarchalische Struktur mit ihren Zwängen durchschaut. Für sie ist erkennbar, dass die Zwillinge nur eine Chance haben, ihrem Auftrag zum Ehrenmord zu entgehen, wenn sie innerhalb dieser patriarchalischen Struktur eine Autorität, also einen Mann, finden, der sie von der schrecklichen Verpflichtung befreit. Denn nur dann könnten die Brüder ihr Gesicht wahren, ohne fürchten zu müssen, die Familienehre der Vicarios weiter zu beschädigen.
Als Frau kann Clothilde Armenta nur indirekt Einfluss nehmen, indem sie die Männer um Unterstützung bittet. So muss ihr Versuch, Pedro Vicario festzuhalten, notwendig scheitern, weil sich die Vicario-Zwillinge in ihrem patriarchalisch geprägten Ehrenkodex niemals von einer Frau aufhalten lassen würden. So sehr sich Pedro Vicario auch wünscht, dass ihn jemand an dem Ehrenmord hindert, so muss er Clothilde Armenta dennoch zu Boden stoßen. Entsprechend desillusionierend ist ihre Erkenntnis bei dem Versuch, die Brüder mithilfe von Alkohol außer Gefecht zu setzen. „An diesem Tag wurde mir klar [...], wie allein wir Frauen in der Welt sind!" (65)

Cristo Bedoya

Cristo Bedoya versucht vor allem als Freund, Santiago Nasar vor seiner drohenden Ermordung zu warnen. Bei seiner Suche nach ihm nimmt er sogar Nasars Revolver an sich, um Nasar später eine Verteidigungsmöglichkeit zu schaffen. Er selbst ist aber unfähig, einen Revolver zu benutzen. „Hätte ich gewusst, wie man einen Revolver abdrückt, wäre Santiago Nasar am Leben [...]" (109). So versucht er verbal, Pedro Vicario zu beeindrucken, indem er behauptet, Nasar sei mit einer „Magnum" bewaffnet. Doch diese Warnung beeindruckt die Brüder nicht. Schließlich wird Bedoya zu einer tragischen Figur, weil er bei dem Versuch, dem Vater des „Soldatenliebchens" Prospera Arango zu helfen, wertvolle Zeit verliert, in der Nasar getötet wird.
Bedoya ist als angehender Arzt und Akademiker ein typischer Intellektueller, der sich über die im Dorf herrschenden patriarchalischen Zwänge stellen kann, der aber damit auch keine Autorität mehr besitzt. Seine Handlungen sind helfender Natur. Vor allem versucht er, Nasar „verbal" beizustehen, indem er sowohl ihn als auch Pedro Vicario warnt. Zu einer „Tat" mit dem Revolver ist er nicht fähig. Im „Helfen" liegt denn auch seine Tragik, denn dadurch, dass er dem kranken Vater hilft, trägt er zum Tod Nasars schuldlos bei.

4.3 Das Verhalten der Dorfbewohner nach dem „Ehrenmord“

Nun bleibt zu fragen, wie sich Täter und Dorfbewohner nach der Ermordung Nasars, die viele angeblich nicht für möglich gehalten hatten, mit den Themen Schuld, Ehre und Verantwortung auseinandersetzen. Auch hier bietet es sich an, unterschiedliche Personengruppen in ihren Reaktionen getrennt zu betrachten. Neben den Tätern, die sich mit ihrem „Ehrenmord“ unmittelbar auseinandersetzen müssen, sind dies wieder die öffentlichen Repräsentanten des Dorfes, die sich mittels einer „Autopsie“ der „Wahrheit“ nähern wollen, und schließlich die große Gruppe der übrigen Dorfteilnehmer, deren Verhalten sehr unterschiedlich ausfällt.

- *Wie verhalten sich die Dorfbewohner nach der Tat? Wie gehen sie mit der Schuld um? Stellen Sie deren Reaktionsweisen in einer Tabelle zusammen.*
- *Die Vicario-Brüder stehen unter dem starken sozialen Druck, die „Ehre“ von Schwester, Familie und letztlich auch sozialer Gemeinschaft durch die Ermordung Santiago Nasars wiederherzustellen. Gleichzeitig fühlen sie sich aber innerlich zerrissen, da sie mit dem Opfer befreundet sind und eigentlich auch niemanden töten wollen. Beschreiben Sie auf diesem Hintergrund, wie die Brüder nach der Ermordung Nasars reagieren und wie sie mit dieser Tat umgehen. Betrachten Sie dazu vor allem die Seiten 79–83. Versuchen Sie anschließend, Erklärungsansätze für die beschriebenen Reaktionen zu finden.*

Die Zusammenstellung könnte folgende Personen und Verhaltensweisen umfassen:

Das Verhalten der Dorfbewohner nach dem „Ehrenmord“

Dorfbewohner	• Angst vor Vergeltungsmaßnahmen der „Araber“; • orientieren sich an Gerüchten; • für sie ist die Welt wieder in Ordnung; die Ehre der Vicarios ist wiederhergestellt; • sehen vor allem in Bayardo das „Opfer“
„Araber“	• verhalten sich anders als erwartet; • trauern; empfinden keine Rachegefühle; • Matriarchin hilft den Vicario-Zwillingen;
Dorfrepräsentanten (Bürgermeister, Pater Amador)	• führen eine Autopsie durch; • verdrängen weitgehend die Schuldfrage; • Pater Amador verhält sich ambivalent; • Bürgermeister spricht präventiv mit den „Arabern“;
Vicario-Brüder	• waschen sich, weil sie nach Nasar riechen; (symbolisch für „von Schuld reinwaschen“); • finden keine Ruhe; können nicht mehr schlafen und nicht mehr essen; • fürchten sich ebenfalls vor Vergeltungsmaßnahmen der Araber (Vergiftung); • reagieren mit psychosomatischen Beschwerden; • stehen aber zu ihrer Tat; • weigern sich zu beichten;
Erzähler	• kann nicht alleine schlafen; sucht Trost bei Maria Alejandrina Cervantes • weint und trauert;
Maria Alejandrina Cervantes	• trauert, indem sie isst;

Die Vicario – Brüder

„Alles roch an jenem Tage nach Santiago Nasar" (79). Auch die Brüder Vicario werden den Geruch nicht los, als sie im „Kerkerverlies" (79) einsitzen, obwohl sie sich „mit Seife und Espartowischen[1]" (79), waschen. Mit diesem Bild wird deutlich, dass es ihnen nicht so einfach gelingt, sich von Schuld reinzuwaschen. Vielmehr machen sie eine paradoxe Erfahrung, die Pedro Vicario dem Erzähler mitteilt: „Je länger ich mich mit Seife und Espartowischen schrubbte, desto weniger wurde ich den Geruch los." (79)
Die Schuld am Tode Nasars lässt sich nicht so einfach wegwischen, zumal dann nicht, wenn man sich der Schuldfrage gar nicht stellt. Dann tritt das Gegenteil ein, und so finden die Zwillinge keine Ruhe mehr, „denn sobald sie einzuschlafen begannen, verübten sie von neuem das Verbrechen." (79) Diese quälende Kerkersituation beschreibt Pablo Vicario mit einer magisch-realistischen Formulierung: „Es war, als ob man zweimal wach ist." (79)
Ein zweiter Wachzustand überlagert den ersten und macht Dinge sichtbar, die vorher gar nicht wahrgenommen wurden. Die Brüder werden so gleichsam gezwungen, eine andere Realität ihres „Ehrenmordes" zu betrachten. Den Erzähler bringt dieser Ausspruch Pablo Vicarios zu der Vermutung, dass „das Unerträgliche im Kerker [...] ihre Hellsichtigkeit gewesen sein müsse." (79)
Auch Pedro Vicario kann nicht mehr schlafen und bleibt „elf Monate wach" (80). Bei beiden drücken sich die unbewussten Konflikte vor allem somatisch aus. Pedro ist nicht mehr in der Lage zu essen und auch sein Soldatenleiden führt zu „Schmerz in den Leisten" (80). Sein Bruder vermag zwar ein paar Bissen zu sich zu nehmen, doch dann überfällt ihn ein „bestialischer Brechdurchfall" (80). Diese Symptomatik nährt den Verdacht, dass die „Araber" versuchen könnten, die Brüder zu vergiften, um den Tod Nasars zu rächen. „Er zerging mir zu Wasser, [...], und wir konnten den Gedanken nicht loswerden, das seien die Scheißmachenschaften der Türken" (81).
An dieser Stelle finden sich wieder typische Einstellungen patriarchalisch-autoritärer Gemeinschaften. Die eigene Feindseligkeit wird auf andere soziale Gruppen übertragen. Die Projektion ermöglicht es den Brüdern, schuldhafte Verstrickungen zu verdrängen und, nun selbst in der Opferrolle, die damit verbundene Verantwortung zu leugnen. So helfen die körperlichen Symptome, die Ängste der Brüder vor Vergiftung zu schüren, und tragen damit dazu bei, schmerzlich die an die Bewusstseinsoberfläche drängenden inneren Konflikte besser ertragen zu können.
Doch trotz ihres elenden Zustandes bleiben die Zwillinge in ihren traditionellen Vorstellungen verhaftet. Nach der Tat verspüren sie „die ruhmreiche Gewissheit, ihrem Gesetz Genüge getan zu haben" (80). Später weigern sie sich zu beichten und Pedro Vicario „überzeugte den Bruder davon, dass sie nichts zu bereuen hätten" (83). Auch eine Überstellung in das Gefängnis nach Riohacha bei Nacht lehnen sie ab, weil sie „von ihrem Beweggrund überzeugt" (83) waren. Und so werden sie „am hellichten Tag und vor aller Augen" (83) abtransportiert.
Nach der Tat müssen die Brüder weiterhin ihr Gesicht wahren und trotz aller widersprüchlichen und zuweilen hellsichtigen Erfahrungen zu ihrem „Ehrenmord" stehen, der von ihnen wie ein „Gesetz" verstanden wird und dessen sie sich nicht schämen müssen. Die Gesellschaft bestätigt ihre Haltung, denn sie werden später vom Gericht freigesprochen (83).

Das Verhalten der Dorfrepräsentanten

Nach dem in aller Öffentlichkeit durchgeführten „Ehrenmord" muss die Obrigkeit reagieren. Als schließlich Oberst Aponte vom Provinzgouverneur ermächtigt wird, „einleitende Maßnahmen" (73) zu ergreifen, weist er, nachdem die Brüder Vicario inhaftiert sind, Pater Amador an, eine Autopsie des Ehrenmordopfers durchzuführen. Im Rückblick erscheint es auch

[1] (weiches) Papier, das aus Espartogras hergestellt wird.

dem Pater nicht mehr plausibel, warum diese überhaupt durchgeführt werden musste, zumal kein geeignetes Fachpersonal zur Verfügung steht. „Aber es war eine Anordnung des Bürgermeisters, und die Anordnungen dieses Barbaren, mochten sie auch noch so blöde sein, mussten ausgeführt werden“ (73).
Der Pater kommt somit in seiner obrigkeitshörigen Haltung der unsinnigen „Anordnung“ Apontes nach, obwohl auch dem Bürgermeister durchaus bewusst ist, „dass diese Autopsie keine Gültigkeit vor dem Gesetz“ (75) hat. Aber auch er handelt letztlich auch nur auf Grund höherer Weisungen.

- *Nach der Ermordung Nasars wird der Leichnam einer offiziellen Autopsie unterzogen. Lesen Sie dazu noch einmal die Seiten 73–77.*
  Analysieren Sie die Textstelle und arbeiten Sie die Besonderheiten der Wiedergabe des Obduktionsberichtes heraus.
- *Entwickeln Sie anschließend Deutungsmöglichkeiten über die Funktion der Autopsie.*

„Es war ein Gemetzel, das im städtischen Schulhaus [...] durchgeführt wurde“ (75). Diese Tatsache ist sicher nicht nur auf das unkundige Personal (Pater, Apotheker, Medizinstudent) zurückzuführen, sondern ist letztlich auch Ausdruck der inneren Verfassung des Hauptakteurs – Pater Amador. Doch zunächst wird in dieser Textpassage der Inhalt des Autopsieberichtes wiedergegeben, der „korrekt“ (75) erscheint und vom Untersuchungsrichter später als „nützliche Unterlage“ (75) zur Beweisaufnahme eingestuft wird. Dem Bericht zufolge weist der Leichnam eine beachtliche Zahl von Verletzungen auf:

- zwei tiefe Perforationen der Leber (Leberlappen fast durchschnitten);
- vier Inzisionen im Magen (eine durchstößt ihn);
- Bauchspeicheldrüse zerstört;
- sechs kleinere Perforationen im Dickdarm;
- eine Rückenverletzung „auf Höhe des dritten Lendenwirbels“ (76);
- Bauchhöhle gefüllt mit Blutkoageln;
- zwei Perforationen der Brusthöhle;
- sechs kleine Wunden an den Armen und Händen;
- zwei horizontale Schnitte (Schenkel und Bauchmuskulatur);
- tiefer Stich in der rechten Handfläche;

als weitere Besonderheiten hält der Bericht fest:

- Medaillon im Magenschlamm;
- überdurchschnittliche Gehirnmasse;
- Hypertrophie der Leber.

Die Todesursache wird von den Beteiligten auf Blutungen aus einer der „sieben größeren Verletzungen“ (77) zurückgeführt.
Sprachlich fällt auf, dass der Erzähler versucht, den sachlich-berichtenden Sprachstil des Obduktionsprotokolls wiederzugeben. Detailversessen werden die Verletzungen an Nasars Leichnam aufgezählt und, mit Fachbegriffen durchsetzt, in stark beschreibenden Textpassagen dargestellt. Als fachsprachliche Ausdrücke finden sich z. B. folgende Begriffe: „Perforation“ (4x), „Inzision“, „Hypertrophie“, „Hepatitis“, „Blutkoageln“. Darüber hinaus werden die Verletzungen teilweise genau lokalisiert: „Verletzung im Rücken, auf Höhe des dritten Lendenwirbels“ (76) oder Perforation „im zweiten rechten Zwischenrippenraum“ (76). Der Bericht erweckt so den Eindruck, als lasse man gerade im Falle dieser Ermordung größte Sorgfalt walten, um nur nicht irgendeine Kleinigkeit, die zur Wahrheitsfindung beitragen könnte, zu übersehen. Doch dieser sehr sachlich erscheinende Grundzug der Darstellung

wird immer wieder durchbrochen, einerseits durch besondere Befunde der Autopsie und andererseits durch deren Deutung seitens der Beteiligten. Dabei mischt sich die Wiedergabe des Berichtes mit Einflechtungen des Erzählers, der vorgibt, auch nur eine „Chronik“ der Ereignisse zu verfassen. Dadurch werden die vielen aufgezählten Verletzungen Nasars uninteressant, und es ist für den Leser viel spannender, den anderen Auffälligkeiten im Körper des Ermordeten nachzugehen. Dies entspricht auch häufig den Leseerfahrungen der Schüler, die im Übrigen die Textpassage über die Autopsie Nasars meist als „ekelig“ erleben. Folgende Aspekte sollten in diesem Zusammenhang noch genauer betrachtet werden.

- *Welche Bedeutung kann man der höheren Gehirnmasse und der Hypertrophie der Leber zuweisen?*
- *Hat das verschluckte Medaillon eine besondere Bedeutung?*
- *Wie ist der Hinweis auf Wundmale „des Gekreuzigten“ (S. 75) im Autopsiebericht zu verstehen?*

Für die „sechzig Gramm“ höhere Gehirnmasse hält bereits Pater Amador eine Erklärung im Autopsiebericht fest. Er folgert, dass Nasar über eine „hohe Intelligenz“ (76) verfügte und dementsprechend „eine glänzende Zukunft“ (76) vor sich hatte. Die Vergrößerung der Leber ist dagegen strittig. Einerseits könnte eine „schlecht geheilte Hepatitis“ (76) Ursache sein, andererseits weist Doktor Iguarán den Erzähler darauf hin, dass es ihm nicht möglich war, dem Geistlichen klarzumachen, „dass wir Tropenmenschen eine größere Leber haben als die Galizier“ (77). Dies ist zugleich ein Hinweis auf eine weitergehende Bedeutung der Leber. Symbolisch ist die Leber für viele Völker „Sitz der Lebenskraft, der Begierde, des Zorns, aber auch der Liebe“.[1] Diese Deutung ist mühelos mit dem Image Nasars im Dorf in Verbindung zu bringen, dessen Bewohner ihn für einen Frauenhelden halten. Und genau dieses Organ haben die Zwillinge durch Messerstiche zerstört. „Die Leber war durch zwei Perforationen im linken Leberlappen fast durchschnitten“ (75). Damit trafen sie nicht nur das Zentrum der Lebenskraft, sondern auch die vermeintlich triebhafte Quelle von Nasars entehrendem Verhalten. Auch die überdurchschnittliche Größe seines Gehirns fügt sich bruchlos in die im Dorf herrschende Verdächtigungslogik ein. Nasar war demnach nicht nur triebhaft veranlagt, sondern auch intelligent genug, die ihm unterstellte Ehrverletzung an der Familie Vicario zu verschleiern.
Auf diesem Hintergrund kann ihn auch das verschluckte goldene Medaillon der Heiligen Jungfrau von Carmen so wenig schützen wie der mögliche Besuch des Bischofs. Ein weiterer Hinweis darauf, dass die religiösen Werte in diesen patriarchalisch geprägten Dorfstrukturen angesichts tradierter archaischer Rituale versagen. Das im „Magenschlamm“ verschüttete Medaillon kann seine weiblich angelegte Beschützerfunktion nicht erfüllen, zumal eine entehrte Jungfrau Auslöserin des Verbrechens ist.
Der zu Protokoll genommene Hinweis auf das „Wundmal des Gekreuzigten“ (76) zeigt, dass die an der Autopsie Beteiligten unbewusst die Opferrolle Nasars wahrnehmen. Diese immer wieder auftretenden Anspielungen auf Jesus Christus weisen auf die Funktion als Sühneopfer hin, die beide einnehmen. Jesus, der Sohn Gottes, sühnt am Kreuz die Sünden der Menschheit und erlöst sie damit von ihrer Schuld. Nasar, der Frauenheld und Außenseiter, wird zum Sündenbock gemacht und sühnt so das menschenverachtende Verhalten der Dorfbewohner.
Folgerichtig erinnert die beschriebene Szenerie auch nicht nur an eine Autopsie, sondern auch an ein Opferritual. Ein Priester und kein Arzt reißt „die zerstückelten Eingeweide mit Stumpf und Stiel“ (77) heraus. Anschließend spricht er „einen Segen der Wut über sie“ (77) und wirft sie dann „in den Mülleimer“ (77). Diese deutlich magisch-religiöse Handlungsweise

[1] Herder Symbollexikon S. 99f.

bleibt trotzdem ambivalent, denn der Priester versieht sein Amt nur widerwillig, und so kann er die sterblichen Überreste Nasars nicht in Liebe segnen, sondern nur in „Wut". In dieser verkehrten Wertigkeit zeigt sich erneut der innere Konflikt, der auch andere Dorfbewohner umtreibt.
Normalerweise ist eine Autopsie ein wissenschaftliches, rationales Verfahren zur Klärung von Todesursachen. Doch im Rückblick erscheint dem Priester die Szenerie in einem anderen Licht. „Es war, als hätten wir ihn nach seinem Tode noch einmal getötet" (73). Die öffentliche Ermordung Nasars, die ebenfalls sehr archaisch wirkt, reicht offenbar nicht aus, um die gestörte Ordnung wiederherzustellen. Und so wird mit dem wesentlich rationaler wirkenden Autopsie-Ritual der „Anfang der gnadenlosen Autopsie" (73) fortgesetzt. Die Obduktion Nasars fördert die Illusion, man könne im Körper Nasars nicht nur die Ursache seines Todes, sondern auch die seiner Schuld finden. Dabei wird von der eigentlichen Todesursache, dem „Ehrenmord", abgelenkt. Die Autopsie stellt keine unangenehmen Schuldfragen, sie wird aber notwendig, weil die Ermordung Nasars die ursprüngliche „Ehre" und alte Dorfordnung nicht wiederherstellt. So soll offenbar die zweite (legale) „Tötung" in Form der Obduktion endgültig die labile Dorfgemeinschaft wieder stabilisieren. Mit der Durchführung einer völlig sinnlosen Autopsie demonstrieren die Dorfrepräsentanten ein scheinbar professionell-kriminalistisches Verhalten, das davon ablenkt, sich der wichtigen Auseinandersetzung mit der kollektiven Mitschuld des Dorfes zu stellen.

Die übrigen Dorfbewohner

- *Wie ist die Haltung der Dorfbewohner gegenüber dem Ehrenmordmotiv nach der Tötung Nasars?*
- *Bewerten Sie die Reaktion der „Araber" nach dem „Ehrenmord". Betrachten Sie dazu die Seiten 81–82.*

„Die Seelenverfassung der Straße" (81) entspricht weitgehend der „Angst der Zwillinge" (81) vor „Vergeltungsmaßnahmen der Araber" (81). Es verbreiten sich „Gerüchte" (82), die befürchten lassen, dass die arabische Dorfminderheit sich für den Tod Nasars rächen könnte. Diese Situation veranlasst den Bürgermeister, die einzelnen arabischen Familien aufzusuchen und mit ihnen zu sprechen. Doch überraschenderweise findet er sie „ratlos und traurig" (82) vor, „an ihren Altären waren Trauerzeichen, und einige hockten laut heulend am Boden, doch keiner von ihnen nährte Rachegelüste" (82). Hier fällt auf, dass diese Haltung den patriarchalisch-autoritären Denk- und Verhaltensstrukturen der Dorfmehrheit widerspricht und zugleich Verhaltensalternativen aufscheinen lässt, die dem traditionellen Handlungsrepertoire entgegengesetzt sind. Obwohl der Erzähler ausdrücklich betont, dass die Araber ebenfalls über einen „Herdengeist" (82) verfügen, beschreibt er sie als „Gruppe friedlicher Einwanderer" (81). Es scheint so, als werde der strengen und lebensfeindlichen patriarchalischen Haltung eine nachgebende und lebensbejahende, matriarchalisch geprägte Alternative entgegengesetzt. Dies zeigt vor allem das Verhalten der „hundertjährigen Matriarchin, [...] die zu dem wundertätigen Aufguss aus Passionsblumen und Wermutkraut riet, der Pablo Vicarios Brechdurchfall zum Stillstand und zugleich den Quell seines Zwillingsbruders zum Fließen brachte" (82).
Dieses alternative Verhaltensmodell verdeutlicht auch, dass Gerüchte den Sinn für die Realität verstellen und grausame Folgen haben können, wie der Tod Nasars es eindrucksvoll belegt.
„Für die überwiegende Mehrheit gab es nur ein Opfer: Bayardo San Román" (84). Diese Sichtweise der Dorfbewohner ist einfach, aber auch naheliegend, denn damit stellt sich für sie in keiner Weise irgendeine Schuldfrage, da Santiago Nasar bei dieser schlichten Perspektive automatisch zum Täter wird. Durch den „Ehrenmord" der Vicario-Brüder und die nach-

her durchgeführte Autopsie ist für sie die beschädigte Familien- und Dorfehre wiederhergestellt. „Santiago Nasar hatte sein Unrecht gesühnt, die Brüder Vicario hatten sich als Männer erwiesen, und die verhöhnte Schwester war wieder im Besitz ihrer Ehre." (84)

4.4 Die Aktualität von „Ehrenmorden"

Im Anschluss an den Baustein 4.3 bietet es sich an, den Umgang mit „Ehrenmorden" in der heutigen Zeit und in verschiedenen Kulturen zu reflektieren. Dazu können die **Arbeitsblätter 9 und 10**, S. 91 ff. genutzt werden.

- *„Ehrenmorde" gibt es auch heute noch. Welche Informationen haben Sie darüber? Sind Ihnen Beispiele aus den Medien bekannt?*
- *Lesen Sie den Artikel des Online-Magazins telepolis (**Arbeitsblatt 9**, S. 91 f.) und tragen Sie die dort gegebenen Informationen unter folgenden Fragestellungen zusammen.*
  - *a) Wie stellt sich bei weltweiter Betrachtung das Problem „Ehrenmord" dar?*
  - *b) Warum kam es zum Mord an Harun Sürücü? Bewerten und diskutieren Sie die Tatmotive.*
  - *c) Nennen Sie Gründe, weshalb solche „Ehrenmorde" auch in westeuropäischen Ländern möglich sind.*
- *Diskutieren Sie, wie in der Bundesrepublik mit dem Phänomen „Ehrenmord" umgegangen werden sollte.*

In Klassen mit Migranten lassen sich teilweise auch Erfahrungsberichte einzelner Schüler nutzen, die von „Fällen" aus ihren Heimatländern erzählen. Hier wird dann besonders deutlich, dass viele Konflikte zwischen den einzelnen Familien und Clans auch in den sogenannten „aufgeklärten" westeuropäischen Gesellschaften nach wie vor als „Ehrensache" betrachtet werden.
Die von der UN veröffentlichten Zahlen verdeutlichen, dass „Ehrenmorde" immer noch weltweit praktiziert werden. Das Beispiel der Deutschkurdin Harun Sürücü zeigt, dass auch in Deutschland „Ehrenmorde vor allem bei einzelnen Zuwanderergruppen üblich sind. Dabei wird deutlich, dass es sich wie in der „Chronik" um gesellschaftliche Gruppen handelt, die noch stark in patriarchalen Kulturen verwurzelt sind. In ihnen sind die Männer immer noch verpflichtet, eine beschädigte Familienehre um fast jeden Preis wiederherzustellen. Bei der Betrachtung der Zuwanderergruppen ist wichtig, dass gerade die Migrationssituation, die im Übrigen auch das Dorf in Márquez' „Chronik" prägt, den „sozialen Druck, Regeln und Normen des Herkunftslandes zu respektieren" enorm verstärkt. Im Umkehrschluss bedeutet dies aber auch, dass eine integrierende Migrationspolitik diesen hohen Anpassungsdruck erheblich reduzieren könnte.

- *Analysieren Sie den Slogan der Kampagne „Ehre ist, für die Freiheit meiner Schwester zu kämpfen".*
- *Beschreiben und bewerten Sie, wie das soziale Umfeld von Sinan und Saithan auf deren Beteiligung an dieser öffentlichen Kampagne reagiert.*

Der Text des **Arbeitsblattes 10**, S. 93 zeigt, dass die Migrantengruppen in ihrem Umgang mit der „Ehre" differenziert betrachtet werden müssen. Die Berliner Aktion „Ehre ist, für die Freiheit meiner Schwester zu kämpfen" verdeutlicht, dass Teile der 2. und 3. Einwanderer-

generation nicht mehr in gleichem Maße über traditionell-patriarchalische Wertvorstellungen verfügen. Sie sind stärker integriert und fühlen sich anderen, liberalen Werten verpflichtet. Die Aktion greift dabei den traditionellen Ehr-Begriff auf und wertet ihn um, indem er mit dem westlichen Freiheitsbegriff verbunden wird. Ehrenrettung ist dann nicht mehr Instrument der Unterdrückung, sondern dient der Emanzipation aus patriarchalen Strukturen. Die Bezeichnung „Schwester“ lässt an die bei antirassistischen Bürgerrechtsbewegungen verbreitete Formulierung „Brüder und Schwestern“ denken und unterstreicht nicht nur die Gleichheit von Mann und Frau, sondern die Gleichheit aller Menschen.
Dass solche Einstellungen auch heute noch nicht selbstverständlich sind, zeigen die kritisch-ablehnenden Reaktionen aus dem direkten Umfeld der beiden männlichen Jugendlichen.
Dass auch die bundesdeutsche Gesellschaft im Umgang mit „Ehrenmorden“ noch Nachholbedarf hat, zeigt die Tatsache, dass diese Aktion, die eigentlich Selbstverständliches einfordert, mit einem Preis für „Zivilcourage“ prämiert wurde.
Eine abschließende und reflektierende Betrachtung der Thematik bietet sich mithilfe des Textes von Lale Akgün (**Zusatzmaterial 5**, S. 127) an. Lale Akgün setzt sich in ihrem Artikel zum einen mit der unkritischen Übernahme der Positionen und Argumentationen der Täter durch die deutsche Presse und das dadurch entstehende falsche Bild der Schuld der Täter auseinander und stellt zum anderen die Gründe des Ehrenmordes dar, die sich zurückführen lassen auf patriarchale und feudale Gesellschaftsstrukturen und den darin enthaltenen Machtanspruch der Männer, der umso stärker eingefordert wird, je schwächer die Position der Männer, z. B. durch Modernisierungsprozesse, wird: „Die ‚Ehre‘ muss herhalten“, so schreibt Lale Akgün, „weil es für die Täter viel bequemer ist, sich hinter einer vermeintlichen kulturellen Andersartigkeit zu verstecken“ anstatt ihre wahren Gefühle einzugestehen, nämlich „Verlustängste, Neid und Eifersucht“. So fordert sie abschließend, dass es notwendig sei, die „universellen Menschenrechte“ zu akzeptieren und keinen Unterschied zu machen zwischen Mann und Frau.
Vor dem Hintergrund dieser Stellungnahme Lale Akgüns können die Schülerinnen und Schüler eine eigene Position erarbeiten. Es ist anzunehmen, dass sie der Argumentation Lale Akgüns nicht widersprechen. Vielmehr haben sie zahlreiche Argumente aus der Auseinandersetzung mit der „Chronik“ gewonnen, um den Ansatz der Autorin weiterzuführen. Dies sind z. B.:

- ein Bezug zu vielen Aspekten des Romans, wie z. B. Charakterisierung der Figuren mit den vielschichtigen Facetten der Doppelmoral, einengende gesellschaftliche Verhaltensvorschriften, wie sie deutlich durch Pura Vicario, aber auch die Verlobte Pablos und Santiagos, transportiert werden, und die Schwierigkeiten, sich trotz der ablehnenden Haltung gegen diese Konventionen zu stellen;
- Vergleich der gesellschaftlichen Strukturen in islamisch, aber auch christlich geprägten Kulturen, die verdeutlichen, dass sich „Ehrenmorde“ nicht prinzipiell aus einer bestimmten Religion herleiten lassen, sondern die Gründe vielmehr in der patriarchalen und hierarchisch geprägten Gesellschaftsstruktur zu finden sind;
- ein Bezug zu den ergänzenden Texten, z. B. Mahlmann, Fromm, Kizilhan usw., um zusätzliche Argumente für Akgüns Position zu finden.

So ist auch Lale Akgüns Artikel Anlass, die eigenen Leseerfahrungen mit der „Chronik“ und weiteren Sachtexten zu reflektieren und in eine Stellungnahme einzuarbeiten. Insofern bietet sich dieser Text auch für eine (literarische) Erörterung in einer Klausur an.

Ilhan Kizilhan: Konflikte und Konfliktlösungen in patriarchalischen Gemeinschaften

Die ostanatolische Gesellschaft gliedert sich in untereinander konkurrierende Stämme [...], die sich jeweils aus mehreren, ebenfalls z. T. miteinander konkurrierenden Sippen [...] zusammensetzen; die Sippen bestehen aus mehreren Großfamilien [...], diese sind in mehrere Kleinfamilien [...] aufgefächert. Der Zusammenhang der einzelnen soziologischen Gruppen untereinander wird durch eine gemeinsame Genealogie konstruiert, d. h. durch die Abstammung des Stammes, der Sippen, der Großfamilien und der Kleinfamilien von je einem gemeinsamen Stammvater [...].

Die Positionen in der Kleinfamilie z. B. resultieren nicht nur aus ökonomischen Bedingungen, sondern auch aus sozialer und politischer Unterordnung unter die Ehre, die nach außen und nach innen generell vom Haushaltsvorstand repräsentiert wird. Dieses Referenzsystem löst sich auch bei der Gründung von Dependencen nur selten, und wenn, dann nur langsam auf.

In den traditionellen kurdischen und auch in den yezidischen Familien sind die Frauen die Verkörperung der Ehre im engeren Sinne. Ausweis der Frauenehre und der Familienehre ist die sexuelle Unversehrtheit der Frau, d. i. die Keuschheit vor der Ehe und die Treue in der Ehe. Die gesamte Rechtseinheit der Familie, vertreten durch den Haushaltsvorstand als Oberhaupt der Familie, ist in erster Instanz verantwortlich für die Bewahrung der Frauenehre.

Den Söhnen der Familie fällt die Aufgabe zu, die Stärke der Familie zur Bewahrung der Ehre und die Wehrhaftigkeit zur Verteidigung der Ehre zu demonstrieren. Der Wunsch, viele Söhne zu haben, hat auch mit Stärke und Macht zu tun. Je mehr männliche Personen in einer Familie und in einem Stamm vorhanden sind, desto eher ist eine Verteidigung der Ehre möglich, und die Gefahr einer möglichen Ehrverletzung wird damit auch verringert.

Das oberste Erziehungsziel ist die An- und Einpassung des Kindes in das in der Familie vorherrschende Autoritätsgefüge. Dementsprechend ist das praktische Erziehungsverhalten der Eltern von der Notwendigkeit geprägt, Kinder zum Gehorsam zu erziehen. Im Mittelpunkt stehen zum einen die Reaktion auf Befehl und Anweisung, zum anderen, und dies macht die Reaktion erst möglich, Respekt und Achtung vor dem Ranghöheren. Achtung ist in seinen Äußerungsformen an die Einhaltung bestimmter formalisierter Verhaltensweisen – insbesondere gegenüber dem Vater – gebunden, wie z. B. vor den Älteren nicht zu rauchen und vor allem nicht zu widersprechen. Die Nichteinhaltung bestimmter formalisierter Verhaltensweisen wird als Achtungslosigkeit seitens des Kindes, als fehlende Autorität des Vaters, der ein solches Verhalten duldet, interpretiert.

In seiner Position als Haushaltsvorstand hat der Vater unter anderem die Aufgabe, das Verhalten der übrigen Familienmitglieder zu kontrollieren und seine Kinder bei ungebührlichem Verhalten zu bestrafen.

Die Familienstruktur ist gekennzeichnet durch eine patriarchalisch-hierarchische Rangordnung, Achtung und Respekt. Jedes Mitglied hat darin seine Rolle und eine Rollenzuweisung. Diese unterliegen bestimmten Regeln und Vorschriften. Eine Grenzverletzung des Rolleninhabers wird entsprechend gemaßregelt.

Alle Familienbeziehungen und Verhaltensweisen der einzelnen Familienmitglieder orientieren sich am Vorrang und der Autorität des Vaters und an einer von allen anerkannten familiären Rangordnung, die sich aus dem Geschlecht, dem Alter und der verwandtschaftlichen Position innerhalb der Großfamilie ergibt. [...] Die Respektierung der Autorität des Vaters zeigt sich nicht nur in der Unterwerfung unter die Entscheidungen des Vaters, sondern auch im Verbot, unaufgefordert in Anwesenheit des Vaters zu sprechen, im Beisein des Vaters, eines älteren Bruders oder Onkels zu rauchen, und im Recht des Vaters, über alle Einnahmen der Familienmitglieder zu verfügen und bei der Brautwahl mitzuwirken.

Die Ehre (Namus) des Mannes ist kurz nach der Heirat und später noch einmal, wenn seine Töchter heiratsfähig werden, am verletzlichsten. Die Ehefrau stellt die größte Gefahr für die Ehre des Mannes dar, da sie es ist, welche die Ehre am nachhaltigsten ruinieren kann. Die Ehre des Mannes ist angegriffen, wenn eine unerlaubte Überschreitung der Grenze seines Besitzes stattfindet, wenn es zu einer Annäherung eines anderen Mannes an die ihm zugehörigen Frauen kommt oder wenn er oder ein Angehöriger seiner Familie verbal oder physisch angegriffen werden. Mit dem Ehrbegriff des Mannes wird Männlichkeit, Stärke, Selbstbewusstsein und die Fähigkeit, die Frauen seiner Familie davon abzuhalten, ihre Ehre aufs Spiel zu setzen, assoziiert.

Der Begriff der Ehre (Namus) bei der Frau bezieht sich vor allem auf die Sexualität. Namus kann nicht erworben werden. Eine Frau kann nur Namus besitzen oder diese beflecken. Für die Frau gebietet der Ehrbegriff Keuschheit, sexuelle Enthaltsamkeit bis zur Ehe, Beschränkung ihrer sexuellen Beziehung auf die Ehe, das heißt, eheliche Treue.

Seref (Sheref) – die Ehre des Mannes in öffentlichen Beziehungen: Der Begriff Seref wird für Männer benutzt. Seref besitzen fast ausschließlich Männer, da dieser Wert in den öffentlichen und politischen Beziehungen eine Rolle spielt, welche die Männer unterhalten. Sie bezieht sich auf die Stellung des Mannes innerhalb der Gesellschaft. [...]

In Solidargemeinschaften, die soziale Randgruppen darstellen, haben Gerüchte, Klatsch und Unwahrheiten als Mechanismen zur Absonderung, Ausgliederung oder zur sozialen Kontrolle eine wichtige Bedeutung. [...] Zu diesem Zweck wurden Mechanismen von Gerüchten und Unwahrheiten eingesetzt. In solchen Fällen geht es immer auch darum, die Position und Macht der herrschenden Gruppe oder Gemeinschaft zu stärken. [...] Da die soziale Kontrolle wesentlich von dem fast allgegenwärtigen Misstrauen her mitbestimmt ist, entstehen durch Klatsch und Gerüchte, die als mündliche Nachrichten verstanden werden können, „Tatsachen" oder Nachrichten, über welche die Gemeinschaft kommuniziert und, je nach Bedeutung, ein gelerntes Verhaltens- und Handlungsprogramm hervorruft.

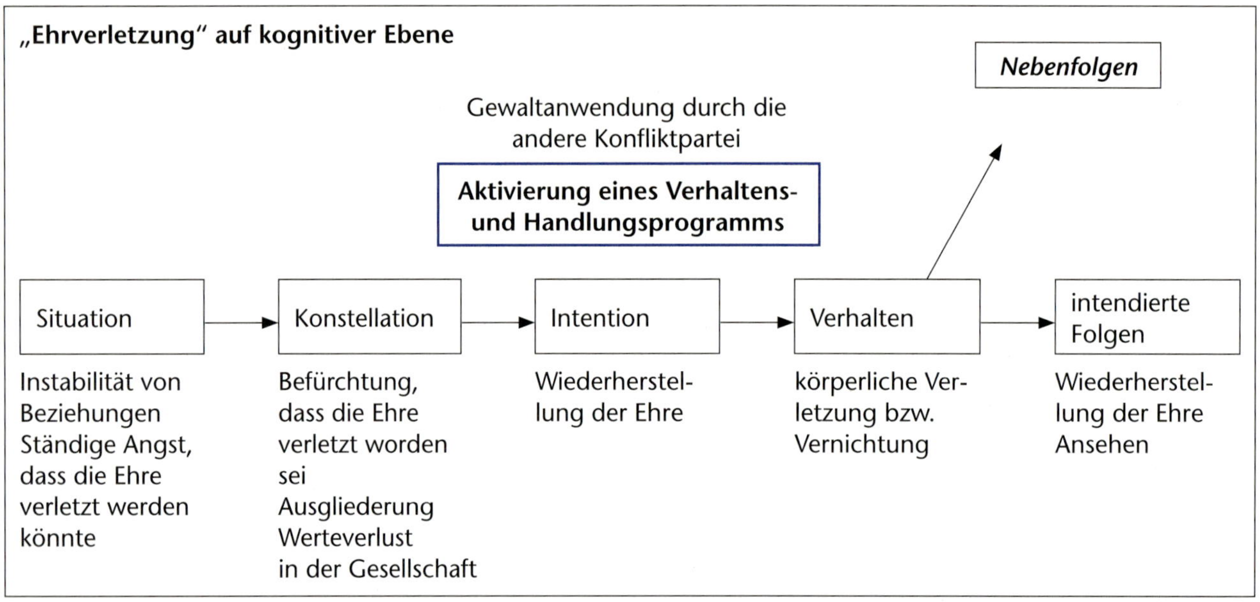

In der Abbildung ist eine vermutete Ehrverletzung schematisch dargestellt, wobei die auslösende Situation, z. B. Gerüchte über eine unerlaubte Beziehung, die weiteren Schritte automatisch auslöst. Konstitutiv für diesen Automatismus ist meist die Befürchtung, dass allein durch ein Gerücht die Ehre in der Öffentlichkeit bereits verletzt worden sei und man einen Gesichtsverlust erleide. Deshalb wird es die Intention sein, diese Ehre, vor allem in der Öffentlichkeit, wiederherzustellen. D. h., dass eine Aktion, eine Handlung erfolgen muss. Die Gegenpartei (eine Person oder eine Gruppe) wird damit zum Ziel, indem versucht wird, durch verschiedene Formen der Reaktion die Ehre wiederherzustellen. Die Formen der Wiederherstellung der Ehre können Verletzung bzw. Vernichtung einer „wertvollen" Person aus der Gegenpartei sein oder auch Raub von Eigentum oder einer Frau (meist unverheiratet). Hierbei geht es um den Versuch der Wiederherstellung der Ehre in der Öffentlichkeit. D. h., die Solidargruppe oder Gesellschaft muss bemerken, dass die Gegenseite einen Verlust erlitten hat. Das eigentliche unbewusste Ziel solcher Auseinandersetzungen ist die ökonomische Vernichtung bzw. ökonomischer Verlust. Durch die Ehrverletzung verliert die Person oder die Gruppe Beziehungen in der Solidargruppe, was dann auch zu ökonomischen Konsequenzen führt. Personen weigern sich z. B., ihnen zu helfen, auf ihrem Land Felder zu bebauen etc.

In: conflict & communication online, Vol. 1 No. 1, 2002; http://www.cco.regener-online.de

■ *Der Text von Ilhan Kizilhan beschreibt die psycho-sozialen Strukturen, die in traditionell patriarchalischen Gesellschaften herrschen. Erarbeiten Sie den Text arbeitsteilig unter verschiedenen Blickwinkeln in drei Gruppen und bereiten Sie mithilfe von Folien eine Präsentation vor.*
Arbeitsauftrag Gruppe 1: Beschreiben Sie typische Stammes- und Familienstrukturen in patriarchalisch-hierarchischen Gesellschaften.
Arbeitsauftrag Gruppe 2: Welche Rolle wird der Frau innerhalb patriarchalisch-hierarchischer Gesellschaften zugewiesen?
Arbeitsauftrag Gruppe 3: Erläutern Sie, welche Bedeutung der „Ehre" in patriarchalisch-hierarchischen Gesellschaften zukommt.

Tatmotiv Ehre

Immer wieder werden Frauen getötet, weil sie nicht so leben, wie es sich ihre männlichen Familienangehörigen vorstellen [...] Vor einem Jahr wurde in Berlin Hatun Sürücü von ihrem Bruder ermordet, ein Verbrechen, das viel Aufmerksamkeit erregte und zu einer breiten öffentlichen Debatte über Wertvorstellungen führte.

Mindestens 5 000 junge Mädchen und Frauen sterben jedes Jahr als Opfer der Todesurteile, die aufgrund eines kulturellen Ehrenkodexes in Familien gefällt und vollstreckt werden. Das stellte ein Bericht der Vereinten Nationen fest [...], die Dunkelziffer dürfte aber um ein Vielfaches höher sein, da die meisten Ehrenmorde nie von einem Gericht geahndet werden.

Am Montag, den 7. Februar 2005 erschoss der 19-jährige Ayhan Sürücü seine 23-jährige Schwester Hatun im Berliner Bezirk Tempelhof. Er gestand die Tat, seine Brüder bestreiten dagegen jede Beteiligung [...]. Alle drei Brüder sitzen in Untersuchungshaft, weil das Gericht einen in der Familie gemeinschaftlich vereinbarten Mord vermutet, um die „Familienehre" wiederherzustellen.[1] [...]

Hatun Sürücü musste sterben, weil sie genauso leben wollte wie andere junge deutsche Frauen. Die Deutschkurdin, die in Berlin aufwuchs, wurde von ihrer Familie mit einem Cousin in der Türkei zwangsverheiratet. Sie floh mit ihrem Sohn aus der Ehe, kam nach Berlin zurück, legte das Kopftuch ab, lebte in einer eigenen Wohnung und absolvierte eine Elektroinstallateurlehre. Kurz vor ihrer Gesellenprüfung wurde sie von ihrem Bruder erschossen.

Die Tat erregte die Öffentlichkeit sehr, zumal schnell Stimmen männlicher Jugendlicher türkischer Herkunft aus Berlin laut wurden, die den Ehrenmord rechtfertigten und Verständnis für den Täter zeigten. [...] In Deutschland ist die Zahl der Ehrenmorde besonders hoch und es ist höchste Zeit, dass sich das ändert.

Von Verbrechen im Namen der Ehre spricht man, wenn Mädchen oder Frauen getötet werden, weil sie aufgrund eines kulturellen Ehrenkodex ihrem Mann oder ihrer Familie Schande gebracht haben. Das heißt, durch ihr Verhalten haben sie gegen gesellschaftliche Regeln verstoßen und in den Augen ihrer Angehörigen bzw. der jeweiligen patriarchalen Gesellschaft, kann dieser Schandfleck nur getilgt werden, indem sie gemaßregelt oder sogar ermordet werden.

Ehrenmorde sind der gewalttätigste Exzess von patriarchalen Kulturen, in denen Frauen keine Unabhängigkeit zugestanden wird, sie sind nicht wirklich selbst für ihr Tun verantwortlich, sondern ihre Väter, Brüder oder Männer tragen die Verantwortung – und damit auch die „Pflicht" der Kontrolle und der Bestrafung. Das sittenwidrige „Vergehen" der Frau ist damit automatisch das Vergehen ihrer männlichen Angehörigen, deren Pflicht es dann ist, die auf sie zurückfallende Schande zu sühnen. Jeder Normverstoß einer Frau befleckt in dieser Art von Denksystem die „Ehre" mindestens eines Mannes. [...]

Tötungsdelikte sind dabei nur die Spitze des Eisbergs, denn die „Kontrolle" der Frauen enthält oft alltägliche Gewalt in jeder Form. Ehrenmorde sind häufig durch restriktive sexuelle Normen bedingt, z. B. das Verbot vorehelicher Sexualkontakte. Ehrenmorde beruhen nicht auf religiösen Vorschriften, obwohl das häufig behauptet wird und religiöse Gründe als Rechtfertigung genannt werden. Tatsächlich entstammen sie sehr alten traditionellen Rechtsvorstellungen, die es lange vor Christentum oder Islam schon gab. Heute sind sie vor allem in islamisch geprägten Ländern ein verbreitetes Phänomen. Besonders gefährdet, Opfer eines Mordes mit Tatmotiv Ehre zu werden, sind Frauen in Pakistan, Jordanien, der Türkei, Syrien und dem Libanon. Ehrenmorde gibt es aber auch in Brasilien, Italien, Ecuador und Indien. Dazu kommen die Morde an jungen Migrantinnen aus entsprechenden Herkunftsländern überall auf der Welt.

In der Migration verstärkt sich oft der soziale Druck, Regeln und Normen des Herkunftslandes zu respektieren, um die eigene kulturelle Identität nicht zu verlieren. Familien versuchen, sich durch den Rückzug auf Traditionen und Wertvorstellungen der alten Heimat zu schützen. Die Realität der Gesellschaft, in die sie zugezogen sind, empfinden sie oft als verwirrend und bedrohlich, besonders wenn Werte kollidieren. Das verstärkt den Druck gerade auf Mädchen und junge Frauen. Ein Beispiel dafür ist die Tatsache, dass viele junge Deutschtürkinnen Kopftücher tragen, obwohl ihre weiblichen Verwandten in der Türkei das nicht tun. Zurzeit gibt es eine starke Tendenz der „Islamisierung" unter den Migranten in Deutschland. [...]

Andrea Naica-Loebell, www.telepolis.de (8.3.2006)

1 „Am 13. April 2006 verurteilte das Berliner Landgericht den jüngsten Angeklagten Ayhan Sürücü zu einer Jugendstrafe von neun Jahren und drei Monaten und sprach die beiden mitangeklagten älteren Brüder, Alpaslan und Mutlu Sürücü, aus Mangel an Beweisen frei. Die Staatsanwaltschaft legte umgehend beim Landgericht Berlin Revision gegen das Urteil ein, über die der Bundesgerichtshof entscheiden wird."

In: http://de.wikipedia.org/wiki/Hatun_Sürücü; Stand:15.5.2006.

- *„Ehrenmorde" gibt es auch heute noch. Welche Informationen haben Sie darüber? Sind Ihnen Beispiele aus den Medien bekannt?*

- *Lesen Sie den Artikel des Online-Magazins telepolis und tragen Sie die dort gegebenen Informationen unter folgenden Fragestellungen zusammen.*
  a) Wie stellt sich bei weltweiter Betrachtung das Problem „Ehrenmord" dar?
  b) Warum kam es zum Mord an Harun Sürücü? Bewerten und diskutieren Sie die Tatmotive.
  c) Nennen Sie Gründe, weshalb solche „Ehrenmorde" auch in westeuropäischen Ländern möglich sind.

- *Diskutieren Sie, wie in der Bundesrepublik mit dem Phänomen „Ehrenmord" umgegangen werden sollte.*

Kampagne gegen Ehrenmorde und Gewalt

DW-WORLD.DE
DEUTSCHE WELLE

Zwei junge Berliner Türken protestieren mit einer Postkartenaktion gegen sogenannte Ehrenmorde. Neben positiven Reaktionen und starkem Medieninteresse sorgt die Kampagne jedoch auch für Spannungen. Ariana Mirza unterhielt sich mit Initiatorin Güner Y. Balci und dem 16-jährigen Saithan über sein Engagement.

Anfang 2005 initiiert Güner Y. Balci im Berliner Mädchentreff „MaDonna" eine Postkartenaktion gegen sogenannte Ehrenmorde. Die Journalistin spricht Jugendliche an, ob sie sich für die Kampagne fotografieren lassen würden. Der 17-jährige Sinan und sein ein Jahr jüngerer Freund Saithan sind sofort einverstanden. Sie finden es wichtig, öffentlich ein Zeichen gegen Gewalt und Unterdrückung zu setzen. „Ehre ist, für die Freiheit meiner Schwester zu kämpfen!" lautet der Slogan der Karte, die Anfang 2005 in einer Auflage von 20000 Stück in Umlauf gebracht wird.

„Pantherpreis" für Zivilcourage

Ihre Familien informieren die Jungen nicht. Sie gehen davon aus, dass Eltern und Verwandte „das gar nicht mitbekommen". Doch nachdem im Frühjahr 2005 der erste Artikel über die Aktion erscheint, wächst das Medieninteresse. Im Herbst gewinnen Saithan und Sinan den „Pantherpreis" der Tageszeitung „taz", eine Auszeichnung für besondere Zivilcourage. Die beiden Jungs werden in der deutschen und europäischen Presse als Helden gefeiert, diverse Fernsehstationen laden sie ein. Eine ungewohnte Situation für die Schüler. Zugleich müssen sie sich erstmals mit zwiespältigen Reaktionen aus ihrem privaten Umfeld auseinandersetzen.

Von den Aktivitäten ihrer Söhne erfahren die Eltern per Zufall, durch einen Fernsehauftritt. „Sinans Vater dachte, Sinan sei bei mir, um Geburtstag zu feiern und meine Eltern dachten, ich wäre bei Sinan zum Geburtstag eingeladen. Dann haben sie uns plötzlich auf dem Bildschirm gesehen." Saithan hat Glück. Begeistert zeigen sich seine Eltern über die Medienpräsenz ihres Sohnes nicht, aber sie sind einverstanden mit seinem Engagement. „Meine Mutter ist stolz auf mich." Sinans Familie hingegen reagiert verunsichert. Die öffentliche Aufmerksamkeit ist den Eltern von Anfang an suspekt. Derzeit möchte der Vater nicht, dass sich sein 17-jähriger Sohn weiterhin in den Medien äußert.

Zeichen gegen Gewalt

Auch unter Gleichaltrigen sammeln Sinan und Saithan unterschiedliche Erfahrungen. In der Realschule, die Saithan besucht, wird das Thema auf Grund der Postkartenaktion ausführlich im Unterricht behandelt. Die Mitschüler, von denen 70 Prozent aus arabischen und türkischen Migrantenfamilien stammen, teilen Saithans ablehnende Meinung zu Zwangsverheiratungen und Ehrenmorden.

Sinan, der eine Hauptschule besucht, wird unterdessen von einigen Mitschülern angepöbelt. „Weil die das alles gar nicht richtig verstanden haben. Die denken, dass er damit sagt, dass es ihm egal ist, was seine Schwester macht", berichtet Saithan.

„Ehrenmorde und Zwangsverheiratungen sind in vielen Migrantenfamilien immer noch ein Tabuthema", erklärt Güner Y. Balci, die sich über die breite Diskussion freut, die das Projekt ausgelöst hat. Die Zivilcourage von Saithan und Sinan hätte dabei nicht zuletzt einen Signalcharakter für Gleichaltrige.

„Häufig sind die Jungen aus Migrantenfamilien ähnlichen Zwängen ausgesetzt wie die Mädchen. Es ist ungemein wichtig, dass diese Jugendlichen sehen,

dass es möglich ist, sich von bestimmten Konventionen zu lösen, die unrecht sind."

Bundesweite Aktion

In diesem Jahr wird die Kampagne, die an eine ähnliche Aktion muslimischer Jugendlicher in Schweden angelehnt ist, bundesweit fortgeführt. Zukünftig sollen die Postkarten auch in arabischer und türkischer Sprache gedruckt und zudem gezielt in Männerdomänen wie Cafés und Sportvereinen verteilt werden.

Außerdem sind Plakataktionen mit dem gleichen Motiv geplant. „Es muss dabei klargestellt werden, dass diese Morde nichts mit einer religiösen Pflicht zu tun haben", so Güner Y. Balci. Vielen Muslimen sei immer noch nicht bewusst, dass es sich bei Zwangsverheiratungen und Ehrenmorden um archaische, vorislamische Traditionen handele.

Über Saithan ist dieses Jahr ein Fernsehfeature geplant, an dessen Realisierung auch Güner Y. Balci beteiligt ist. „Wir wollen Saithan in seinem Alltag begleiten und die Lebenssituation beleuchten, in der er und viele junge Migranten sich befinden."

Ob sich der 16-jährige Saithan dann souveräner als bisher in Szene setzen kann, bleibt abzuwarten. Er ist ein zurückhaltender Mensch, sogar ein wenig schüchtern. Auf die Frage, ob er weiterhin sein Gesicht gegen Gewalt und Unrecht zeigen möchte, antwortet er erst nach längerem Nachdenken: „Eigentlich schon. Sehr gerne." Später will er einmal Rechtsanwalt werden. Dann könnte er sich immer für Gerechtigkeit einsetzen.

Deutsche Welle/DW-WORLD.DE, 14.3.2007

- *Analysieren Sie den Slogan der Kampagne „Ehre ist, für die Freiheit meiner Schwester zu kämpfen".*
- *Beschreiben und bewerten Sie, wie das soziale Umfeld von Sinan und Saithan auf deren Beteiligung an dieser öffentlichen Kampagne reagiert.*

Baustein 5

García Márquez als südamerikanischer Autor

In diesem Baustein geht es vor allem um Fragestellungen, die mit den biografischen Daten des Autors Márquez in Verbindung stehen. Neben den persönlichen Lebensdaten sollen vor allem Aspekte Berücksichtigung finden, die die „Chronik" in besonderer Weise geprägt haben oder aber ein besseres Verständnis dieses Erzählwerkes ermöglichen. Deshalb sollen zunächst biografische Bezüge zur „Chronik" hergestellt werden, um so exemplarisch einen zusätzlichen Interpretationszugang für Schüler zu skizzieren, der sich an der Lebensgeschichte des Autors orientiert. (5.1)
Weiterhin soll Márquez' literarisches Lebensthema, die Einsamkeit, betrachtet werden. Sie ist nicht nur biografischen Ursprungs, sondern repräsentiert darüber hinaus ein lateinamerikanisches Lebensgefühl, dessen besondere Ausprägungen Márquez in seinem Erzählwerk facettenreich darstellt. Zugleich gründet in dieser Thematik auch sein Selbstverständnis als politischer Autor. (5.2)
Schließlich ist zu beurteilen, wie sich die von Márquez real erlebte und künstlerisch dargestellte Wirklichkeit mit literarischen Traditionen in Verbindung bringen lässt. (5.3)
In diesem Zusammenhang ist auch ein Blick auf Gattungsfragen interessant, führt der Roman doch die Bezeichnung *Chronik* im Titel und verweist im Inhalt auf zahlreiche weitere Gattungen. (5.5)

5.1 Biografische Bezüge zur „Chronik"

Die biografischen Daten des Nobelpreisträgers Márquez sind leicht zugänglich und sollen hier nicht ausführlich dargestellt werden. Unsere Betrachtung soll sich in diesem Zusammenhang auf biografische Ereignisse konzentrieren, die direkt oder indirekt die Entstehung und den Inhalt der „Chronik" bestimmt haben. Für die Erarbeitung dieser lebensgeschichtlichen Bezüge ist es aber natürlich sinnvoll, sich über die wichtigsten Lebensstationen und Werke des Autors Márquez zu informieren. Dies kann durch ein Schülerreferat geschehen. Auf diesem Hintergrund kann dann auch genauer datiert werden, wann das historisch verbürgte Geschehen, das in der „Chronik" Erzählgegenstand ist, tatsächlich stattgefunden hat.
Die „Chronik" bezieht sich auf ein Verbrechen, das sich am 21. Januar 1951 in der Ortschaft Sucre ereignet. Am Morgen dieses Tages wird Márquez' Jugendfreund Cayetano Gentilo Chimento von den Chica-Brüdern ermordet, weil man ihn verdächtigt, der Schwester Margarita Chica Salas ihre Unschuld genommen zu haben. Biografisch fällt dieses Ereignis somit in die Zeit, als die Familie nach Sucre übersiedelt (1939–1951) und dort lebt (**Arbeitsblatt 11**, S. 112f.). Márquez hat zum Zeitpunkt des Mordes sein Studium gerade abgebrochen und arbeitet bereits als Kolumnist für die Zeitung *El Heraldo.* Obwohl er in Barranquilla lebt, verbringt er, wie in seiner Schulzeit, mehrere Wochen im Jahr bei seiner Familie in Sucre.

- *Lesen Sie den Textauszug von Dasso Saldívar (**Arbeitsblatt 11**, S. 112f.) und erarbeiten Sie in arbeitsteiliger Gruppenarbeit folgende Fragestellungen:*

Welche Parallelen bestehen zwischen dem von Márquez „tatsächlich" erlebten Geschehen in Sucre und seiner literarischen Verarbeitung in der „Chronik".[1]

Zweifellos besteht, was Schauplatz, Tatmotiv und die Folgen anbelangt, eine große Ähnlichkeit zum Geschehen in der „Chronik". Folgende Stichworte können an der Tafel oder auf einer Folie zusammengestellt werden:

Die Ermordung von Santiago Nasar und Cayatano Gentile Chimento

Parallelen

- Schauplatz: „ein Dorf" – Sucre
- Tatmotiv: „verlorene Unschuld" einer jungen Frau; Wiederherstellung der Familienehre
- Täter: Vicario-Zwillinge – Chica-Salas-Brüder
  die Brüder sind mit dem Opfer befreundet
- Tatwaffe(n): Messer
- tragische Verstrickung der Mutter des Mordopfers („verschlossene Tür")
- Ermordung als „Gemetzel"; herausquellende Eingeweide

Unterschiede

- Chimento wird nur von *einem* der Brüder erstochen
  – Nasar wird von beiden Brüdern niedergestochen
- Chimento wird im Nachbarhaus ermordet
  – Nasar wird öffentlich ermordet; vor der eigenen Haustür

Offenbar hat sich Márquez in vielen Details an das tatsächliche Geschehen gehalten. Dies deckt sich auch mit seinem immer wieder formulierten Anspruch, „realistisch" zu schreiben. Gleichzeitig zeigt dies Beispiel aber auch, wie stark Márquez von seiner dokumentierenden journalistischen Arbeit geprägt ist. Interessanter und aufschlussreicher für die Betrachtung sind die von Márquez bewusst gemachten Unterschiede. Während der reale Mord im privaten Raum eines Hinterhofes stattfindet, wird Nasar öffentlich vor der eigenen Haustür und unter den Augen der Dorfbewohner regelrecht hingerichtet. Unterstrichen wird dieser „gemeinschaftliche" Mord durch das Detail, dass Nasar von beiden Brüdern erstochen wird. Mit dieser abweichenden Darstellung gelingt es Márquez, deutlicher auf die Frage der Verantwortung und der Kollektivschuld hinzuweisen.

In der „Chronik" wird diese besondere Situation Sucres nicht explizit aufgenommen. Es geht Márquez offenbar nicht darum, die spezielle historische Verfassung Kolumbiens darzustellen. Was er in Sucre erlebt, wird für ihn zum Modellfall. Es könnte jederzeit auch an anderen Orten Kolumbiens oder sogar Lateinamerikas geschehen. Deshalb wird die Handlung in ein anonymes Dorf verlegt, in dem sich wie in einem Laboratorium die Verhaltensweisen, Motive und Werte der Menschen studieren lassen. So tritt vor allem die *violencia* in der Chronik nicht offen zu Tage, sondern ist gleichsam ein ständig schwelender, latent herrschender Zustand, der als Normalität empfunden wird, obwohl er die menschlichen Beziehungen zerstört. Die *violencia* bricht deshalb auch nicht plötzlich über die Menschen herein, sondern

[1] Bei dieser Aufgabenstellung sollte immer auch mitreflektiert werden, dass sich Dasso Saldívar der gleichen Recherchemethoden bedient, wie sie der Erzähler der „Chronik" nutzt. Letztlich ist auch eine Biografie eine Kunstform, deren Glaubwürdigkeit stark vom Grad der subjektiven Darstellung des Autors abhängt.

sie ist strukturell bereits vorhanden und wird besonders in der patriarchalen Werteordnung mit seinem Ehrenkodex greifbar.
Auch hier versucht Márquez, durch eine abweichende Darstellung der historischen Geschehnisse letztlich einen größeren Wirklichkeitsbezug herzustellen, indem er die scheinbar schicksalhaft hereinbrechenden, historisch belegten Ereignisse auf die ihnen immanenten, von Menschen zu verantwortenden Strukturen zurückführt.
Im Rückblick ist Sucre für Márquez sicher ein Stück Heimat, da er hier nicht nur mit seiner Familie lebte, sondern auch viele Freunde trifft, die ihn auf seinem späteren Lebensweg begleiten. Nicht zuletzt trifft er hier auch auf seine spätere Frau Mercedes.
Andererseits ist für den Literaten Márquez dieser Ort ein Beispiel für den Niedergang Kolumbiens. Für ihn und für seine Familie kulminiert dieser Verfall in der sich ausbreitenden *violencia*, die schließlich auch zum Ehrenmord an Chimento führt und den letzten Anstoß für die Familie liefert, Sucre zu verlassen.
Diese belegten Erlebnisse sind sicher mitverantwortlich für die weitere literarische und politische Laufbahn von Márquez. Insbesondere das die lateinamerikanische Mentalität so bestimmende Lebensgefühl der *soledad*, der Einsamkeit, hat in solchen Erlebnissen der Fremdheit, der Vereinzelung und des Vergessens seine Wurzeln.
Dieses Beispiel kann gleichzeitig dazu dienen, noch einmal explizit das Verhältnis von Realität und künstlerisch verarbeiteter Realität zu thematisieren.

- *Welche Wirkung hätte Márquez' „Chronik" auf Sie, wenn sich der Autor wesentlich stärker an die tatsächlichen Geschehnisse gehalten hätte?*
- *Und umgekehrt: Wie verändert die literarische Verfremdung des realen Geschehens die Wirkung auf den Leser?*

5.2 Im Labyrinth der Einsamkeit

Einsamkeit ist für Márquez ein vielschichtiges Phänomen, dessen Bedeutung von ihm in seinem literarischen Werk in ganz unterschiedliche Bilder und Episoden gefasst wird. Am bekanntesten ist in diesem Zusammenhang sein Roman „Hundert Jahre Einsamkeit".
Als Einstieg kann man Äußerungen des Autors zur Thematik vorlesen und als Impuls für eine vertiefende Auseinandersetzung nutzen. In seinem ausführlichen Gespräch mit Plinio Apuleyo Mendoza geht Márquez z. B. so weit, dass er postuliert: „Ein Schriftsteller schreibt nur ein einziges Buch, auch wenn dieses Buch in vielen Bänden und unter verschiedenen Titeln erscheint.[...]"[1] Auf die Rückfrage Mendozas, was denn sein einziges Buch sei, antwortet Márquez knapp: „Das Buch der Einsamkeit."[2]

- *Was verbinden Sie mit dem Begriff „Einsamkeit"?*
- *Unterscheiden Sie „Einsamkeit" von „Alleinsein".*
- *Ergänzen Sie Ihre Überlegungen durch eine Recherche in verschiedenen Lexika.*
- *Dokumentieren Sie Ihre Ergebnisse auf einem Wandplakat.*

Für Márquez ist „Einsamkeit" ein elementares Lebensgefühl, das für ihn zum Menschsein dazugehört und insofern für ihn eine anthropologische Konstante darstellt. Im o.g. Gespräch führt er aus: „Ich glaube, das ist ein Problem aller Menschen. Jeder drückt es auf seine Art

1 a.a.O. S. 64
2 a.a.O. S. 65

und mit seinen Mitteln aus. Viele Schriftsteller, einige ohne es zu merken, bringen in ihrem Werk nichts anderes zum Ausdruck. Ich bin einer davon."[1]
Márquez geht sogar noch weiter, indem er die Arbeit des Schriftstellers mit der „Einsamkeit" in Verbindung bringt: „Ich finde nämlich, bei literarischer Arbeit ist man immer allein; wie ein Schiffbrüchiger mitten im Meer. Ja, es ist der einsamste Beruf auf der Welt."[2]
Um einen differenzierten Umgang mit dem Begriff „Einsamkeit" zu ermöglichen, sollte aber auch das Verständnis der Schüler von „Einsamkeit" einbezogen werden. Darüber hinaus sollten Lexikonartikel und Fachdefinitionen zu Rate gezogen und die Ergebnisse gesichert werden:

Einsamkeit (Arbeitshypothesen)

„Einsamsein"

- unangenehmes Gefühl
- „leiden" unter dem (subjektiven) Gefühl der Einsamkeit
- soziale Isolation, wenige Sozialkontakte
- Depression, Alkoholismus, auffälliges Verhalten

Bsp.: alte Menschen

„Alleinsein"

- möglicherweise auch angenehm
- oft bewusste Entscheidung
- Sozialkontakte
- „normales" Verhalten

Bsp.: Singles, Künstler

Wahrscheinlich ergibt die Zusammenstellung eine sehr stark psychologisch ausgerichtete Begriffsdefinition.
Dieser vorläufigen Begriffsbestimmung kann nun der spezifische „Einsamkeitsbegriff" der südamerikanischen Schriftsteller und Intellektuellen entgegengesetzt werden, wie er sich spätestens seit Octavia Paz' Essay „Das Labyrinth der Einsamkeit" (**Arbeitsblatt 12**, S. 114f.) als Topos etabliert hat.

- *Informieren Sie sich über Leben und Werk von Octavio Paz.*
- *Lesen Sie den Textauszug von Octavio Paz und beschreiben Sie, was er unter „Einsamkeit" versteht.*
- *Dokumentieren Sie Ihre Arbeitsergebnisse in Stichworten auf einem Wandplakat.*

Octavio Paz' berühmter Essay „Das Labyrinth der Einsamkeit", der bereits 1950 erstmals erschien und bis heute als einer der kenntnisreichsten Analysen nicht nur der mexikanischen, sondern der gesamten lateinamerikanischen Mentalität gilt, sieht den Ursprung der „soledad" in der Traumatisierung der mittel- und südamerikanischen Völker durch die spanische Eroberung und Unterwerfung. In der Folge verlieren die kolonialisierten Völker ihre eigene Identität, da durch Einwanderungswellen, sich nicht nur das „Blut" der Menschen mischt (Mestizen, Kreolen usw.), sondern auch deren Kulturen, und es ihnen bis heute nicht gelingt, in den indigenen oder spanischen Traditionen ihren eigenen Ursprung zu sehen. Für Paz leben die Menschen Lateinamerikas in einer entwurzelten Kultur und bedürfen deshalb einer zukunftsgewandten Orientierung. Parallelen zu den Grundformen dieser „Einsamkeit" sieht Paz vor allem in einem anthropologisch verankerten existentialistischen Lebensgefühl, das

[1] a.a.O. S. 65
[2] a.a.O. S. 36

für ihn, den in Europa ausgebildeten Intellektuellen und Diplomaten, grundlegend ist, um den Charakter des mexikanischen Volkes (und letztlich der Völker Lateinamerikas) psychologisch und soziologisch im Kontext seiner historischen Entstehungsbedingungen zu beschreiben. Die „soledad" ist für ihn aber auch Ausdruck für die Verschlossenheit der Menschen und der daraus resultierenden Starrheit der gesellschaftlichen Verhältnisse, die aus seiner Sicht dringend der Öffnung und Weiterentwicklung bedürften. Greifbar wird diese in Traditionen verhaftete Denkweise im patriarchalen „machismo", der durch Stolz, Macht und Ehre die fehlende Öffnung von Menschen und Gesellschaft verhindert und historisch überkommene Strukturen als gottgewollt und vor allem sicher idealisiert.

„Soledad"

- „Einsamkeit" anthropologisch begründet; entsteht durch Bewusstwerdung eigener Identität
- Bezug zum Existentialismus
- in Lateinamerika zusätzlich „Einsamkeit" der Völker
- Kolonialisierung und Einwanderung haben Menschen kulturell entwurzelt
- „Einsamkeit" führt zu Verschlossenheit und gesellschaftlicher Erstarrung
- sie ist Grundlage und Ausdruck des herrschenden „machismo"

Auf dem Hintergrund des sehr weit gefassten Einsamkeitsbegriffs von Paz und Márquez ist nun ein differenzierterer Blick auf die Einsamkeitsthematik der „Chronik" möglich.

- *Folgt man der Einschätzung von Márquez, dass das Grundthema seiner Bücher die Einsamkeit ist, dann ist nun auf dem Hintergrund der bisherigen Arbeitsergebnisse zu prüfen, welche Formen von Einsamkeit vor allem in der Chronik dargestellt sind.*

- *Diskutieren Sie zunächst in Kleingruppen, welche Formen von „Einsamkeit" sich in der „Chronik" nachweisen lassen. Versuchen Sie Ihre Vermutungen auch an einzelnen Personen zu veranschaulichen. Begründen Sie Ihre Arbeitshypothesen. Stellen Sie anschließend Ihre Gruppenergebnisse vor.*

Einsamkeit des Dorfes – „räumliche Einsamkeit"

- *Gibt es einen Zusammenhang zwischen der abgeschnittenen Lage des Dorfes und den erarbeiteten Aspekten der „Einsamkeit"?*

Das Dorf, in dem Santiago Nasar umgebracht wird, ist von der Außenwelt abgeschnitten und wie „vergessen" (10). Der Fluss ist die wichtigste Verbindung nach außen. Allerdings fahren schon lange keine größeren Schiffe mehr flussaufwärts. Eine Eisenbahnverbindung gibt es noch nicht, denn Bayardo San Román, der vermeintliche Eisenbahningenieur, schlägt vor, eine Eisenbahnlinie ins Innere zu bauen, um von den Launen des Flusses unabhängig zu sein." (29) Ansonsten ist gelegentlich von weitem die fast unerreichbare karibische Küste am Horizont zu sehen.
Die abgeschnittene Lage des Dorfes wird besonders durch die große Bedeutung äußerer Ereignisse deutlich. So wird der Besuch des Bischofs zu einem Ereignis, das das gesamte Dorf mobilisiert. Ebenso bedeutsam ist die Ankunft Bayardo San Románs und der spätere Besuch seiner Familie, die mit einem der ersten Ford-Modelle das Dorf besuchen, in dem die mo-

derne Technik noch keinen Platz gefunden hat. Auch die „moderne" telegrafische Verbindung nach außen wird fehlerhaft bedient, und der Telegrafist bedarf einiger Hinweise des weltgewandten Bayardo, um die Technik besser nutzen zu können. (29)
So führt der mangelnde Kontakt und Austausch mit dem Umfeld des Dorfes zu seiner Isolation und „räumlichen" Einsamkeit.
Besonders eindringlich zeigt Márquez die Gottverlassenheit des Dorfes mit dem angekündigten Besuch des Bischofs. Für die Menschen des Dorfes ist dies Anlass für allerlei Fantasien und Projektionen, die ihren gleichförmigen Tagesablauf durchbrechen. Der Bischof aber hält es nicht einmal für nötig anzuhalten. Er lässt das Dorf einfach am Ufer liegen und durch seine Weiterfahrt wird für alle Dorfbewohner spürbar, wie bedeutungslos das Dorf in Wirklichkeit ist.

Zeitliche Einsamkeit

Die Formulierung des Erzählers vom „vergessenen Dorf" hat auch eine zeitliche Dimension, denn das Dorf befindet sich gleichsam außerhalb der geschichtlichen Zeit. Obwohl zahlreiche Zeitangaben gemacht werden, sind die Ereignisse nicht genau zu datieren. Gelegentlich entstehen Bezüge zu einer außerhalb liegenden geschichtlichen Zeit. So z. B. durch das Auftreten von Bayardos Vater, „General Petronio San Román, Held aus den Bürgerkriegen des vorigen Jahrhunderts, und einer der großen Ruhmesgestalten des konservativen Regimes, weil er Oberst Aureliano Buendia beim Verhängnis von Tucurinca in die Flucht geschlagen hatte." (36)
Trotz ihrer Konkretheit lassen gerade solche nationalen Ereignisse der kolumbianischen Geschichte das Dorf mit seinen Menschen bedeutungslos erscheinen. In ihm scheint die Geschichte stehengeblieben zu sein. Entgegen der linear fortschreitenden (modernen) Zeit herrscht im Dorf eine zyklisch verlaufende Zeit der Wiederholung, der Routine, des Immergleichen. Die Unterschiede zwischen den einzelnen Tagesabläufen sind gering. Das Dorf ist aus der Geschichte gefallen und bildet mit seiner Gleichförmigkeit die Kulisse für die erstarrten Prinzipien eines überkommenen Ehrbegriffs, der sogar einen angekündigten Tod zulässt. Das Dorf befindet sich somit als Gemeinschaft, als soziales Ganzes in einem räumlichen und zeitlichen Einsamkeitszustand.

Die Einsamkeit der Menschen

Nicht nur die gesamte Dorfgemeinschaft lebt in einem Einsamkeitszustand, sondern auch viele Einzelfiguren der „Chronik" leben distanziert und isoliert von ihren Mitmenschen.

- *Wie drückt sich die Einsamkeit bei den Menschen der „Chronik" aus? Nehmen Sie folgende Personen als Beispiel und begründen Sie jeweils Ihre Überlegungen.*
  - *Santiago Nasar*
  - *die Zwillinge Pedro und Pablo Vicario*
  - *Bayardo San Román*
  - *die Frauen*

Die Einsamkeit des Opfers Santiago Nasar

Santiago Nasar hat in der Dorfgemeinschaft eine Außenseiterstellung. So wird er als „Araber" und „Türke" bezeichnet. Gleichzeitig verfügt er aber auch über eine gewisse Schulbildung und ist finanziell unabhängig. Seine Vorliebe für die Falkenjagd verleiht ihm sogar aristokratische Züge. Daüber hinaus gilt er als Frauenheld. Alle diese Eigenschaften isolieren ihn vom Rest der Dorfgemeinschaft und zwingen ihn, eine Sonderrolle zu spielen (s. a. Baustein 3.2).

Die Einsamkeit der Täter Pedro und Pablo Vicario

Wie in den vorangehenden Kapiteln ausführlich beschrieben, sind die Brüder Opfer des herrschenden „Ehrenkodexes". Sie können ihren inneren Konflikt nicht kommunizieren, sondern warten darauf, dass die Dorfgemeinschaft sie daran hindert, Nasar zu ermorden. Besonders hier zeigt sich die von Paz angesprochene Verschlossenheit der Menschen. Da die Dorfbewohner selbst im Sinne von Paz „vereinsamt" sind, ist es ihnen nicht möglich, den Zwillingen zu helfen. So werden sie ebenfalls zu Tätern, da es ihnen ebenfalls nicht gelingt, die zur „Vereinsamung" führenden gesellschaftlichen Zwänge einer patriachalen Gemeinschaft zu überwinden (s. Erläuterungen in Baustein 4).

Bayardo San Román

Bayardo San Román bricht von außen in die Dorfgemeinschaft ein. Von Anfang an haftet ihm etwas Undurchschaubares und Diabolisches an. Auch seine finanziellen Möglichkeiten geben Anlass zu Spekulationen. Er ist ein „Fremder" und wird deshalb von der Dorfgemeinschaft zwar aufgenommen, aber nicht integriert, da das „Fremde" die Dorfgemeinschaft irritiert und ängstigt. Bayardos Heirat mit Angela Vicario kann unter diesem Blickwinkel auch als Versuch gesehen werden, seine Einsamkeit zu überwinden. Und so mündet auch eine seiner Legenden, in denen er sich als einsamer Vagabund darstellt, in der Äußerung „Ich zog von Dorf zu Dorf auf der Suche nach einer zum Heiraten" (29). Der Erzähler vermutet sogar, dass sein Verhalten und seine Witzeleien seine inneren Spannungen kompensieren, denn „[...] vor allem schien er mir ein todtrauriger Mensch zu sein" (30).
Bayardo ist zu echten menschlichen Beziehungen nicht fähig. In der Dorfgemeinschaft sucht er eine Nähe, die auch hier nicht erlangt werden kann. Als Ersatz bahnt er zwischenmenschlichen Beziehungen über Geld bzw. materielle Dinge an. So versucht er, die „Liebe" Angela Vicarios durch außergewöhnliche Geschenke (Grammophon, das Haus des Ehepaars Xius) zu gewinnen. Der beachtliche finanzielle Aufwand für die Hochzeit zielt sowohl auf die Zuneigung seiner Braut als auch auf die Sympathien der Dorfbewohner. Letztlich ist er aber liebesunfähig, da es ihm stets um den Besitz und die Verfügbarkeit menschlicher Beziehungen geht (s.a. Baustein 3.2).

Die Einsamkeit der Frauen

Die Einsamkeit der Frauen lässt sich gut an der Vicario-Familie veranschaulichen. Das Leben der Frauen der Vicario-Familie ist geprägt durch Aufopferung und Unterordnung. Insbesondere die Mutter Purísma del Carmen „glich einer Nonne" (33). Sie hatte ihren Beruf als Lehrerin aufgegeben, um sich der „Betreuung ihres Mannes" (33) und der Erziehung ihrer Kinder zu widmen. Sie nimmt diese Rolle in einem Maße ernst, „dass man bisweilen vergaß, dass sie noch dar war" (33). Ihre ursprünglich einmal gewonnene Identität hat sie durch Unterordnung ihrer Interessen unter die Familienansprüche aufgegeben. In gleicher Weise werden ihre Töchter erzogen und auf ihre Rolle als Frau in einer patriachalen Gesellschaft vorbereitet (s.a. Baustein 3.3).
Auch Clothilde Armentas Versuche, sowohl den Vicario-Brüdern als auch Santiago Nasar zu helfen, scheitern. Enttäuscht gesteht sie dem Erzähler: „An diesem Tag wurde mir klar, [...] wie allein wir Frauen in der Welt sind!" (65) Eingriffe von Frauen in Ehrenhändel sind in diesen erstarrten Dorfstrukturen nicht vorgesehen. Geschieht dies dennoch, so findet die Frau weder Unterstützung, noch wird ihre Hilfe von den Betroffenen angenommen.
Die Beispiele verdeutlichen, dass fast alle Akteure der „Chronik" „vereinsamt" sind. Allerdings ist nicht so sehr die existenziell bedingte Einsamkeit ursächlich für den „Ehrenmord" und dessen Billigung durch die Mehrzahl der Dorfbewohner. Vielmehr bilden die gesellschaftlich vermittelten Entfremdungszustände Rahmenbedingungen, die Handlungen erzwingen, die

noch „einsamer" machen und verhindern, diesen Zustand zu erkennen, um ihn reflektieren zu können.

5.3 „Die Wirklichkeit aus einem schiefen Winkel sehen"[1] – Kennzeichen des „magischen Realismus'"

Der Begriff „magischer Realismus" geht auf den deutschen Kunstkritiker Franz Roh zurück, der damit einen ganz bestimmten Malstil der Zwanzigerjahre (1924) beschreiben wollte. Der Begriff wurde sehr schnell aufgegriffen, weil er einen allgemeinen kulturellen Trend beschrieb. Mit der mit diesem Begriff verbundenen ästhetischen Haltung schien es möglich, die rational erfassbare Realität mit der subjektiv erlebten, unbewussten und irrationalen Wirklichkeit zu verschmelzen. Der alte abendländische Gegensatz von Logos und Mythos erschien aufhebbar und zumindest im magisch-real geformten Kunstwerk eine Synthese vorstellbar.

Schon bald beschränkte sich der Begriff nicht mehr nur auf die bildende Kunst, sondern auch auf die Literatur. Bereits in den Vierzigerjahren tauchte der Begriff in einigen lateinamerikanischen Zeitschriften auf, wurde schnell für die lateinamerikanische Literatur vereinnahmt und ist heute, zumindest aus europäischer Sicht, geradezu ein Markenzeichen südamerikanischer Literatur. Die Rekonstruktion der Begriffsgeschichte zeigt darüber hinaus auch, dass der Terminus in seiner undifferenzierten Verwendung eher verwirrt denn analytisch klärt.

Dies gilt nicht zuletzt für die meisten Werke von Gabriel García Márquez. So griffig diese Bezeichnung auch zunächst erscheint und jeder Leser lateinamerikanischer Literatur zu wissen glaubt, was damit gemeint sei, so problematisch erweist sich eine genauere Begriffsbestimmung. Hinzu kommt, dass der Fachbegriff sowohl bei einzelnen Autoren als auch bei Literaturwissenschaftlern strittig ist und teilweise sogar abgelehnt wird. Auf dem südamerikanischen Kontinent gibt es inzwischen mehrere literarische Bewegungen, die sich gegen die aus ihrer Sicht kulturimperialistische Vereinnahmung lateinamerikanischer Erzähltraditionen durch europäische Begrifflichkeiten wendet.[2]

Márquez geht mit der Zuordnung zum sogenannten „magischen Realismus" wesentlich unverkrampfter um, wie die folgenden Gesprächsauszüge zeigen. Vermutlich ist diese Einstellung auf seine eher anti-akademische Haltung zurückzuführen. So ist Márquez dafür bekannt, dass er Kritiker und Literaturwissenschaftler nicht besonders ernst nimmt und auch schon mal in einzelnen Texten falsche Fährten für diese kleine Zielgruppe auslegt.

Für Schüler ist es besonders schwierig, sich auf diesen zunächst sehr abstrakt erscheinenden literaturwissenschaftlichen Diskurs einzulassen. Denn die erkenntnistheoretischen und ästhetischen Prämissen verschiedener Ansätze der „Realismusdebatte" nachzuvollziehen würde die meisten Lerngruppen überfordern. Gleichwohl ist es nicht nur für das Verständnis von Literatur und Kunst wichtig, sich über das Verhältnis von Wirklichkeit und abgebildeter Wirklichkeit Gedanken zu machen sowie deren künstlerische Umsetzung zu betrachten und zu bewerten. Die Fähigkeit, dieses Spannungsverhältnis zu reflektieren, ist eine wichtige Bedingung der Möglichkeit von Erkenntnis, die bis in moderne konstruktivistische Theorien hineinreicht.

Uns erscheint es zunächst sinnvoll, sich dem Begriff und seiner Problematik durch Äußerungen von Márquez selbst zu nähern, diese anschließend in Verbindung mit seiner „Chro-

---

1 Márquez, Gabriel García: Der Geruch der Guayave. Gespräche mit Plinio Apuleyo Mendoza. Köln 1993, S. 55.

2 Die Studie von Scheffel, Michael: Magischer Realismus. Die Geschichte eines Begriffes und ein Versuch seiner Bestimmung. Tübingen 1990 skizziert sehr gründlich die facettenreiche Begriffsgeschichte.

nik" zu betrachten und uns dann mit Aspekten der literaturwissenschaftlichen Debatte auseinanderzusetzen.
Diese unterschiedlichen Aspekte zum Márquez'schen Selbstverständnis des magischen Realismus lassen sich von den Schülern anhand des Gespräches zwischen Gabriel García Márquez und Plinio Apuleyo Mendoza herausarbeiten (**Arbeitsblatt 13**, S. 116ff.).

- *Márquez macht in einem Gespräch mit seinem Freund und Kollegen Plinio Apuleyo Mendoza verschiedene Einflüsse für seine Schreibhaltung verantwortlich. Arbeiten Sie in Kleingruppen die biografischen und kulturellen Einflussgrößen heraus und fassen Sie sie an der Tafel oder in einem Wandplakat zusammen.*
- *Diskutieren Sie anschließend, was Márquez auf diesem Hintergrund damit meint, wenn er seine Romane in diesem Gespräch als „verschlüsselte Wiedergabe der Realität" bezeichnet.*

Folgende Tafelanschriebe/Wandplakate können die Schülerergebnisse zusammenfassen:

Biografische Einflüsse auf die Schreibhaltung

Großvater [patriarchalisch]	↔	Großmutter [matriarchalisch]
„Tag"		„Nacht"
sichtbare Realität		nicht sichtbare Realität
realistisch, sicher		magische Welt
„Keuschheitsgürtel"		Fantasien (Chaos)
Rationalismus		Vorahnungen, Übernatürliches
		Erinnerungen
		Bilderreichtum
		Außergewöhnliches
		Einbildungskraft

ambivalente Welterfahrung

Kulturelle Einflüsse auf die Schreibhaltung

magischer Realismus
bei Gabriel García Márquez

Einflüsse (→ magischer Realismus):
- Journalismus
- Literatur (Kafka)
- mündliche Erzähltradition [Anekdoten]
- Kult des Übernatürlichen der Galizier
- afrikanische Erbschaft → überschäumende Einbildungskraft
- Eingeborenenkulturen des südamerikanischen Hochlands
- Fantasie der Andalusier

Nach der Besprechung der einzelnen Aspekte lassen sich die Teilergebnisse zusammenführen und zeigen so sehr anschaulich die Komplexität des Themas.

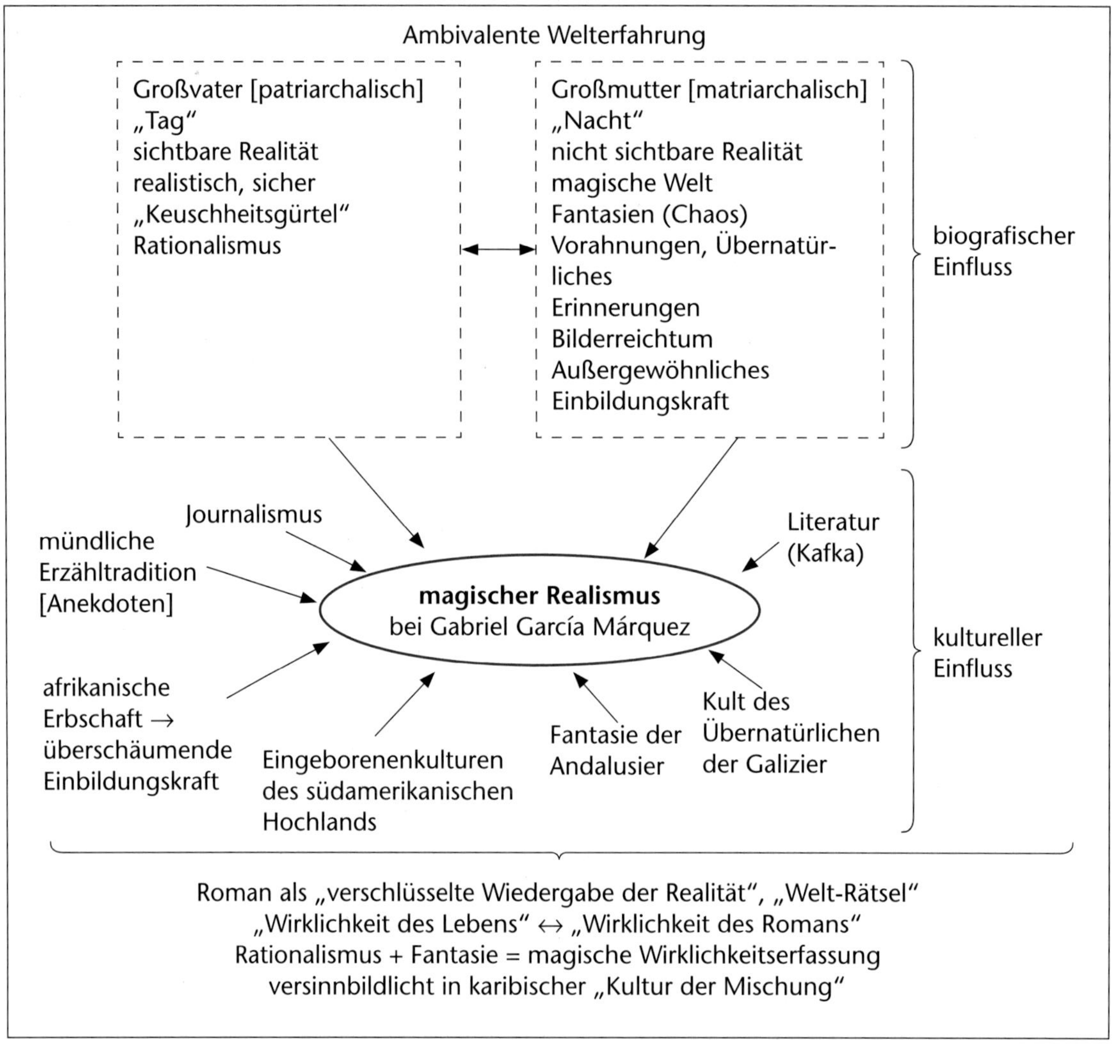

Márquez' magisch-realistische Schreibhaltung ist nach seiner Selbstaussage in diesem Gespräch mit seinem Freund und Kollegen Plinio Apuleyo Mendoza einerseits durch biografische und andererseits durch nur in der Karibik zu findende kulturelle Faktoren beeinflusst. Folgt man den Äußerungen von Márquez, so bewegt sich seine Beschreibung der Realität in seinem Prosawerk im Spannungsfeld von Rationalismus und Irrationalismus. Dabei ist für ihn wesentlich, dass seine vielen Geschichten und Anekdoten[1] immer in der Wirklichkeit wurzeln. Ergebnis sind Prosatexte, die die Realität „verschlüsseln" und der dargestellten Wirklichkeit gleichsam mit ihrer eigenen Realität gegenübertreten. Ziel dabei ist es, Wirklichkeitsebenen zu Tage zu fördern, die – „kartesianisch" gesprochen – bei einer rein deskriptiven Darstellung überhaupt nicht sichtbar würden. Wenn Marquez von „Verschlüsseln" der Wirklichkeit spricht, so ist dies natürlich nicht in einem rein ästhetisierenden Sinne gemeint, sondern folgt der paradoxen Logik, dass durch die künstlerische Verschlüsselung der Wirklichkeit diese erst in ihrer Komplexität entschlüsselbar und damit erkennbar ist. Der Roman als „eine Art Welt-Rätsel", das der „Wirklichkeit des Lebens" gegenübertritt, bildet diese nicht einfach ab, sondern schafft eine neue erkenntnisfördernde Realität, indem sie sich auf jene andere untrennbar bezieht.

[1] So schreibt P. A. Mendoza über ihn: „Seine bevorzugte Ausdrucksform dagegen ist die Anekdote. Deshalb ist er Prosaschriftsteller und nicht Essayist. Hier handelt es sich vielleicht um eine geografische und kulturelle Eigenheit: Die Leute in der Karibik beschreiben die Wirklichkeit in Anekdoten." Márquez, a.a.O. S. 119.

Márquez sieht für sich als Schriftsteller und sein Werkzeug „Einbildungskraft" mehrere Einflussfaktoren, die ihn als „magischen Realisten" kennzeichnen. Grundlegend ist vor allem seine Biografie und das Aufwachsen in einer „multikulturellen" Gesellschaft mit einer ausgeprägten Erzählkultur. Hier sind es vor allem zunächst die ihn erziehenden Großeltern, die in ihrer Gegensätzlichkeit Márquez einen ambivalenten Zugang zur Wirklichkeit verschaffen. Später übernehmen Journalismus und literarische Leseerfahrungen (vor allem Kafka) diese widersprüchliche Weltsicht. Márquez ist von beiden Haltungen gleichermaßen fasziniert und versucht, sie in seinen eigenen Werken zu verschmelzen.

„Magischer Realismus" in der „Chronik eines angekündigten Todes"

Die von Márquez genannten Einflüsse sollten nun versuchsweise an der „Chronik" verifiziert werden. Dazu können einzelne Merkmale mit Personen, Textstellen, Bildern, Symbolen usw. in Zusammenhang gebracht werden. Die Schüler können so zunächst an ihre eigene Leseerfahrung anknüpfen und sich mit den Vorstellungen des Autors auseinandersetzen. Die dabei entstehende Zusammenstellung ist später im Kontext literaturwissenschaftlicher Betrachtung problemlos weiter verwendbar und erweiterbar.

■ *Wenn die magisch-realistische Schreibhaltung von Márquez bestimmend für seine schriftstellerische Arbeit ist, so müssen sich einzelne Merkmale auch in der „Chronik" wiederfinden. Betrachten Sie deshalb den gesamten Text unter folgenden Fragestellungen:*

- *Welche inhaltlichen und sprachlichen Elemente der „Chronik" repräsentieren und unterstreichen vor allem die „magische" Ebene der rekonstruierten Realität?*
- *Durch welche Elemente der „Chronik" wird demgegenüber eher die rational-abbildende Wirklichkeitsschicht dargestellt?*
- *An welchen Stellen der „Chronik" zeigen sich vor allem kulturelle Einflüsse?*
- *Was führt Ihrer Meinung nach dazu, dass von einem magisch-realistischen Schreibstil gesprochen werden kann?*
- *Stellen Sie Ihre Ergebnisse in einzelnen Mindmaps zusammen. Belegen Sie dabei die Einzelaspekte durch Textstellen.*

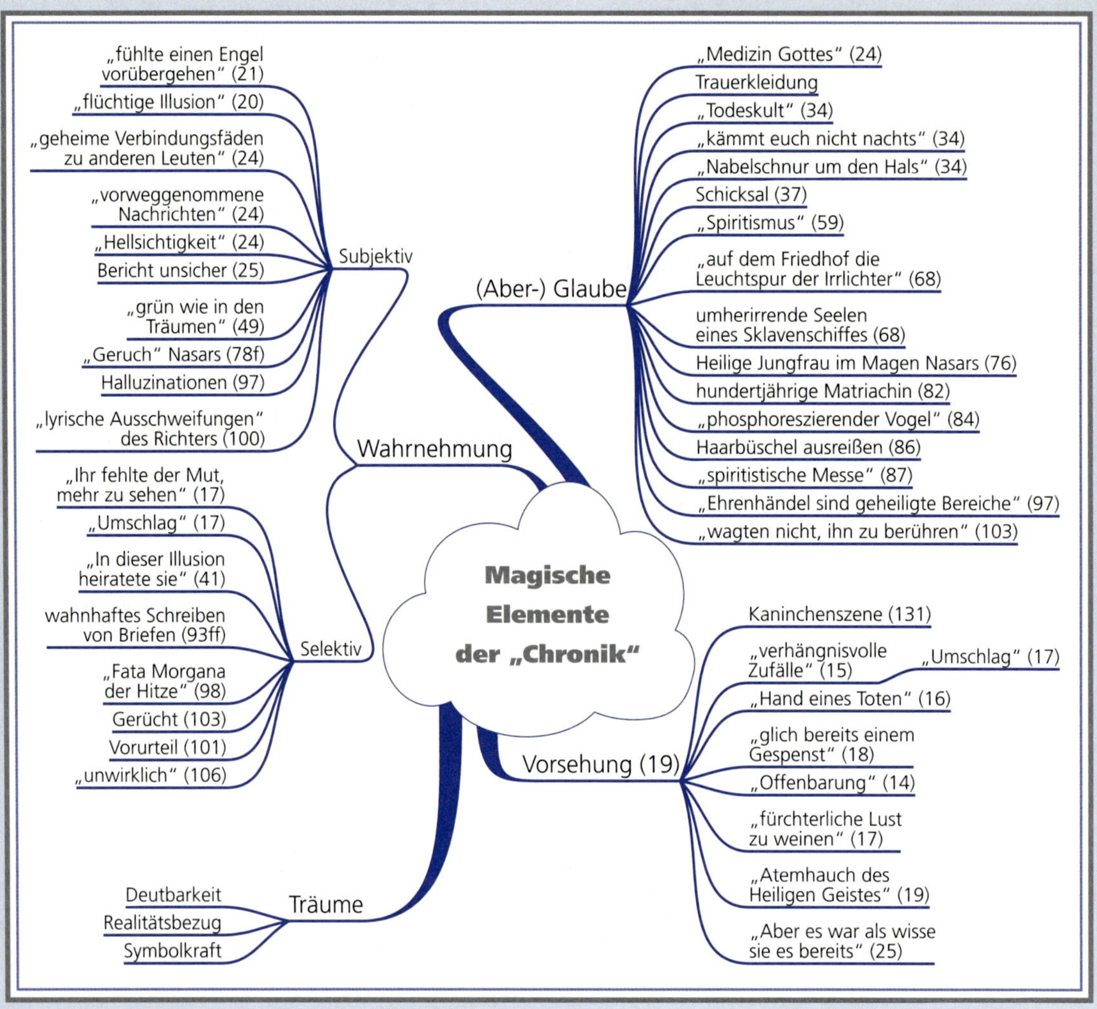
Magische Elemente der „Chronik“
Wahrnehmung
Subjektiv
„fühlte einen Engel vorübergehen“ (21)
„flüchtige Illusion“ (20)
„geheime Verbindungsfäden zu anderen Leuten“ (24)
„vorweggenommene Nachrichten“ (24)
„Hellsichtigkeit“ (24)
Bericht unsicher (25)
„grün wie in den Träumen“ (49)
„Geruch“ Nasars (78f)
Halluzinationen (97)
„lyrische Ausschweifungen“ des Richters (100)
Selektiv
„Ihr fehlte der Mut, mehr zu sehen“ (17)
„Umschlag“ (17)
„In dieser Illusion heiratete sie“ (41)
wahnhaftes Schreiben von Briefen (93ff)
„Fata Morgana der Hitze“ (98)
Gerücht (103)
Vorurteil (101)
„unwirklich“ (106)
Träume
Deutbarkeit
Realitätsbezug
Symbolkraft
(Aber-) Glaube
„Medizin Gottes“ (24)
Trauerkleidung
„Todeskult“ (34)
„kämmt euch nicht nachts“ (34)
„Nabelschnur um den Hals“ (34)
Schicksal (37)
„Spiritismus“ (59)
„auf dem Friedhof die Leuchtspur der Irrlichter“ (68)
umherirrende Seelen eines Sklavenschiffes (68)
Heilige Jungfrau im Magen Nasars (76)
hundertjährige Matriachin (82)
„phosphoreszierender Vogel“ (84)
Haarbüschel ausreißen (86)
„spiritistische Messe“ (87)
„Ehrenhändel sind geheiligte Bereiche“ (97)
„wagten nicht, ihn zu berühren“ (103)
Vorsehung (19)
Kaninchenszene (131)
„verhängnisvolle Zufälle“ (15)
„Umschlag“ (17)
„Hand eines Toten“ (16)
„glich bereits einem Gespenst“ (18)
„Offenbarung“ (14)
„fürchterliche Lust zu weinen“ (17)
„Atemhauch des Heiligen Geistes“ (19)
„Aber es war als wisse sie es bereits“ (25)

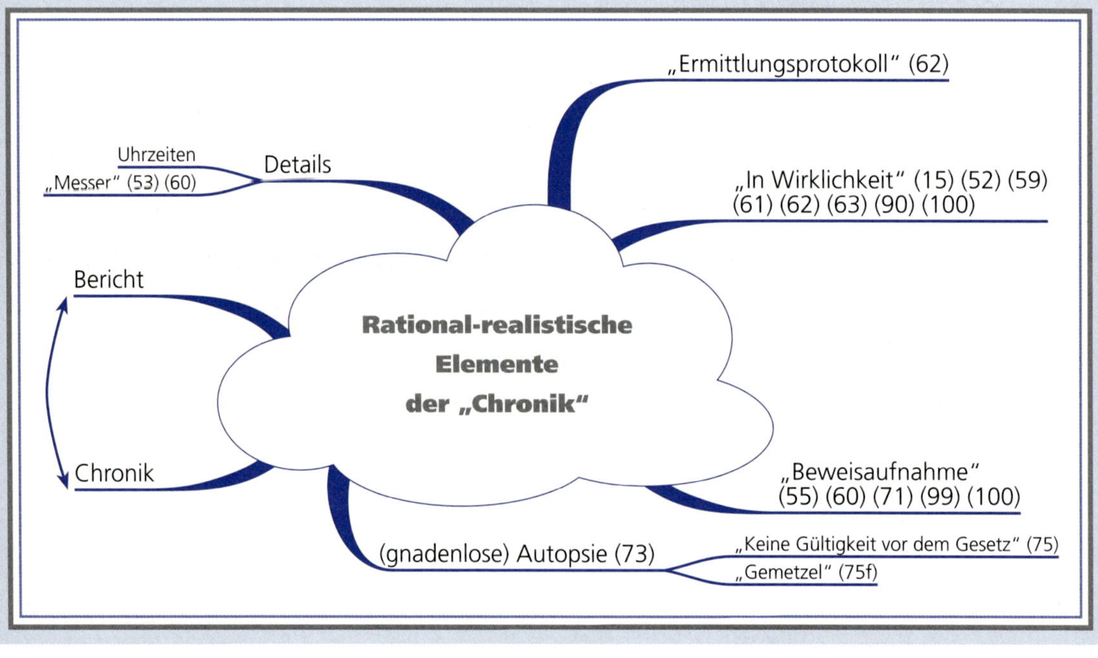
Rational-realistische Elemente der „Chronik“
Details
Uhrzeiten
„Messer“ (53) (60)
Bericht
Chronik
„Ermittlungsprotokoll“ (62)
„In Wirklichkeit“ (15) (52) (59) (61) (62) (63) (90) (100)
„Beweisaufnahme“ (55) (60) (71) (99) (100)
(gnadenlose) Autopsie (73)
„Keine Gültigkeit vor dem Gesetz“ (75)
„Gemetzel“ (75f)

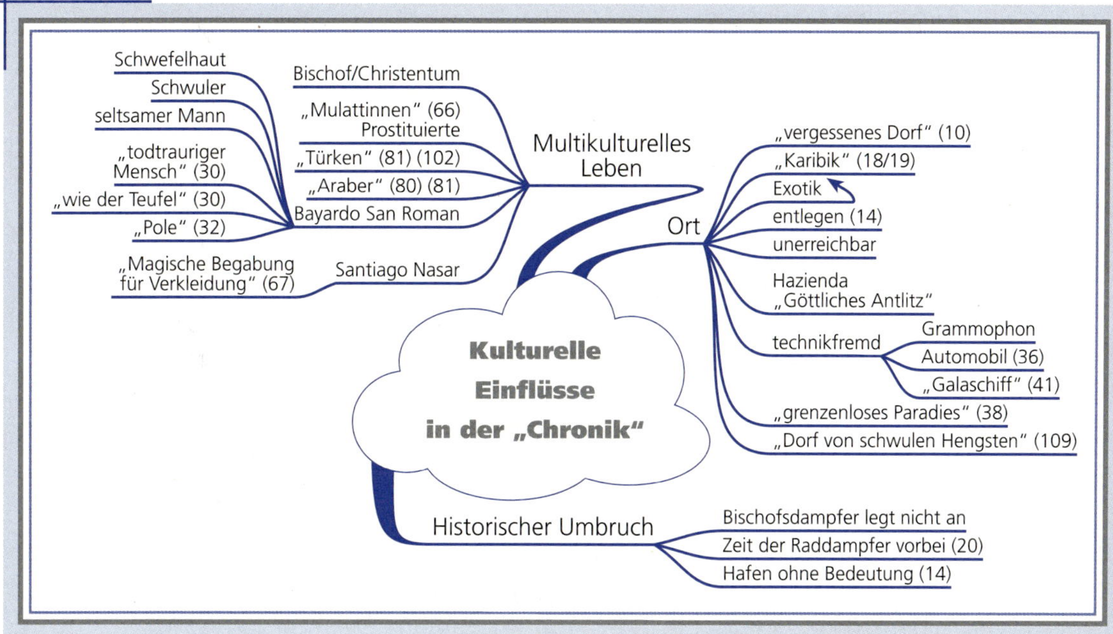

Die Zusammenstellung macht deutlich, dass Márquez sehr konsequent seine eigene Erzählstrategie zum „magischen Realismus" umgesetzt hat. Dabei sollte aber unbedingt thematisiert werden, dass die vielen hier genannten Details erst in ihrer Gesamtheit und in ihrer Verschränkung miteinander den von Márquez gewählten Erzählstil ausmachen. Hinzu kommt, dass andere Elemente, wie die Rolle des Erzählers, die Gattungsfrage, die Symbolwahl usw. ebenfalls auf diesem Hintergrund gesehen und in das Erzählkonzept einbezogen werden müssen.

5.4 „Die beste literarische Form ist immer die Wahrheit" (Márquez)

In der Regel wird bei dieser Unterrichtsreihe immer wieder die Frage im Raum stehen, um welche literarische Gattung es sich bei der „Chronik" überhaupt handelt. So gibt vor allem die Erzählhaltung Anlass zu einigen Spekulationen. Dabei ist es gar nicht so sehr von Bedeutung, wie der Text aus literaturwissenschaftlicher Sicht „einzuordnen" ist, sondern es stellt sich für die Schüler viel eher die Frage nach der Glaubwürdigkeit des Erzählten. Aus welcher Haltung ist die Geschichte erzählt und wie realitätsnah ist das Geschehen auf dem Hintergrund des „magischen Realismus" einzuschätzen? Aus dieser Perspektive ist natürlich die gewählte formale Struktur bestimmend für das gesamte Sinngefüge des Erzählten.
Um diesen nicht ganz einfach zu beantwortenden Fragen nachzugehen, bietet es sich zunächst an, die vom Autor selbst wiederholt gegebenen gattungsspezifischen Hinweise im Text aufzuspüren und inhaltlich zu klären.

- *Márquez gibt in der „Chronik" immer wieder Hinweise auf die literarische Gattung des Textes. Neben der Bezeichnung „Chronik" finden sich auch die Begriffe „Trauerspiel", „Tragödie" und „Drama". Stellen Sie die gattungsspezifischen Begrifflichkeiten zusammen und klären Sie deren Bedeutung mithilfe des* ***Arbeitsblattes 15****. Ergänzen Sie Ihre Lektüreergebnisse auch durch eigene Überlegungen.*
  Fassen Sie ihre Arbeitsergebnisse in einer Tabelle zusammen.

Gattungsbezeichnung	Merkmale (Lexikonartikel)	Bezüge zur „Chronik"
Chronik	• überschaubare Darstellung historischer Ereignisse • sachlich, objektiv	• „historisches" Ereignis • genaue Zeitangaben • Rekonstruktion der Ereignisse • Protokolle, Berichte
Tragödie Trauerspiel Drama	• „handelnde Menschen" (Bühne) • Entscheidungen mit tragischen Folgen • Konflikt, Grenzsituation • Ausweglosigkeit • schicksalhafte Situation • schuldlos schuldig	• handelnde bzw. nichthandelnde Menschen • Dorf als „Bühne" • schicksalhafte Verstrickung der Vicario-Zwillinge

Von Márquez selbst wird bereits im Titel die Bezeichnung „Chronik" verwendet. Darüber hinaus werden aber auch die Begriffe „Trauerspiel", „Tragödie"[1] und „Drama"[2] benutzt, um den erzählten Inhalt zusammenzufassen.

Mit der Bezeichnung „Chronik" verweist Márquez auf ein „historisches Ereignis", dessen Rekonstruktion mit diesem Text vorgenommen werden soll. Dabei signalisiert dieser Ausdruck zugleich, dass der Erzähler als „Chronist" auftritt und somit an Tatsachen interessiert ist, die ihm helfen zu verstehen, wie ein mehr als zwanzig Jahre zurückliegender Ehrenmord trotz seiner Ankündigung ausgeführt werden konnte.[3] Während also in dem Begriff „Chronik" eine gewisse „Wertfreiheit" der Wahrheitssuche anklingt, sind die Begriffe „Trauerspiel", „Tragödie" und „Drama" deutlich moralischer Natur und stellen eindeutig die Schuldfrage. Dabei suggeriert die Begrifflichkeit, die durch den formalen Aufbau in fünf Kapitel noch unterstrichen wird, dass mit solchen Anspielungen an die antike Tragödie gleichsam die schicksalhafte Ermordung Santiago Nasars unausweichlich erscheint. Aber genau an dieser Stelle weicht Márquez von antiken Vorstellungen ab. Für ihn ist Nasars angekündigter Tod nicht etwas Schicksalhaftes und Unabwendbares, das sich der menschlichen Einflussnahme entzöge. Vielmehr sind gerade die Dorfbewohner als Nicht-Handelnde in der Verantwortung. In einem Briefwechsel mit der italienischen Literaturkritikerin Rossana Rossanda nimmt Márquez dazu eindeutig Stellung:

„Meine Arbeit bestand darin, die fast unendliche Reihe winziger und miteinander verketteter Berührungspunkte zu entdecken und ans Licht zu bringen, die in einer Gesellschaft wie der unsrigen dies absurde Verbrechen ermöglicht haben. Alles war vermeidbar, und der soziale Verhaltenskodex, nicht das Schicksal, war der Grund dafür, dass es nicht verhindert werden konnte. In diesem Sinne hast du recht: dies ist kein Drama des Schicksals, sondern der Verantwortung. Mehr noch: der kollektiven Verantwortung. Ich glaube sogar, das Buch endet damit, dass der Mythos des Schicksals unglaubwürdig wird, weil es nämlich Stück für Stück dessen grundsätzliche Bestandteile auseinandernimmt und zeigt, dass wir selbst die alleinigen Herren unseres Geschickes sind."[4]

1 „Trauerspiel" und „Tragödie" finden sich auf den Seiten 24, 26, 84, 109.
2 Der Ausdruck „Drama" findet sich auf den Seiten 88, 89, 97, 99.
3 Vermutlich greift Márquez mit der Gattungsbezeichnung „Chronik" auch auf eine alte, sehr verbreitete lateinamerikanische Tradition des Verfassens von „Chroniken" zurück, die ihren Ursprung in den Schiffschroniken haben, in denen die Eroberung des mittel-südamerikanischen Kontinents teilweise minutiös und durchaus auch fabulierend festgehalten wurde.
4 Koenigs, Tom (Hrsg.): Mythos und Wirklichkeit. Materialien zum Werk von Gabriel García Márquez. Köln 1985, S. 231 ff.

Formal gelingt es Márquez, diesen Verantwortungsaspekt stimmig in den Vordergrund zu stellen, insofern letztlich nicht geklärt wird, wer Angela Vicario um ihre „Unschuld" gebracht hat. Damit richtet sich die Aufmerksamkeit des Lesers zwangsläufig auf die Handlungsweise der Hauptakteure und die Möglichkeit der vielen Nebenpersonen, in das Geschehen aktiv einzugreifen und einen Mord zu verhindern.
Die Schüler sind mit der Gegenüberstellung von „Chronik" und „Tragödie" oft nicht zufrieden, weil der Text noch eine Reihe anderer Elemente enthält, die sich nicht unter diese Begrifflichkeiten subsumieren lassen. Hier sollten zunächst die Schülerbeobachtungen zusammengestellt und am Text nachgeprüft werden.
Vor allem die allgemein empfundene „Spannung" wird nicht unbedingt mit der Tragödie in Verbindung gebracht, sondern entspringt oft eigenen Leseerfahrungen von Kriminalliteratur. Hier spielen vor allem die Gespräche und Interviews („Verhöre"), die der Erzähler mit den Dorfbewohnern („Tatzeugen") führt, eine wichtige Rolle. Darüber hinaus greift er auf „amtliche" Dokumente, wie den Autopsiebericht von Pater Amador und die von einem unbekannten Untersuchungsrichter verfassten Protokolle zurück.
Die für eine Chronik typische hohe Sachlichkeit ist zwar mit den Protokollen und Berichten in Verbindung zu bringen, dennoch spüren die Schüler deutlich, dass ein sehr hohes Maß an Subjektivität die Rekonstruktionsgeschichte des „angekündigten Todes" charakterisiert (s. dazu auch Baustein 2.5).
Meist fällt ihnen an dieser Stelle auf, dass das Zusammenspiel und Collagieren verschiedenster Gattungen und die damit verbundenen unterschiedlichen Erzählperspektiven sehr stark an Schnitttechniken des Films erinnert, wie sie auch häufig im Kriminalgenre zu finden sind.
Um die eigenen Beobachtungen zu verifizieren und zu vertiefen, könnte nun ein kurzer Interviewtext von Márquez genutzt werden (**Arbeitsblatt 13**, S. 116ff.).

- *Márquez hat sich, bezogen auf die „Chronik", nie auf eine eindeutige Textgattung festlegen lassen. In einem Gespräch zwischen ihm und seinem Freund und Kollegen Plinio Apuleyo Mendoza äußert er sich dazu noch Jahre später. Vervollständigen Sie die bereits angelegte Tabelle um weitere Gattungen, die Márquez in diesem Gespräch ausdrücklich nennt.*

- *Klären Sie die Bedeutung der Begriffe mithilfe von Fachlexika oder durch eine kleine Recherche im Internet. Ergänzen Sie Ihre Lektüreergebnisse auch durch eigene Überlegungen. Stellen Sie auch hier Bezüge zur „Chronik" her. Fassen Sie alle Ihre Beobachtungen in einer erweiterten Tabelle zusammen.*

Gattungsbezeichnung	Merkmale (Lexikonartikel)	Bezüge zur „Chronik“
(literarische) Reportage	• Tatsachenberichte • Information • Unterhaltung • „Augenzeuge“ • objektive Darstellung der Fakten • aber auch subjektive Sichtweise	• Berichte, Protokolle • Dorfbewohner als Augenzeugen • Aussagen der Dorfbewohner • subjektive Rekonstruktion des Erzählers
Novelle	• „eine sich ereignete unerhörte Begebenheit“ (Goethe) • erscheint objektiv • belehrend	• angekündigter Mord • Erzähler als „Chronist“ • Wer trägt die Schuld am Tode Nasars?
Kriminalroman	• Verbrechen • Rekonstruktion des Tathergangs • Täter, Opfer, „Detektiv“ • Zeugen • Aufklärung des Verbrechens	• Ermordung Nasars (Opfer) • Rekonstruktion durch Erzähler • Vicario-Zwillinge als „Täter“ • Dorfbewohner als Zeugen • Autopsie • Gerichtsprotokolle

Márquez ist bei der Verwendung eines eindeutigen Gattungsbegriffs für die „Chronik“ offensichtlich selbst nicht genau festgelegt, denn die „beste literarische Form [ist] immer die Wahrheit.“[1] So lässt sich der Text auch nicht auf eine literarische Gattung reduzieren, sondern enthält Grundzüge verschiedener Genres. Beispielsweise finden sich durchaus Grundelemente einer Reportage, deren berichtetes Geschehen sich auf ein tatsächliches Ereignis bezieht. Dabei agiert der Erzähler in doppelter Hinsicht als „Augenzeuge“, insofern er einerseits Zeitzeuge ist und gleichzeitig nach über 20 Jahren eine Rekonstruktion der Ereignisse versucht. So werden objektive Informationen zusammengetragen und durch nebensächlich erscheinende Details dennoch unterhaltend berichtet. Gleichwohl ist auch ein hohes Maß subjektiver Färbung, wie es für literarische Reportagen typisch ist, erkennbar. In Lateinamerika ist Márquez als Journalist vor allem durch seine Reportagen bekannt geworden, die häufig als Fortsetzungen gedruckt wurden und auch in Buchform veröffentlicht worden sind.[2]

Gleichzeitig lassen sich aber auch in Grundzügen novellenhafte Merkmale erkennen. So beschreibt der Text sicherlich in stringenter Form „eine sich ereignete unerhörte Begebenheit“ (Goethe). Die von Márquez besonders hervorgehobene Erzählhaltung ermöglicht es, das Erzählte objektiv erscheinen zu lassen und schließlich auch belehrend den Leser zu beeinflussen, indem er die Verantwortung der Dorfbewohner in den Mittelpunkt stellt.

Aber auch für den Kriminalroman als Gattung lassen sich einige Merkmale nachweisen. So findet sich ein Mord-Opfer und die Vicario-Zwillinge als „Täter“ mit dem handfesten Motiv,

[1] s. Arbeitsblatt 15, S. 120

[2] Am bekanntesten ist seine Reportage „Bericht eines Schiffbrüchigen“, Köln 1996.

die verlorene Familienehre wiederherzustellen. Der Erzähler übernimmt die Rolle eines „Detektivs“, der durch Befragen von Zeugen der Wahrheit auf die Spur kommen will. Allerdings geht es nicht so sehr wie bei typischen Kriminalromanen um eine Aufklärung der Tat im juristischen Sinn, denn das ist lange geschehen und die verhängten Strafen sind verbüßt. Vielmehr geht es um die Verantwortung für den Tathergang und die moralische Schuld möglicher „Mittäter“. Und hier kommen die Merkmale der anderen Gattungen wieder ins Spiel. Letztlich sperrt sich der Text gegen allzu glatte Einordnungsversuche.
Worauf Schüler eher unbefriedigt reagieren, erweist sich aber auf den zweiten Blick als Glücksfall und ist durchaus erklärbar. So ist Márquez durch eine Vielzahl europäischer und nordamerikanischer Autoren beeinflusst[1], gleichzeitig ist er auch sehr stark durch die vielfältige kulturelle Prägung seiner karibischen Heimat geprägt.[2] Viele dieser Einflüsse scheinen in diesem kurzen Text zu verschmelzen und entfalten auf dem Hintergrund magischen Erzählens eine unverwechselbare Wirkung beim Leser.

Notizen

1 z. B. durch Sophokles, Novalis, Kafka, Dostojewski, Hemingway, Faulkner u. a.
2 s. auch Kapitel über magischen Realismus

Als Santiago Nasar noch Cayetano Gentile war

Während die Toten in den Erzählungen von García Márquez an Bedrohlichkeit verloren [...], trafen den Schriftsteller selbst die Schatten des Todes aus nächster Nähe, denn der Mord an seinem Freund Cayetano Gentile Chimento am Morgen des 22. Januars 1951 in Sucre war vielleicht das schlimmste Erlebnis seiner Jugend. [...]

Aus seiner anfänglichen Betroffenheit über die Tragödie wurde der dringende Wunsch, eine Reportage zu schreiben, und er spielte mit dem Gedanken, nach Sucre zu fahren, um das ganze Verbrechen in allen Details zu rekonstruieren. Aber das Studium, die Arbeit und der bevorstehende Umzug seiner Familie ließen ihn die Reise auf ungewisse Zeit verschieben. Auch der geringe Spielraum, den die Arbeit bei einem Provinzblatt dem noch unerfahrenen Reporter bot, hielt ihn letztendlich von seinem Vorhaben ab, was zur Folge hatte, dass dieses Thema langsam zu einer literarischen Besessenheit wurde, bis er es dreißig Jahre später endlich in einem Roman verarbeitete.

Wie in den meisten Orten an der Atlantikküste trat die Gewalt in Sucre vor allem in der Politik, in der Wirtschaft und in der öffentlichen Moral zutage. Sie fand unter anderem Ausdruck in den berühmten Schmähschriften, die sich die Einwohner von Sucre Ende der vierziger Jahre gegenseitig an die Hauswände schrieben. In diesen Schmähschriften oder Wandzeitungen [...] brachten die Leute anonyme Anschuldigungen vor und gaben Anlass zu verschiedenen Vorfällen, sogar zu einigen Bluttaten, die, auch wenn sie nur vereinzelt auftraten, letztendlich die Atmosphäre im Dorf vergifteten. [...].

Als sich die Familie García Márquez hier im November 1939 niederließ, hatte das unheilvolle Schicksal Sucres also bereits seinen Anfang genommen. Ein gewisser noch verbleibender Wohlstand machte es dennoch möglich, dass sie die Vierzigerjahre als ihr glücklichstes Jahrzehnt in Erinnerung behielten. [...]

Hier verlebten der Schriftsteller und seine Geschwister besonders glückliche Tage, wenn die Jugend aus Sucre zum Jahreswechsel von den besten Schulen und Universitäten des Landes zurückkehrte, um die Ferien bei ihren Familien zu verbringen. Als Schüler oder Student in Barranquilla, Zipaquirá und Bogotá zog es Gabriel immer nach Hause, wo er überglücklich seine Ferien verlebte. [...] Die größte Freude jedoch bereitete dem jungen Mann aus Aracataca stets das Wiedersehen mit Mercedes Barcha Pardo, die er hier auf einem Studentenball kennengelernt hatte und deren Familie in einem der Häuser an der Plaza, gegenüber von Cayetano Gentile wohnte.

[...]

In diesen Zeiten war die *Violencia* in Kolumbien auf ihrem Höhepunkt angelangt. [...] Vor dem Hintergrund der Gewalt geisterten Ende der Vierziger und Anfang der Fünfzigerjahre die Schmähschriften durch die Straßen Sucres, versetzten die Einwohner in Aufregung und verunsicherten die Gemüter. Eine dieser Schmähschriften wurde unter der Tür von Miguel Palencia (dem späteren Bayardo San Román aus der Chronik eines angekündigten Todes) durchgeschoben. Darin wurde ihm mitgeteilt, dass seine Verlobte Margarita Chica Salas [...] bei der Hochzeit nicht das Pfand der Unschuld einbringen könne. Aus diesem Grund ermordeten ihre Brüder Victor Manuel und José Joaquín Chica Salas [...] ihren Freund Cayetano Gentile Chimento [...] am Morgen des 22. Januars 1951. [...]

Schon seit dem frühen Morgen hatten sie ihn im ganzen Dorf gesucht und dann beschlossen, vor seinem Haus, gegenüber dem kleinen Park mit den Mandelbäumen, auf ihn zu warten. Sie waren mit ihrem Opfer gut befreundet, aber die engstirnigen Moralvorstellungen des Dorfes hatten sie in die tragische Situation gebracht, ihn töten zu müssen. Ihre Schwester Margarita war gerade von Miguel Reyes Palencia, dem Mann, den sie am Samstag zuvor geheiratet hatte, in ihr Elternhaus zurückgeschickt worden. Sie hatte ihm gestanden, nicht mehr Jungfrau zu sein, weil Cayetano Gentile, ihr vorheriger Freund, sie entehrt hatte. Genau wie alle anderen wusste die Familie Chica, dass die verletzte Ehre nur durch Blutrache wiederherzustellen war [...]. Es blieben ihnen nur zwei Möglichkeiten: Entweder töteten sie ihren Freund, oder sie stünden vor ganz Sucre als unehrenhafte Feiglinge da.

Da Cayetano Gentile ein gutaussehender, reicher und großzügiger Italiener war, der an der Universidad Javeriana von Bogotá Medizin studierte, galt er als einer der begehrtesten Junggesellen des Dorfes. Er war ein enger Jugendfreund von García Márquez und dessen Geschwistern und darüber hinaus in ganz Sucre, ja sogar bei den Mördern, sehr beliebt. Nur bei Margarita Chica, seiner ehemaligen Freundin, hatte sich die Liebe von einst in erbitterten Hass verwandelt. Vielleicht beschuldigte sie ihn deshalb, sie entehrt zu haben, obwohl in Wahrheit nur sehr wenige ihren Worten Glauben schenkten: Er – das wusste das ganze Dorf – war nicht der Einzige, der in Betracht kam, sie entjungfert zu haben.

Nachdem sich Cayetano Gentile um halb neun am Hafen von Luis Enrique und Margot García Márquez verabschiedet hatte, schlug er den Heimweg ein, da er sich umziehen wollte. [...] Als er knapp fünfzehn

Minuten später den Park durchquerte und auf seine Haustür zuging, sah er, wie José Joaquín Chica von der anderen Seite des Parks auf ihn zukam, ihn wüst beschimpfte und ein Messer zückte. In panischem Schrecken schlug er laut gegen die Tür, doch seine Mutter, die ihn in den oberen Wohnräumen vermutete, verbarrikadierte sie mit einem Querbalken, da sie dachte, es seien die Chicas, die ins Haus eindringen und ihren Sohn umbringen wollten. Cayetano rannte auf dem Gehweg zwei Häuser weiter und stürmte in das Haus der Familie Munive Guerrero. Victor Manuel Chica, der jüngere und stärkere seiner Verfolger, war ihm dicht auf den Fersen. Beim Brunnen hinter dem Haus holte er Cayetano ein, als dieser versuchte, die Hintertür zur Straße zu öffnen, um auf diesem Weg in sein Haus zu gelangen. [...]

Seine Mutter, Julietta Chimento, plagten aufgrund eines schlechten Omens bereits seit Wochen schlimme Vorahnungen. [...] Erst als sie das Geschrei im Nachbarhaus hörte und jemand rief: „Sie haben Cayetano umgebracht!“, verließ sie das Haus und eilte zum Ort der Tragödie, wo sie ihren Sohn jedoch nicht gleich fand. Als sie zurückkam, lag er bäuchlings im Wohnzimmer, rang nach Atem und versuchte mit beiden Händen seine herausquellenden Eingeweide festzuhalten. [...] Er war verletzt durch sechzehn tödliche Messerstiche, die ihm Victor Manuel Chica halb wahnsinnig im Haus der Munive Guerrero beigebracht hatte.

Aus: Reise zum Ursprung. Eine Biografie über Gabriel García Márquez von Dasso Saldívar, aus dem Spanischen von Vera Gerling, Ruth Wucherpfennig, Barbara Romeiser und Merle Godde. © 1998 by Verlag Kiepenheuer & Witsch, Köln

Mit der Ermordung Santiago Nasars nimmt Márquez Bezug auf ein für ihn einschneidendes Ereignis seines frühen Erwachsenenalters. Sein Jugendfreund Cayetano Gentile wird wegen eines Ehrenhändels um eine junge Frau von deren Brüdern erstochen.
Dasso Saldívar hat in seiner Márquez-Biografie die Ereignisse dieses Januartages im Jahre 1951 nachgezeichnet. Er bezieht sich dabei auf eigene Recherchen und Gespräche mit Gabriel García Márquez, dessen Geschwister und andere Zeitzeugen. Lesen Sie den Textauszug von Dasso Saldívar und erarbeiten Sie in arbeitsteiliger Gruppenarbeit folgende Fragestellungen:

- *Welche Parallelen und Unterschiede bestehen zwischen dem von Márquez „tatsächlich“ erlebten Geschehen in Sucre und seiner literarischen Verarbeitung in der „Chronik“?*
- *In welchem politisch-gesellschaftlichen Kontext begehen die Brüder Chica Salas den Mord an Cayetano Gentile Chimento?*
- *Die Familie Márquez hat mehr als zehn Jahre in Sucre gelebt. Beschreiben Sie, welche Bedeutung Sucre als „Dorf“ für Gabriel García Márquez hat.*

Octavio Paz: Das Labyrinth der Einsamkeit

In seinem berühmten Essay „Das Labyrinth der Einsamkeit" analysiert Octavio Paz den Komplex verschiedener Kulturen Lateinamerikas – das Trauma der spanischen Eroberung – und behandelt [...] die besondere historische und psychologische Lage Mexikos. Inhalt: Der Essay stellt eine komplexe Analyse des mexikanischen Charakters dar. Ausgangspunkt der Analyse ist der „pachuco", der in die USA ausgewanderte Mexikaner, der einerseits kein Mexikaner sein will, andererseits sich aber jeglicher Integration in das soziale Leben der USA verweigert. Der „pachuco" befindet sich in einem tiefen Zwiespalt, der Ausdruck der kollektiven Identitätskrise seines Volks ist. Die Wurzeln der „soledad", der Einsamkeit des „pachuco" sieht Paz in dem mexikanischen Urtrauma der spanischen Eroberung der Azteken unter Hernán Cortés (1485–1547). Der Mexikaner verleugnet seinen Ursprung, den indigenen wie den spanischen. (Aus: Harenberg – Das Buch der 1000 Bücher, Dortmund, 2002)

Uns allen hat sich irgendwann unser Dasein als etwas Besonderes, Unübertragbares und Kostbares offenbart. Fast immer geschieht diese Offenbarung in der Jugend. Die Entdeckung unserer selbst bekundet sich als eine Erfahrung unserer Einsamkeit. Zwischen uns und der Welt öffnet sich eine unspürbare, durchsichtige Mauer: die unseres Bewusstseins. Ja, kaum sind wir geboren, fühlen wir uns schon einsam. Kindern und Erwachsenen gelingt es, durch Spiel und Arbeit sich selbst zu vergessen und so ihre Einsamkeit zu überwinden; der Jüngling aber, der zwischen Kindheit und Mannesalter schwankt, steht für einen Augenblick vor dem unendlichen Reichtum der Welt still und betrachtet verwundert sein Dasein. Dem Staunen folgt das Nachdenken: Über den Strom seines Bewusstseins gebeugt, fragt er sich, ob dieses Gesicht, das allmählich aus der Tiefe steigt und vom Wasser entstellt ist, das eigene sei. Das Einzigartige des Daseins – im Kind noch reine Empfindung – verwandelt sich in Problem, Frage und Forscherdrang.
Völkern in der Wachstumskrise widerfährt Ähnliches: Ihr Dasein offenbart sich als Frage: Was sind wir, und wie werden wir das verwirklichen, was wir sind? [...] Sich einsam fühlen heißt nicht, sich minderwertig, sonders sich anders fühlen. Andererseits ist das Gefühl der Einsamkeit keine Illusion, wie das der Minderwertigkeit es oft ist, sondern Ausdruck einer Wirklichkeit. Wir sind wirklich anders und daher wirklich einsam.
Es ist hier nicht der rechte Augenblick, dieses tiefe Gefühl der Einsamkeit zu analysieren, das in Freude und Trauer, in Schweigen und Lärm, in sinnlosen Verbrechen und religiösem Eifer bald sich behauptet, bald sich verleugnet. [...] Überall gibt es einsame Menschen. Doch ist die Einsamkeit des Mexikaners unter der großen steinernen Nacht der Hochebene, die immer noch von unersättlichen Göttern bevölkert ist, eine andere als die des Nordamerikaners, der in der abstrakten Welt von Maschinen, Mitbürgern und Moral dahinlebt. Im Hochtal von Mexiko sieht der Mensch sich zwischen Himmel und Erde schweben und zwischen gegensätzlichen Kräften und Gewalten mit versteinerten Augen und drohenden Schlünden hin- und herirren. Die Wirklichkeit, das heißt die Welt, die uns in Mexiko umgibt, besteht aus sich selbst heraus, hat ihr Eigenleben. Sie ist nicht, wie die Vereinigten Staaten, eine von Menschen geschaffene. Der Mexikaner fühlt sich aus dem Schoß einer Wirklichkeit gerissen, die schöpferisch und zerstörerisch, die Mutter und Grab zugleich ist. Er hat den Namen, das Wort vergessen, das ihn an alle jene Kräfte band, in denen Leben sich kundgibt. Deshalb schreit er oder schweigt er, tötet oder betet er – ergibt er sich einem jahrhundertelangen Schlaf.
Die Geschichte des Mexikaners ist die eines Menschen, der nach seiner Herkunft, seinem Ursprung sucht. Von spanischer und französischer Kultur, von *Indigenismo* und *Pochismo* beeinflusst, durchzieht er die Geschichte wie ein dann und wann aufblitzender Komet aus Jade. Doch welches Ziel hat er in seinem exzentrischen Lauf? [...]
Ob alt oder jung, Kreole, Mestize, General, Arbeiter oder Akademiker: Der Mexikaner scheint mir ein Wesen zu sein, das sich verschließt und verwahrt. Maske seine Miene, Maske sein Lächeln. [...] Kurz, zwischen sich und der Welt errichtet er eine Mauer aus Gleichmut und Zurückhaltung, die trotz ihrer Unsichtbarkeit unübersteigbar ist. Der Mexikaner lebt immer fern, fern von der Welt und den anderen, fern von sich selbst.
Die Sprache des Volkes spiegelt deutlich, wie sehr wir uns vor der Außenwelt schützen. Das Ideal der „Mannhaftigkeit" besteht darin, nie zu „kneifen". Denn wer sich öffnet, ist ein Feigling. Für uns bedeutet „sich öffnen" – im Gegensatz zu anderen Völkern – Schwäche und Verrat. [...] Jede Öffnung unseres Wesens bedeutet eine Beeinträchtigung unserer Männlichkeit.
Selbst die Beziehungen zu unseren Mitmenschen sind von Argwohn belastet. Wenn ein Mexikaner sich einem Freund oder Bekannten anvertraut, wenn er „sich öffnet", gibt er sich auf. [...] Ein Fremder ist in unsere Festung eingedrungen. Die Distanz zwischen Mensch und Mensch, die gegenseitige Achtung und Sicherheit schafft, verschwindet. Wir sind nicht nur

dem Eindringling preisgegeben, sondern wir haben uns selbst verloren. [...] Der Macho ist ein hermetisches, verschlossenes Wesen, das sich selbst wie alles ihm Anvertraute zu bewahren weiß. Seine Männlichkeit wird an der Unverwundbarkeit durch feindliche Waffen und am Grad der Beeinflussung durch die Außenwelt gemessen. [...]

Die Vorherrschaft der Verschlossenheit über die Offenheit zeigt sich nicht nur als Unerschütterlichkeit und Misstrauen, Ironie und Argwohn, sondern auch als Neigung zur „Form". Sie birgt und verbirgt unsere Innerlichkeit, verhindert Exzesse, zügelt unsere Ausbrüche, trennt, isoliert, bewahrt sie. Ein doppelter Einfluss – der spanische und der indianische – verbindet sich in unserer Vorliebe für Zeremoniell, Förmlichkeit, Ordnung. Ganz im Gegensatz zu dem, was eine oberflächliche Interpretation der Geschichte vermuten lässt, strebt der Mexikaner nach der Schaffung einer geordneten Welt, die auf klaren Grundsätzen beruht. [...] Der Mexikaner des Alltags ist ein Mensch, der sich um „Form" bemüht und deshalb leicht zum Formalisten wird. Und das hat seinen Grund. Die gesetzliche, soziale, religiöse und künstlerische Ordnung stellt einen sicheren und stabilen Bereich dar, in dem man sich nur an die Vorbilder und Grundsätze zu halten braucht, die dem Leben zugrunde liegen. Niemand, der eine Rolle spielen will, muss bei uns ständig neue Ideen entwickeln, wie es in einer freien Gesellschaft notwendig ist. Vielleicht erklärt sich unser Traditionalismus, eine der Konstanten unseres Wesens, die unserem Volk Geschlossenheit und eine lange Geschichte sichert, aus unserer Liebe zur „Form". [...][1]

Die Einsamkeit: das Gefühl und Bewusstsein, allein, der Welt und sich selbst fremd, ja von sich selbst getrennt zu sein, ist kein ausschließlich mexikanischer Seelenzustand. Alle Menschen *fühlen* sich irgendwann einsam; alle Menschen *sind* irgendwann einsam. Leben heißt sich trennen von dem, was wir waren, um uns in das zu verwandeln, was wir in einer unbekannten Zukunft einmal sein werden, und die Einsamkeit ist der tiefste Grund der Conditio humana. Der Mensch ist das einzige Wesen, das sich einsam weiß, das einzige, das nach dem „andern" sucht. Seine Natur [...] ist ein einziges Streben, sich selbst im „andern" zu verwirklichen. So ist der Mensch Sehnsucht und Suche nach Kommunion. Immer wenn er sich seiner selbst bewusst ist, fühlt er die Abwesenheit des „anderen": die Einsamkeit.[2]

Aus: Das Labyrinth der Einsamkeit. Aus dem Spanischen von Carl Heupel.

---
1 S. 37ff.
2 S. 189

- *Informieren Sie sich über Leben und Werk von Octavio Paz.*
- *Lesen Sie den Textauszug von Octavio Paz und beschreiben Sie, was er unter „Einsamkeit" versteht.*
- *Dokumentieren Sie Ihre Arbeitsergebnisse in Stichworten auf einem Wandplakat.*

„Magischer Realismus" im Selbstverständnis von G. G. Márquez

Lesen Sie das folgende Gespräch zwischen Gabriel García Márquez (G.G.M.) und seinem Freund und Kollegen Plinio Apuleyo Mendoza (P.A.M.). Stellen Sie dabei in einer Übersicht wichtige Elemente zusammen, die nach der Selbstaussage des Autors seine Schreibhaltung bestimmen.

G.G.M.: Am lebhaftesten und häufigsten erinnere ich mich nicht so sehr an die Personen in Aracataca als an das Haus selbst, in dem ich mit meinen Großeltern gelebt habe. Auch heute träume ich ich immer wieder davon. [...] Jedoch auch im Traum dauert fort, was damals das mich beherrschende Gefühl war: die nächtlichen Beklemmungen, Rastlosigkeit, ein Gefühl, das bei mir unweigerlich immer bei Einbruch der Dunkelheit aufkam und mich sogar im Schlaf beunruhigte, bis ich durch die Türritzen das Licht des neuen Tages sah. Mir gelingt nicht, es genau zu bestimmen, aber es kommt mir vor, als hätte diese Beklemmung eine konkrete Ursache, dass sich nämlich in der Nacht alle Fantasien, Vorahnungen und Erinnerungen meiner Großmutter niederschlagen. Meine Beziehung zu ihr war wie eine unsichtbare Nabelschnur, durch die wir beide mit einem übernatürlichen Universum in Verbindung standen. Bei Tag fand ich die magische Welt meiner Großmutter faszinierend, ich lebte in ihr, es war meine eigene Welt, bei Nacht aber bereitete sie mir Entsetzen. [...] Der Großvater dagegen war für mich die absolute Sicherheit inmitten der unsicheren Welt der Großmutter. Nur in seiner Gegenwart wich die Beklemmung, und ich fühlte mich mit den Beinen auf dem Boden und dem wirklichen Leben fest verhaftet. Wenn ich es jetzt bedenke, wollte ich zwar merkwürdigerweise wie mein Großvater sein – realistisch, mutig und sicher –, konnte aber doch der ständigen Versuchung nicht widerstehen, mich in die Welt der Großmutter hineinzubegeben.[1] [...]

P.A.M.: Überhaupt, um von der handwerklichen Seite des Schreibens zu sprechen: könntest du mir sagen, wer dir in deiner langen Lehrzeit geholfen hat?

G.G.M.: In erster Linie meine Großmutter. Sie hat mir völlig ungerührt die ungeheuerlichsten Dinge erzählt, als hätte sie sie eben gesehen. Ich habe inzwischen entdeckt, dass genau diese unbeirrbare Art und der Bilderreichtum ihre Geschichten so glaubhaft machten.[2] [...]

P.A.M.: Bist du durch sie (die Großmutter, d. A.) darauf gekommen, Schriftsteller zu werden?

G.G.M.: Nein, durch Kafka, der auf deutsch in derselben Art erzählt hat wie meine Großmutter. Als ich mit siebzehn Jahren *Die Verwandlung* las, kam ich darauf, Schriftsteller zu werden. Ich sah, dass Gregor Samsa eines Morgens in einen riesigen Käfer verwandelt erwachen konnte, und sagte mir: ‚Ich wusste nicht, dass man das machen kann, aber wenn so etwas möglich ist, dann interessiert mich das Schreiben.'

P.A.M.: Was ist dir daran so besonders aufgefallen? Die Freiheit, alles zu erfinden, was man will?

G.G.M.: Ich begriff plötzlich, dass es in der Literatur noch andere als nur die rationalistischen und sehr akademischen Möglichkeiten gab, die ich bis dahin in den Schulbüchern kennengelernt hatte. Es war, als hätte ich mich von einem Keuschheitsgürtel befreit. Mit der Zeit habe ich jedoch entdeckt, dass man doch nicht alles erfinden oder sich einbilden kann, wozu man gerade Lust hat, sonst läuft man Gefahr zu lügen, und Lügen wiegen in der Literatur schwerer als im wirklichen Leben. Trotz scheinbar größter Willkür gibt es dennoch Gesetze. Man kann das Feigenblatt des Rationalismus zwar ablegen, aber nur, wenn man nicht ins Chaos verfällt, in den vollkommenen Irrationalismus.

P.A.M.: In die Fantasie.

G.G.M.: Ja, in die Fantasie.

P.A.M.: Warum verachtest du sie?

G.G.M.: Weil ich glaube, dass die Einbildungskraft allein ein Werkzeug ist, um die Wirklichkeit herauszuarbeiten. Die Quelle der Kunst ist schließlich und endlich doch immer die Wirklichkeit, und die Fantasie, das heißt, die glatte Erfindung à la Walt Disney, ohne jede Anlehnung an die Wirklichkeit, ist das Abscheulichste, was es gibt. [...][3]

P.A.M.: Hat dir der Journalismus bei deiner literarischen Arbeit irgendwo entscheidend geholfen?

G.G.M.: Ja, aber nicht, wie es heißt, um eine effizientere Sprache zu finden. Der Journalismus hat mir Mittel und Wege gezeigt, meinen Geschichten Glaubwürdigkeit zu verleihen.[4] [...]

P.A.M.: Du hast gesagt, jeder gute Roman sei eine poetische Übertragung der Realität. Könntest du dieses Konzept erklären?

G.G.M.: Ja, ich glaube, ein Roman ist eine verschlüsselte Wiedergabe der Realität, eine Art Welt-Rätsel. Die Wirklichkeit in einem Roman ist anders als die Wirklichkeit des Lebens, obwohl sie sich darauf stützt, wie sich die Träume darauf stützen.

---

1 S. 18f.
2 S. 36f.
3 S. 37.
4 S. 39.

P.A.M.: Die Behandlung der Wirklichkeit in deinen Büchern [...] hat einen Namen bekommen: magischer Realismus. Ich habe den Eindruck, dass deine europäischen Leser meistens die Magie der Dinge, die du erzählst, bemerken, die Wirklichkeit aber, von der sie inspiriert sind, nicht sehen ...

G.G.M.: Bestimmt, ihr Rationalismus hindert sie nämlich daran zu sehen, dass die Wirklichkeit sich nicht im Preis von Tomaten und Eiern erschöpft. Der Alltag in Lateinamerika beweist uns, dass die Wirklichkeit voller außergewöhnlicher Dinge steckt. [...] Es reicht schon, die Zeitungen aufzuschlagen, um zu merken, dass mitten unter uns jeden Tag außerordentliche Dinge geschehen. [...]

P.A.M.: Dann hat also alles, was du in deinen Büchern schreibst, einen realen Ausgangspunkt?

G.G.M.: Es gibt in meinen Romanen keine Zeile, die nicht auf der Wirklichkeit beruht.[1] [...]

P.A.M.: Sprechen wir über die außerliterarischen Einflüsse. Einflüsse, die für dein Werk entscheidend waren. Deine Großmutter zum Beispiel.

G.G.M.: Wie ich schon sagte, war sie eine einfallsreiche und abergläubische Frau, die mir Abend für Abend mit ihren Geschichten von jenseits des Grabes Angst machte.

P.A.M.: Und dein Großvater?

G.G.M.: Als ich acht Jahre alt war, erzählte er mir Geschichten aus allen Kriegen, an denen er teilgenommen hatte. Die wichtigsten männlichen Personen in meinen Büchern haben viel von ihm.

P.A.M.: Ich glaube, deine Großeltern sind nur Vertreter eines breiteren und tiefer gehenden Einflusses. Ich meine das Gebiet der kolumbianischen Karibikküste, in dem du geboren wurdest. Offenbar gibt es dort eine stolze Tradition mündlicher Erzählung, die sich sogar in den Liedern, den *vallenatos*[2], äußert. Sie erzählen immer eine Geschichte. Eigentlich kann dort jeder Geschichten erzählen. Deine Mutter zum Beispiel, Dona Luisa. Ich weiß noch, wie sie von einer Freundin erzählt hat, die jede Nacht im Hof des Hauses spazieren ging und sich kämmte. Natürlich war die Freundin schon zehn Jahre zuvor gestorben ... aber sie ging immer noch im Hof spazieren. Woher kommt diese Fähigkeit, so außergewöhnliche, so magische Dinge zu erzählen?

G.G.M.: Meine Großeltern stammen von Galiziern ab, und viel von dem Übernatürlichen, das sie mir erzählt haben, kommt aus Galizien. Aber ich glaube, diese Neigung zum Übernatürlichen, die den Galiziern eigen ist, ist auch afrikanische Erbschaft. Die kolumbianische Küste der Karibik, an der ich geboren bin, ist zusammen mit Brasilien der Teil Lateinamerikas, in dem man den Einfluss von Afrika am stärksten spürt. In dieser Beziehung war meine Reise 1978 durch Angola eine der faszinierendsten Erfahrungen, die ich je gemacht habe. Ich glaube, sie waren ein entscheidender Einschnitt in meinem Leben.

Ich hatte damit gerechnet, eine völlig fremde Welt anzutreffen, aber in dem Augenblick, da ich den Fuß auf das Land dort setzte, von dem Moment an sogar, da ich die Luft einatmete, war ich plötzlich in der Welt meiner Kindheit, ja, ich fand dort meine Kindheit, vergessene Gegenstände und Gebräuche ... Ich hatte sogar wieder dieselben Alpträume wie als Kind.

In Lateinamerika hat man uns beigebracht, dass wir Spanier sind. Das ist teilweise richtig, denn das spanische Element bildet einen Teil unserer kulturellen Identität, den man nicht lernen kann. Auf dieser Reise nach Angola habe ich jedoch entdeckt, dass wir auch Afrikaner waren. Dass unsere Kultur eine Mischung war, die sich durch verschiedene Beiträge bereichert hatte. Bis dahin war mir das noch nicht bewusst geworden.

In der Gegend, in der ich geboren bin, gibt es Kulturformen mit afrikanischen Wurzeln, die von denen des Hochlandes, wo es Eingeborenenkulturen gab, ganz verschieden sind. In der Karibik, zu der ich gehöre, hat sich die überschäumende Einbildungskraft der schwarzen, afrikanischen Sklaven mit der der präkolumbianischen Eingeborenen vermischt und dann auch noch mit der Fantasie der Andalusier und dem Kult des Übernatürlichen der Galizier. Diese Fähigkeit, die Wirklichkeit in bestimmter Weise magisch zu betrachten, ist der Karibik und auch Brasilien eigen. Daraus ist eine Literatur, eine Musik und eine Malerei [...] hervorgegangen, die den ästhetischen Ausdruck von diesem Teil der Welt ausmachen.

P.A.M.: Zusammenfassend lässt sich sagen: Der stärkste Einfluss, stärker als jeder andere, der dich literarisch geprägt hat, kommt aus deiner kulturellen und geografischen Identität, aus der Karibik. Sie ist deine Welt und die Welt, die du zum Ausdruck bringst. Wie überträgt sich dieser Einfluss auf deine Bücher?

G.G.M.: Ich glaube, die Karibik hat mich gelehrt, die Realität auf eine andere Weise zu sehen und die übernatürlichen Elemente als einen Teil unseres täglichen Lebens zu akzeptieren. Die Karibik ist eine Welt für sich, deren erstes Werk magischer Literatur das *Schiffstagebuch des Christoph Columbus*[3] ist, ein Buch, das

---

[1] S. 42ff.

[2] „Vallenato" ist eine balladeske Musikrichtung, die Einflüsse der europäischen Akkordeonmusik mit Elementen aus indianischer Percussion und afrikanischen Rhythmen verbindet; in der Regel eine tanzbare, leidenschaftliche Musik, deren Texte insbesondere sozialpolitische Themen aufgreifen.

[3] Eine deutsche Online-Version des Schiffstagebuches findet sich unter http://www.ewetel.net/~norbert.fiks/columbus/bordbuch/bordbuch.htm und vermittelt einen guten Eindruck vom eigenartigen Zauber der ersten Begegnungen der Spanier mit der „neuen" Welt. Darüber hinaus steht diese Fassung auch als eBook unter http://www.ewetel.net/~norbert.fiks/ebooks/bordbuch.pdf zum kostenlosen Download zur Verfügung.

von fabelhaften Pflanzen und mythologischen Welten berichtet. Ja, die Geschichte der Karibik ist voller Magie, einer Magie, die von den schwarzen Sklaven aus Afrika, aber auch von den schwedischen, holländischen und englischen Seeräubern mitgebracht wurde, die in New Orleans eine Opernbühne aufbauen und die Zähne ihrer Frauen mit Diamanten füllen konnten. Die menschliche Mischung und die Gegensätze, die es in der Karibik gibt, findet man nirgendwo sonst auf der Welt. Ich kenne alle ihre Inseln: Mulattenmädchen mit honigfarbener Haut, grünen Augen und goldenen Kopftüchern; mit Indios gekreuzte Chinesen, die Kleider waschen und Amulette verkaufen; grüne Inder, die aus ihren Elfenbeinläden kommen, um mitten auf der Straße zu kacken; glühend heiße, staubige Dörfer, deren Häuser von Wirbelstürmen zerstört werden, und auf der anderen Seite Wolkenkratzer mit getönten Scheiben und ein Meer mit sieben Farben.

Also, wenn ich anfange, über die Karibik zu reden, gibt es kein Halten mehr. Sie ist nicht nur die Welt, die mich gelehrt hat zu schreiben, sie ist auch die einzige Gegend, in der ich mich nicht als Fremder fühle."[1]

Aus: „Der Geruch der Guayave. Gespräche mit Plinio Apuleyo Mendoza", von Gabriel García Márquez, aus dem Spanischen von Tom Koenigs.

---

1 Márquez, a.a.O. S. 60ff.

Gespräch zwischen G. G. Márquez und seinem Freund P. A. Mendoza.[1]

P.A.M.: Wie viele Jahre hast du gewartet, bis du die *Chronik eines angekündigten Todes* geschrieben hast?

G.G.M.: Dreißig Jahre.

P.A.M.: Warum so lange?

G.G.M.: Das Geschehen hat mich seinerzeit, 1951, nicht als Material für einen Roman, sondern für eine Reportage interessiert. Das war aber damals ein in Kolumbien wenig entwickeltes Genre, und ich war ein Provinzjournalist bei einer Lokalzeitung, die sich vielleicht für die Sache nicht interessiert hätte. Ich habe erst mehrere Jahre später begonnen, den Fall unter literarischen Gesichtspunkten zu betrachten, aber mir war dabei immer bewusst, wie peinlich meiner Mutter schon allein der Gedanke war, dass so viele Freunde und sogar Verwandte in einem Buch von einem ihrer Kinder vorkommen sollten. Der eigentliche, tiefere Grund ist jedoch, dass das Thema mich damals nicht wirklich mitgerissen hat, sondern erst, nachdem ich viele Jahre darüber nachgedacht und das für mich entscheidende Element entdeckt hatte, nämlich, dass die beiden Mörder das Verbrechen nicht hatten begehen wollen und alles ihnen Mögliche taten, um jemand zu finden, der sie daran hinderte, es aber nicht schafften. Das ist letzten Endes das einzig wirklich Neue an diesem Drama, das ansonsten in Lateinamerika ziemlich häufig vorkommt. Ein später auftretender Grund für die Verzögerung war struktureller Art: Die Geschichte endet fast fünfundzwanzig Jahre nach dem Verbrechen damit, dass der Ehemann zu der verschmähten Ehefrau zurückkehrt, für mich war aber immer klar, dass am Ende des Buches die haarkleine Beschreibung des Verbrechens stehen musste. Die Lösung war, einen Erzähler einzuführen – das bin zum ersten Mal ich selbst –, der in der strukturellen Zeit der Novelle nach Belieben vor- und zurückwandern kann. Das heißt, ich habe nach dreißig Jahren etwas entdeckt, was wir Romanautoren oft vergessen: dass die beste literarische Form immer die Wahrheit ist. [...]

P.A.M.: Das Kino hat dich immer begeistert. Kann ein Schriftsteller dort etwas Nützliches lernen?

G.G.M.: Ja, aber ich könnte dir nicht sagen, was. In meinem Fall war das Kino Vorteil und Beschränkung zugleich. Es hat mich jedenfalls gelehrt, in Bildern zu sehen. Aber gleichzeitig finde ich jetzt in allen meinen Büchern [...] einen übermäßigen Hang zur Visualisierung von Personen und Szenen, eine Obsession sogar, Sichtwinkel und Bildausschnitte anzugeben. [...]

G.G.M.: Bevor ich die *Chronik eines angekündigten Todes schrieb*, habe ich behauptet, mein bester Roman sei *Der Oberst hat niemand, der ihm schreibt.* [...]

P.A.M.: Aber jetzt findest du die Chronik eines angekündigten Todes noch besser?

G.G.M.: Ja.

P.A.M.: In welchem Sinne meinst du das?

G.G.M.: In dem Sinn, dass ich genau das erreicht habe, was ich wollte. Das ist mir vorher nie passiert. In anderen Büchern hat mich das Thema mitgerissen, manchmal haben die Personen ein Eigenleben bekommen und gemacht, was sie wollten.

P.A.M.: Das ist eins der merkwürdigsten Dinge beim Schreiben ...

G.G.M.: Aber ich musste ein Buch schreiben, das ich streng unter Kontrolle hatte, und ich glaube, mit *Chronik eines angekündigten Todes* habe ich das erreicht. Das Thema ist haargenau wie ein Kriminalroman strukturiert.

---

[1] Aus: „Der Geruch der Guayave. Gespräche mit Plinio Apuleyo Mendoza", von Gabriel García Márquez, aus dem Spanischen übersetzt von Tom Koenigs. © 1983, 1993, 2006 by Verlag Kiepenheuer & Witsch, Köln

Gattungsbegriffe

Chronik (gr. chronicon, lat. chronica, auch: chronographia: Zeitbuch)

Die Chronik ist eine Form der Geschichtsschreibung, die in der Antike entwickelt wurde und noch im hohen und späten Mittelalter eine Blütezeit erlebte. Ziel der Chronik ist es (im Kontrast zu den möglichst alle Ereignisse auflistenden „Annalen"), die Geschehnisse in größeren Zeiträumen überschauend darzustellen, miteinander zu verknüpfen und in eine Epochengliederung zu entwickeln. In letzter Konsequenz strebt sie eine Darstellung der gesamten Weltgeschichte seit der Schöpfung an (Lehre von den Weltaltern). Mittelalterliche Beispiele dafür sind die *Chronica maiora* des Isidor von Sevilla (6./7. Jahrhundert) oder die ebenfalls lateinisch verfasste *Freisinger Chronik* (12. Jahrhundert). Deutschsprachige Chroniken gibt es seit dem 13. Jahrhundert; besondere Verbreitung und Wirkung hatte die Weltchronik des Hartmann Schedel (1493 lateinisch und deutsch). Goethe berichtet in *Dichtung und Wahrheit*, dass Ludwig Gottfrieds *Historische Chronik* (um 1634, mit Illustrationen von Matthäus Merian) zu seiner frühesten Lektüre gehört hatte. [...]
Während die *historische* Gebrauchsform der Chronik mit der Ausbildung eines modernen Geschichtsbewusstseins von komplexeren Darstellungsformen abgelöst wird und heute nur noch als populäre Gebrauchsform weiterlebt (Dorf- oder Vereinschronik), hat sie als *literarisches* Strukturmodell, besonders in der fiktionalen Erzählprosa, eine Art zweite Karriere gemacht.
In dem Maße, in dem sich seit dem 18., besonders aber zu Anfang des 19. Jahrhunderts ein modernes Geschichtsbewusstsein ausbildet (und auch die Sonderform des historischen Romans hervorbringt), wird eine Novelle oder ein Roman häufig als „Chronik" präsentiert. [...]

Tragödie

Im Drama werden uns *„handelnde Menschen"* (Aristoteles' *Poetik [Dramatik]*) auf der Bühne vorgestellt. Wer handelt, muss sich stets entscheiden („Tue ich dies oder jenes, was wird passieren, ist meine Entscheidung richtig?"). In diesem Zwang zur Entscheidung steckt eine grundsätzliche Spannung, denn die Entscheidungen können tragische Folgen haben und genau hierin liegt das Wesen der Tragödie: Der Protagonist der Tragödie befindet sich in einem Konflikt, in einer Grenzsituation, er ist zwischen Extremen gefangen und seine Gefangenschaft ist ohne Ausweg. Egal wie er sich verhalten wird, er wird scheitern. Diese faktische Unterlegenheit unter das Schicksal wird in der Tragödie kombiniert mit dem Wissen um diese Unterlegenheit. Der Held weiß, dass er scheitern muss, sein Aufbegehren gegen das Schicksal, denn er versucht ja zumindest, das Unglück abzuwenden, wird so besonders tragisch. [...] Die Protagonisten können in einen Konflikt geraten zu Göttern, anonymen Mächten oder der Gesellschaft mit ihren Beschränkungen (z. B. Standesschranken, die Liebesehen verhindern, ökonomische Einschränkungen, kulturelle Grenzen etc.).
Durch Darstellung von Menschen in tragischen Konflikten, in Extremsituationen vermag die Tragödie, die Möglichkeiten des Menschseins zu zeigen.

Jochen Vogt: Einladung zur Literaturwissenschaft. 3. durchges. u. aktual. Aufl. Stuttgart: Fink Verlag (UTB), 3. Aufl. 2002

Journalistische Recherche

Die Recherche ist das Um und Auf jeder journalistischen Tätigkeit. Unter Recherche versteht man die Beschaffung und (Ab-)Sicherung von Basisinformationen über ein zur Veröffentlichung in der Zeitung (oder in einem anderen Medium) vorgesehenes Thema. Michael Haller bezeichnet in seinem Buch „Recherchieren – Ein Handbuch für Journalisten" – die Recherche im engeren Sinne als „ein Verfahren zur Beschaffung und Beurteilung von Aussagen, die ohne dieses Verfahren nicht preisgegeben, also nicht publik würden. Im weiteren Sinne ist es ein Verfahren zur adäquaten Abbildung realer Wirklichkeit mit den Mitteln der Sprache". Das Wort „rechercher" kommt aus dem Französischen und bedeutet nachforschen, nachsuchen, untersuchen. In der Regel versucht der Journalist beim Recherchieren, einer Sache von allgemeinem Interesse nachzugehen, Fakten aufzuspüren und Zusammenhänge aufzuzeigen. Gründliches Recherchieren ist die beste Voraussetzung, um zu solider, wahrheitsgetreuer Information zu gelangen. [...]

Eine aktive Recherche zielt immer darauf ab, eine (oder mehrere) Person(en) oder ein Dokument zu finden, mit deren bzw. dessen Hilfe eine zu lösende journalistische Frage- oder Themenstellung geklärt werden kann. Dazu gehören routinemäßige Telefonkontakte ebenso wie das gezielte Befragen von betroffenen Personen, Hintergrundinformanten, Behördenvertretern (Polizei, Gendarmerie, Feuerwehr etc.). Der Anstoß dazu kann entweder durch die Beobachtung des Journalisten selbst erfolgen oder aber durch bereits berichtete Themen aufgegriffen und aktualisiert werden. Häufig bestimmen Ereignisse wie wichtige politische Entscheidungen oder – im Lokalbereich – Unfälle, Katastrophen, Skandale etc. den Anlass einer Recherche. Zum Recherchieren gehört auch, Agenturmeldungen regelmäßig mitzuverfolgen, Radionachrichtensendungen abzuhören sowie die Konkurrenzmedien zu lesen.

Unter erfahrenen Journalisten spricht man gelegentlich auch von passiver Recherche. Darunter versteht man Anrufe von Informanten in der Redaktion sowie das Zur-Verfügung-Stellen von Materialien, die oft anonym an die Redaktion geschickt werden.

Georg Weiler, Heinz Pürer: Journalistische Tätigkeiten in der Zeitung,
in: Praktischer Journalismus, hrsg. von Heinz Pürer, Salzburg 1984, S. 11–12

- *Fassen Sie wichtige Aspekte des Recherchierens von Journalisten zusammen und zeigen Sie an geeigneten Textstellen auf, wie der Erzähler bei seiner Recherche vorgegangen ist.*
- *Welcher Fragestellung von „allgemeinem Interesse" geht der Erzähler nach?*

Machisomos/Macho

Machismo

([...] zu lateinisch-spanisch macho „männlich“) *der*, durch starke Überlegenheitsgefühle und Herrschaftsansprüche gegenüber der Frau gekennzeichnete Einstellung des Mannes, ursprünglich in den lateinamerikanischen Gesellschaften besonders ausgeprägt.

Bibliographisches Institut & F.A. Brockhaus AG, 2004

Macho

umgangssprachliche, ursprünglich aus dem Spanischen kommende Bezeichnung für einen Mann, der durch übertrieben „männliches Auftreten“, Imponiergehabe und Überheblichkeit vor allem Frauen zu beeindrucken sucht, der unsensibel und egoistisch ist.

Bibliographisches Institut & F.A. Brockhaus AG, 2004

Die Macht der Machos
Sie prügeln ihre Frauen in den Tod – nun handelt die Justiz

„Macho“ heißt auf deutsch „männlich“. Es ist die spanische Bezeichnung für das männliche Tier.
Gebraucht wird es auch als Metapher für betonte Männlichkeit. Doch Machos sind nicht cool, sondern vor allem brutal. In Spanien verbergen sich hinter diesem schillernden Wort oft Männer, die eine patriarchale Ordnung erhalten wollen, indem sie ihre Frauen misshandeln. [...]
Es drängt sich die Frage auf, weshalb in Spanien so viel geprügelt wird. Für Professor Miguel Lorente gibt es einen klaren Zusammenhang zwischen dem Machotum und Gewalt. „Wenn wir über häusliche Gewalt, über die Gewalt gegen Frauen sprechen, reden wir vom Machismo“, so Lorente. „Das Wort Macho steht umgangssprachlich für eine patriarchale Gesellschaft. Das bedeutet, dass die Werte und die Bezüge der Gesellschaft durch die Konzeption und Wahrnehmung des Mannes erzeugt werden.“
Gestützt wird diese gesellschaftliche Situation durch Praxis und Gewohnheit: Männer, die ihre Frauen als Objekte betrachten, als Ding be- und misshandeln, erhalten den Machismo. Nach Lorente ist eine solche männliche, dominante und auch gewaltbereite Haltung weit verbreitet. Dabei geht es vor allem um Kontrolle, ein ausgeprägtes hierarchisches Bewusstsein, dem sich die Frau unterzuordnen habe und in dem die Durchsetzung dieser patriarchalen Ordnung auch vor Gewaltanwendung nicht zurückschreckt. Das Ziel, das Lorente dahinter ausmacht, ist die Angst vor einem Machtverlust des Mannes, „die Kontrolle muss in den Händen des Mannes bleiben.“

3sat/Kulturzeit

1. Fassen Sie die besonderen Kennzeichen des Phänomens „Machismo“ zusammen.

2. Suchen Sie Beispiele dafür im Verhalten Santiagos und Bayardos.

Regina Mahlmann: Liebe im 19. Jahrhundert. Bürgerliches Leitbild und Geschlechterideologie

Neben den tradierten Codices von Religion und Moral gewann die Ideologie der polaren Geschlechtscharaktere deutlich an Durchschlagskraft. Sie löste christlich-moralische durch biologische Codierungen männlichen und weiblichen Handelns ab und gab Auskunft darüber, wo und wie Mann und Frau Lebenssinn und Lebensaufgabe finden könnten. Die Anschauung entzweite das Repertoire menschlicher Potenziale, Kompetenzen und Eigenartigkeiten in einen maskulinen und einen femininen Teil, ordnete diesen geschlechtsspezifische Fähig- und Fertigkeiten ebenso wie Eigenschaften und Wünsche zu und formierte schließlich zwei einander entgegengesetzte Wesen, deren Aufgabe darin besteht, einander zu ergänzen und sich auf diesem Weg (wieder) zu vereinen. Dieses Puzzle präsentiert Mann und Frau als zwei Seiten einer Medaille, als zwei einander zugeneigte und um wechselseitige Vervollkommnung bestrebte Wesen. Soweit der prosaische Überbau. Erfahrungsgemäß schwelgten die Gatten keinesfalls in jenen metaphysischen Höhen der Einswerdung. [...]

Plakativ formuliert: Die neue wirtschaftsstrukturelle Situation forderte zunächst den Mann. Er war derjenige, der per Tradition und Konvention für den Lebensunterhalt der Familie zu sorgen hatte. In der neuen Berufs- und Funktionswirklichkeit der funktional differenzierten Gesellschaft benötigte er spezielle Kompetenzen, um bestehen und seine Rolle ausfüllen zu können. Dazu gehörten vor allem Nüchternheit, Kalkulation, Zweck-Mittel-Rationalität, Effizienz und Leistungsbereitschaft. Das männliche Leben in der Außenwelt war anstrengend und erforderte einen Raum, der ihm Erholung bot und ihn von anderen, sein Leben erhaltenden Aufgaben entlastete. Nun kamen sowohl das herrschende Ethos, die Ideologie der komplementären Geschlechtscharaktere und das Ideal der Liebesehe ins Spiel. Diese kulturellen Diskursfolien hatten den Boden bereitet, sodass die Frau komplementär konstruiert war. Ihre Domänen lagen im Gefühl und in allen Handlungen, die dazu dienten, dem Mann und Gatten ein idyllisches Heim und damit Regeneration zu ermöglichen. Geriet das Heim für den Mann zum Ort für erholsamen Rückzug, wurde es für die Frau zum Käfig. Die Frau fungierte als „Dienstbotin ihrer eigenen Familie“ [...], hatte die Rolle der „Glücksspenderin“ sowie der „seelischen Fürsorgerin“ zu spielen und wurde in den eng beschränkten Verkehrskreis des Hauses verbannt [...]. Die psychischen Kosten der Veränderung ihrer Rolle können als enorm bezeichnet werden. Bezog die Gattin ihr Selbstwertgefühl in der traditionalen Gesellschaft aus ihrer Mitfürsorge, aus der Kooperation mit dem Mann, um für ein gutes Auskommen zu sorgen, wurde ihr die darin begründete Anerkennung nun verwehrt. Dank der geschlechtsspezifisch fundierten Ehemoral wurde ihre Wirkung im Haus zur „Arbeit aus Liebe“ umdefiniert [...]. Als Liebesdienst verdiente die Arbeit nicht nur keine gesonderte Anerkennung, sondern sollte als Arbeit auch unsichtbar werden. Folglich verlor die Gattin eine bedeutsame Quelle zur Entfaltung von Selbstwert und Souveränität. Demgegenüber wirkte der Mann außerhalb des Heims und war einem Umfeld ausgesetzt, in dem infolge der funktionalen Differenzierung und der Separation von Haus und beruflicher Tätigkeit sowohl Beziehungen als auch der individuelle Einsatz versachlicht wurden. Er wurde zum Träger von Funktionen und Exekutor von Aufgaben, die er für sein Selbstwertgefühl und seine Identität benötigte.

Intimisierung und Versachlichung waren zwei Seiten einer Münze, die einander ergänzten und gleichzeitig neuartige Konfliktpotenziale in der Ehe generierten. Die wachsende Durchsetzung der Geschlechterideologie bildete im Innern die Logik dieses Prozesses ab, indem den Gatten aufgetragen wurde, ihr Eheleben so zu organisieren, wie es die Geschlechterdifferenzen vorgaben. Die bürgerliche Liebesauffassung flankierte die Ergänzungsidee dann noch einmal von der emotionalen Seite. All dies zeitigte geschlechtsspezifische Konsequenzen, die die Polarität sowie die Komplementarität zum Programm erhoben. Im Idealfall löste die liebende Gattin ihre Identität in der ihres Mannes auf. Sie entfaltete sich als Gattin, Hausfrau und Mutter und erfuhr darin ihr Glück. Die Liebe des Mannes manifestierte sich darin, für Gattin (und Kinder) angemessen zu sorgen, nährte seine Identität indes außer Haus. Anders als bei der Frau bildeten Liebe und Sexualität für ihn auch keinen siamesischen Zwilling. Vielmehr schrieb ihm die Geschlechterideologie eine naturhafte Polygamie zu. Er durfte nicht in der Liebe zur Ehefrau aufgehen, weil sein Einsatz im Erwerbsleben gesellschaftlich nötig war und er in der außerhäuslichen Domäne seine eigentliche Wirkungswelt fand. Bereits diese Skizze lässt ahnen, welche Konfliktfelder sich auftaten. Die Frau war ins Haus verbannt, wesenhaft emotional und sollte vor allem in Liebe dienen. Sie hatte außerhalb der häuslichen Sphäre keine Funktion. Nahezu zwangsläufig wurde sie zu dem, was ihr als Wesenszug unterstellt wurde: ein Dummerchen, kognitiv unterentwickelt, weltfremd und unerfahren „im wirklichen Leben“. In der Folge entwickelte sie andere

Bedürfnisse, erwarb sie fundamental andere Kompetenzen als der Mann. Unschwer ist der Kreislauf der sich selbst erfüllenden Prophezeiung zu erkennen. Dieser wirkte selbstverständlich auch auf der männlichen Seite.

Ganz im Sinne der Komplementaritätsidee attestierte ihm die Geschlechteranschauung Rationalität, Durchsetzungsfähigkeit, Verantwortung. Da er in der Außenwelt lebte, schulte er diese Fähigkeiten und entwickelte Fertigkeiten, die zu denen der Frau im Gegensatz standen. Er war der erfahrene und weltgewandte (um nicht zu sagen „weltmännische"!) Part der Ehe. [...]

Das Auseinanderdriften der Wirkfelder und deren strikte Dissoziation verstärkten Unverständnis und verhinderten Verständigung, die wiederum in ein wechselseitiges Verstehen hätte münden können. So aber war der Gattin die Sphäre des Mannes fremd, und sie verstand nichts von dem, was den Gatten umtrieb, und vice versa. Entfremdung, Sprachlosigkeit, zumindest ein Mangel an Kommunikationsbasis und differente Sprachcodes waren die Folgen. [...] Die Konsequenzen sind vor allem für die weibliche Seite gut dokumentiert. Sie war insofern die stärker Leidtragende, als sie keine Ablenkung erfuhr, während der Mann in der Öffentlichkeit engagiert war und eher unter Reizüberflutung stöhnte. An dessen Welt wurde sie nicht beteiligt und konnte ihr monotones Leben dadurch kaum oder nicht bereichern, jedenfalls zu wenig. Gleichförmigkeit und zu geringer Austausch ließen eine „innere Leere" [...] entstehen, und das Defizit an gemeinsamen Interessen und Bedürfnissen erzeugte Disharmonien. Auf dieses Konto ging nicht nur das Xanthippe-Syndrom, sondern auch Bemühungen seitens der Gattin, die Leere mit kompensatorischen Aktivitäten auszufüllen. Sie wurde zu einer „nie rastenden Hausfrau" (...). Dieses Symptom verdüsterte den Ehehimmel zusätzlich, weil der Gatte sich um sein Recht auf Harmonie, Entspannung und eine heitere Gattin betrogen sah. Konflikte aufbrechen zu lassen und auszutragen stand allerdings nicht zur Disposition. Konflikte waren in eine tabuisierte Ecke geschoben, weil sie als per se destruktiv bewertet wurden. Konflikte in der Ehe galten zudem als schändlich, weil sie als Beleg dafür galten, dass die Gatten einander nicht in Liebe zugetan waren. Liebe wurde an die Abwesenheit von Konflikten und jedenfalls an Streitabstinenz gebunden. Wer streitet, liebt nicht. Wer liebt, gibt nach – und diese Nachgiebigkeit mutete das Liebes- und Eheparadigma in erster Linie der Gattin zu. Sie wurde mit Solidaritätsimperativen überhäuft, deren tautologische Botschaft lautete: „Wenn du liebst, arrangierst du dich, und zwar ohne Zank und aus Liebe." Durfte also in der Ehe nicht gestritten werden, weil Konflikt an und für sich etwas Schlechtes ist und weil Streit auf ein Liebesdefizit (vor allem der Gattin) hindeutet, so wird ein weiterer Grund postuliert, der verhindern soll, dass Eheleute Konflikte thematisieren. An die Gatten wurde appelliert, auf Zwist zu verzichten und diskret zu sein, weil sie andernfalls Gerede und Prestige- oder Imageverlust, also Sanktionen aus dem sozialen Umfeld zu befürchten hatten. Diese Art sozialer Kontrolle höhlte die eheliche Interaktion zusätzlich aus. In der gelebten Ehe gesellte sich eine weitere Glück behindernde Praktik hinzu. Trotz der Deklamation, die Gatten mögen in Liebe einander zugetan sein, dominierte in bürgerlichen Kreisen noch die Konvenienzehe. Das unterernährte Gefühlsleben beklagten vor allem die Frauen und verliehen in der Mitte des Jahrhunderts ihrer Not wortreich und drastisch Ausdruck. Sie fochten gegen „Seelenmord", gegen die Konvenienzehe, die als „schlimmer als Prostitution" empfunden wurde [...].

Aus: Regina Mahlmann: Was verstehst du unter Liebe? Ideale und Konflikte von der Frühromantik bis heute. Darmstadt: Wissenschaftliche Buchgesellschaft 2003

1. *Fassen Sie die Idee der bürgerlichen Ehe des 19. Jahrhunderts zusammen, indem Sie biologische Voraussetzungen dieses Ehemodells sowie die ökonomischen, sozialen und vor allem emotionalen Folgen für Mann und Frau herausarbeiten.*
2. *Welche dieser Vorstellungen über eine Ehe lassen sich im von García Márquez in der Chronik beschriebenen Dorf wiederfinden?*
3. *Wie beurteilen Sie dieses Konzept der Ehe?*

Erich Fromm: Der autoritär-masochistische Charakter (1936)

Dass die Unterwerfung unter die Autorität lustvoll sein kann, macht es erst verständlich, dass es so verhältnismäßig leicht war, Menschen zur Unterordnung zu zwingen, ja dass diese Aufgabe oft viel leichter war als die umgekehrte, Menschen zu veranlassen, die Unterordnung für innere Selbstständigkeit und Mündigkeit.

Die Triebgrundlagen des autoritären Charakters sind jene Lust am Gehorchen, an der Unterwerfung, an der Aufgabe der eigenen Persönlichkeit, jenes Gefühl der „schlechthinnigen Abhängigkeit" sind Züge, die für die Struktur des masochistischen Charakters typisch sind. Dem autoritären Charakter mag die Lust am Gehorchen und Unterworfensein als solche bewusst oder ganz durch Rationalisierungen, wie die der Gesetzmäßigkeit, Notwendigkeit, Vernünftigkeit verdeckt sein, entscheidend bleibt für den autoritären Charakter, dass Situationen, wo er gehorchen kann, für ihn befriedigend sind, er sie, wo er sie in der Realität findet, nicht zu ändern, sondern zu verfestigen sucht.

Freud zeigt, dass zu einer charakterologischen Struktur, die den Masochismus enthält, notwendigerweise auch der Sadismus gehört. Vom Unterschied zwischen einem sadistischen und masochistischen Charakter kann man nur in dem Sinn sprechen, dass in einem Fall mehr die masochistischen, im anderen mehr die sadistischen Tendenzen verdrängt sind und die jeweils entgegengesetzten im Verhalten stärker zum Ausdruck kommen. Aber auch die jeweils verdrängte Seite des Sado-Masochismus verschwindet nie völlig, sondern taucht an den verschiedensten, wenn auch oft verstecktesten Stellen auf.

Die masochistischen Strebungen zielen darauf ab, unter Preisgabe der Individualität der eigenen Persönlichkeit und unter Verzicht auf eigenes Glück das Individuum an die Macht hinzugeben, sich in ihr gleichsam aufzulösen und in dieser Hingabe, die in den pathologischen Fällen bis zum Erleiden körperlicher Schmerzen geht, Lust und Befriedigung zu finden. Die sadistischen Strebungen haben das umgekehrte Ziel, einen anderen zum willen- und wehrlosen Instrument des eigenen Willens zu machen, ihn absolut und eingeschränkt zu beherrschen und in den extremen Fällen ihn zum Leiden und den damit verbundenen Gefühlsäußerungen zu zwingen. Auf dieser Triebbasis erwächst die für den sado-masochistischen Charakter typische Einstellung zu Menschen, von der leicht zu sehen ist, dass sie gleichzeitig die des autoritären Charakters ist, von dem wir hier reden. Der charakteristische Zug dieser Einstellung ist ihre Verschiedenheit, je nachdem, ob ein Stärkerer

oder ein Schwächerer das Objekt ist. Wenn man die Persönlichkeitstypen ganz allgemein unter gewissen Gesichtspunkten in solche einteilen kann, deren Aggression sich gegen den Mächtigen und deren Sympathie sich für den Unterdrückten entwickelt, und in solche einteilen kann, deren Aggression sich gegen den Wehrlosen und deren Sympathie sich auf den Mächtigen erstreckt, so ist der autoritäre Charakter ein eindeutiger Repräsentant des zweiten Typs. [...]

Im Grunde seines Gefühls dem Stärkeren und Mächtigeren gegenüber ist die Furcht. Diese ist aber als solche verhältnismäßig wenig bewusst, aus ihr entwickelt sich Ehrfurcht, Bewunderung und Liebe. Wo dieser Charakter Macht spürt, muss er sie beinahe automatisch verehren und lieben. Dabei ist es gleich, ob es sich um die Macht eines Menschen, einer Institution oder eines durch die Gesellschaft anerkannten Gedankens handelt. [...]

Ebenso automatisch wie Macht in ihm Furcht und Liebe erweckt, erweckt Hilflosigkeit in ihm Verachtung und Hass. [...]

Die im Masochismus liegende Befriedigung ist von negativer und positiver Art: negativ als Befreiung von Angst, beziehungsweise Gewährung von Schutz durch Anlehnung an eine gewaltige Macht, positiv als Befriedigung der eigenen Wünsche nach Größe und Stärke durch das Aufgehen in die Macht. [...]

Die masochistische Einstellung zur Autorität befriedigt sowohl das Bedürfnis nach Verminderung der Angst wie nach Größe und Macht. Aber das masochistische Verhältnis zur Autorität mildert nicht nur die Angst, sondern gibt auch einen Ersatz für die Unmöglichkeit, die Wünsche nach Größe und Macht in der Realität zu befriedigen. Das Aufgehen im Größeren, Stärkeren bedeutet ja nicht nur ein Aufgehen der eigenen, sondern das Teilhaben an einer machtvollen überragenden Persönlichkeit. Indem man sich ihr hingibt, wird man selbst ihres Glanzes und ihrer Macht teilhaftig.

Aus: Erich Fromm: Analytische Sozialpsychologie und Gesellschaftstheorie

1. *Fassen Sie die Charakteristika des autoritär-masochistischen und des sadistischen Verhaltens zusammen.*
2. *Erläutern Sie, wann sich der Mensch masochistisch, wann autoritär verhält.*
3. *Zeigen Sie die Folgen dieses Verhaltens für den Einzelnen, aber auch seine Motive auf.*
4. *Überprüfen Sie, ob sich autoritär-masochistisches und sadistisches Verhalten auch bei den Figuren der „Chronik" wiederfinden lässt.*

Lale Akgün[1]: Null Toleranz für die Doppelmoral

Gibt es die Ehre des muslimischen Mannes an und für sich? Wenn ja, wem nützt sie? Und wenn nein, wie kommt es, dass Männer aus islamisch geprägten Kulturen im Namen der „Ehre“ Morde begehen? Wie im Fall der jungen Berlinerin Hatun Sürücü. „Weil sie leben wollte wie eine Deutsche, musste sie sterben.“ Diese Schlagzeile ging nach ihrem Tod durch die deutsche Presse. Was daran ist falsch? Alles! Denn man übernimmt unreflektiert die Selbstwahrnehmung von männlichen Tätern, die tatsächlich glaubten, ihre Schwester habe die „Ehre“ der Familie dadurch „beschmutzt“, dass sie ein selbstbestimmtes Leben führen wollte. En passant werden so auch noch der Islam und alle Muslime in Deutschland unter Verdacht gestellt. Natürlich müssen die Täter hinter Schloss und Riegel; zugleich aber müssen die Ursachen von „Ehrenmorden“ benannt werden. Entsprechende Untersuchungen liegen bisher in Deutschland nicht vor. Anders in der Türkei. Dort präsentierte der „Untersuchungsausschuss zu Ehrenmorden“ der türkischen Nationalversammlung kürzlich einen detaillierten Bericht.

Demnach sind „Ehrenmorde“ – darauf verweisen auch die Vereinten Nationen – eine vorislamische Tradition. Im Namen der „Ehre“ werden Frauen auch in nichtislamischen Ländern ermordet – zum Beispiel in Indien. Einen monokausalen Zusammenhang zwischen „Ehrenmorden“ und Islam gibt es also nicht, wohl aber einen Zusammenhang mit religiösen Überzeugungen, die auf einer Trennung der Geschlechter basieren. Denn die Motive für Ehrenmorde liegen in erster Linie in patriarchalen und feudalen Strukturen. „Ehrenmorde“ sind das ultimative Mittel zur Zementierung eines männlichen Herrschaftsanspruches. Sie kommen dort vor, wo Männer eine extrem starke Position im Machtsystem innehaben – oder diese Machtposition in Gefahr sehen. Beide Faktoren – patriarchale und feudale Strukturen – sind in den ländlichen Gebieten, vor allem im Südosten der Türkei und in Mittelanatolien, besonders ausgeprägt.

Die meisten Ehrenmorde werden laut türkischem Untersuchungsbericht aber nicht in den Dörfern begangen, sondern in den armen Vororten von Istanbul, Ankara und Izmir, wo sich Arbeitsmigranten aus den ländlichen Regionen niedergelassen haben. Dort trifft das patriarchale System auf die moderne Leistungsgesellschaft. Es zählt plötzlich nicht mehr allein ein überholtes Rollenverständnis, sondern die Leistung des Individuums. Und oft genug sind in den Migrationsgesellschaften Frauen die Erfolgreicheren. Auch hier in Deutschland, wie ein Blick in die Schulstatistiken zeigt: Mädchen sind die besseren Schüler.

Auf diesen Erfolg, der faktisch Machtverlust der Männer bedeutet, wird oft mit Gewalt reagiert, im schlimmsten Fall mit Mord. Das Motiv lautet dann wie im Fall von Hatun Sürücü: verletzte Familienehre. Doch die „Ehre“ ist nicht nur ein billiges Etikett, hinter dem sich Verlustängste, Neid und Eifersucht verbergen. Die „Ehre“ muss auch herhalten, weil es so für die Täter viel bequemer ist, sich hinter einer vermeintlichen kulturellen Andersartigkeit zu verstecken. Die „Ehre“ ist ein Mittel der Selbsttäuschung und Lüge, um den wahren Tatbestand zu verwischen: Mord.

Natürlich müssen bessere Maßnahmen zum Opferschutz und zur Prävention ergriffen werden. Aber es geht auch um einen anderen Begriff von Ehre, der den Respekt vor dem anderen beinhaltet, die universellen Menschenrechte achtet und nicht zwischen Mann und Frau unterscheidet.

In: DIE ZEIT vom 12.04.2006

1 Lale Akgün ist islampolitische Sprecherin der SPD-Bundestagsfraktion.

■ *Setzen Sie sich mit den Positionen Lale Akgüns auseinander, indem Sie ihre Argumentation herausarbeiten und, auch auf der Grundlage der Diskussionen in der „Chronik“, Stellung dazu nehmen.*

Literaturverzeichnis

Primärliteratur:

Gabriel García Márquez (2004): Chronik eines angekündigten Todes, Frankfurt am Main
Gabriel García Márquez (2002): Leben, um davon zu erzählen, Köln
Gabriel García Márquez (1993): Der Geruch der Guayave. Gespräch mit Plinio Apuleyo Mendoza, Köln

Sekundärliteratur:

Akgün, Lale (2006): Null Toleranz für die Doppelmoral, In: DIE ZEIT, 12.04.2006
Becker, Udo (2002): Lexikon der Symbole, Freiburg
Bibliographisches Institut & F.A. Brockhaus AG (2004) Stichwort „Treue"
Biedermann, Hans (2002): Knaurs Lexikon der Symbole, Augsburg
Bucher, Anton (1998): Symboldidaktik. In: KatBl 113. S. 23–27
Fricke, Harald, Zymer, Rüdiger (2000): Einübung in die Literaturwissenschaft, Paderborn
Fromm, Erich (1980): Studien über Autorität und Familie. Sozialpsychologischer Teil, in: Ders.: Analytische Sozialpsychologie Bd. 1, Stuttgart
Fromm, Erich (2000): Die Kunst des Liebens, München
Göttner-Abendroth, Heide (1992): Frauen schufen „neolithische Revolution". Ackerbau und matriarchale Stadtkulturen 9000–3000 v. Chr., in: Annette Kuhn (Hrsg.): Die Chronik der Frauen, Dortmund
Halbfass, Hubert (1983): Das dritte Auge. Religionsdidaktische Anstöße. Düsseldorf 1982. Herder Lexikon Symbole. Freiburg i. Br. 6. Aufl.
Ilhan Kizilhan: Konflikte und Konfliktlösungen in patriarchalischen Gemeinschaften. www.cco.regener-online.de
Janik, Dieter (1976): Magische Wirklichkeitsauffassung im hispanoamerikanischen Roman des 20. Jahrhunderts. Geschichtliches Erbe und kulturelle Tendenz. Tübingen: Max Niemeyer Verlag
Mahlmann, Regina (2004): Liebe im 19. Jahrhundert. Bürgerliches Leitbild und Geschlechterideologie, in: Peter Kemper, Ulrich Sonnenschein: Das Abenteuer Liebe. Bestandsaufnahme eines unordentlichen Gefühls, Frankfurt am Main
Nobis, Helmut (2005): Gabriel García Márquez: Chronik eines angekündigten Todes/Zwölf Geschichten aus der Fremde, Oldenbourg
Paz, Octavio (1974): Das Labyrinth der Einsamkeit. Frankfurt a. M.
Petersen, Jürgen H. (2006): Einführung in die neuere deutsche Literaturwissenschaft. Ein Arbeitsbuch, Berlin
Ploetz, Dagmar (1992): Gabriel García Márquez, Reinbek bei Hamburg
Saldívar, Dasso (1998): Reise zum Ursprung. Eine Biografie über Gabriel García Márquez. Köln
Scheffel, Michael (1990): Magischer Realismus. Die Geschichte eines Begriffes und ein Versuch seiner Bestimmung. Tübingen
Jochen Vogt (2002): Einladung zur Literaturwissenschaft. 3. durchges. u. aktual. Aufl., Stuttgart
Weiland, Georg; Pürer, Heinz (1991): Journalistische Tätigkeiten in Zeitung, Radio und Fernsehen: Recherche, Auswahl, Präsentation, in: Heinz Pürer (Hg.): Praktischer Journalismus in Zeitung, Radio und Fernsehen, München

Links:

Jochen Vogt: Einladung zur Literaturwissenschaft. Ein Vertiefungsprogramm zur Literaturwissenschaft. Ergänzung und „Lexikon" zum gleichnamigen Buch:
http://www.uni-essen.de/einladung/ (Stand 17.04.06)
http://www.teachsam.de/deutsch/d_literatur/d_gat/d_epik/strukt/erzpers/erzpers_7_2_2_2.htm,
http://www.teachsam.de/deutsch/d_literatur/d_gat/d_epik/strukt/erzpers/erzpers_7_2_1_2.htm
http://www.3sat.de/3sat.php?http://www.3sat.de/kulturzeit/themen/51424/